在你找到人生座右銘之前

哲學家犀利勸世 × 詩人真誠獨白，絕對受用的人生金句集錦！

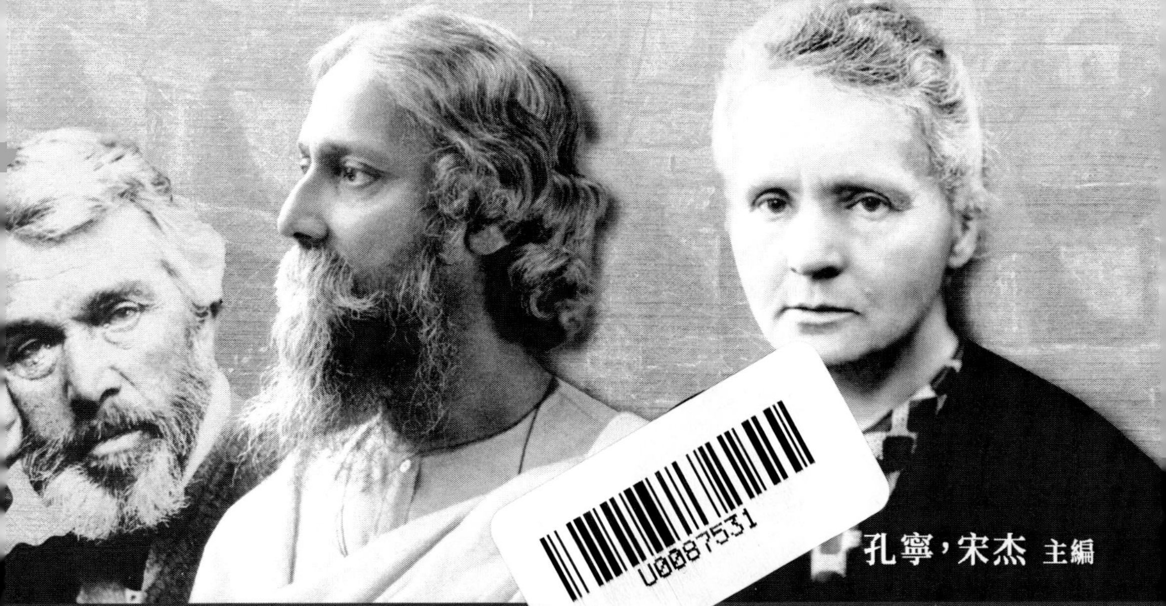

孔寧，宋杰 主編

「最偉大的真理是最平凡的真理。」

「我們只願在真理的聖壇之前低頭，不願在一切物質的權威之前拜倒。」

那些關於理想、勇敢、希望、生命、品德的格言，
爸爸媽媽和學校老師都說過！但我偏偏不聽
——從名人嘴裡講出來我才願意相信！

目錄

第一章　真理・目標・希望

人心所歸，惟道與義。——《晉書·熊遠傳》

凡人之患，蔽於一曲，而闇於大理。——《荀子·解蔽》

不聞道而死，曷異蜉蝣之朝生暮死乎？——魏源《默·學篇》

渴望得到無法獲得的東西，這是心靈的一種疾病。——米爾頓（John Milton）

不要盲目地隨大流，多數人常常是錯誤的。——狄龍

真理往往在少數人那一邊。——易卜生（Henrik Ibsen）

真理常常很平凡，而平凡的真理卻常常為少數人的成見和偏見所遮掩。——夏衍

真理，哪怕只見到一線，我們也不能讓它的光輝變得暗淡。——李四光

任何一個可信的真理都是真理的一種形象。——布萊克（William Blake）

真理並非如德謨克利特所說埋藏於深淵之底，而是由神聖的知識昇華到一個無限的高度。——蒙田（Michel de Montaigne）

真理是時間的產物，而不是權威的產物。——法蘭西斯·培根（Francis Bacon）

最偉大的真理是最平凡的真理。——列夫·托爾斯泰（Lev Nikolayevich Tolstoy）

真理的旅行，是不用簽證的。——約里奧－居禮（Frédéric Joliot-Curie）

真理是時間的女兒。——達文西

謬誤之事酷似真理，以致聰慧之士竟也在關鍵點上信不過自己。——西塞羅（Marcus Tullius Cicero）

不知別人對我怎樣看，不過我總覺得自己好像在海濱玩耍的一個孩子，有時很高興地拾著一顆光滑美麗的石子，但真理的大海，我還沒有發現。——牛頓

因為真理是燦爛的，只要有一個罅隙，就能照亮整個田野。——赫爾岑（Alexander Herzen）

真理不存在於醜化了的現實中。——喬治·桑（Georges Sand）

真理往往非常樸素，以致人們不相信它。——列瓦爾特（Walter Hendrik Gustav Lewin）

如果人的實在局限於我思的存在，那它就只能有一個瞬間的真理。——薩特（Jean-Paul Charles Aymard Sartre）

真理是美德與雄辯的奧祕，是精神與權威的基礎，是藝術與生活的頂峰。——阿米爾（Henri Frederic Amiel）

從世界開創之日起，真理就是暴君的仇敵，公民的好友——所以，真理一直是很美好的。——湯瑪斯·坎貝爾（Thomas Campbell）

真理是人可以擁有的最崇高的東西。——喬叟（Geoffrey Chaucer）

真理是哲學的課題，但它總是不屬於哲學家自己。——麥可·柯林斯（Michael John "Mick" Collins）

真理就是最真切的詩歌。——考利（Malcolm Cowley）

真理是存在的頂峰，正義就是在實踐中運用真理。——愛默生（Ralph Waldo Emerson）

真理屬於其他世界，希望屬於這個世界；那騙人的未來只把狂喜借給現在。——霍姆斯（Oliver Wendell Holmes）

真理是生長在天堂裡的植物，它的種子從未在天堂的院牆外生根發芽。——艾略特（Thomas Stearns Eliot）

真理是道德的核心。——赫胥黎（Aldous Leonard Huxley）

真理好比火炬，愈搖愈亮。——漢彌爾頓（Alexander Hamilton）

真理像顆寶石，雖然不應塗抹顏色，卻可放在顯眼的地方，使其發出更美妙的光彩。——桑塔亞那（George Santayana）

一切偉大的真理都是從褻瀆神明開始的。——蕭伯納（George Bernard Shaw）

真理是不容回避的。——費茲傑羅（Francis Scott Key Fitzgerald）

真理是永遠蒙蔽不了的。——莎士比亞

精神上而不是文字上的真理才是真正的真理。——史蒂文生（George Stephenson）

絕對真理從沒人見過，以後也不會有人知道。——色諾芬尼（Xenophanes of Colophon）

最深刻的真理多半難以用文字來表述，認識它們的最好辦法是從字裡行間去加以領悟。——奧爾柯特（Louisa May Alcott）

真正的智慧之泉就是真理本身。——喬·梅瑞狄斯（George Meredith）

真理不需要用華麗的詞藻來修飾。——湯瑪斯·米德爾頓（Thomas Middleton）

吃透真理的含義，我們就不難聞到一種濃郁的芳香。——艾略特

真理一旦變成妙語，那它就是萬物中最妙的。——朱·查·黑爾與奧·威·黑爾

即使信口雌黃到了無以復加的地步，二加二還是等於四。——山繆·詹森（Samuel Johnson）

有真理才有和平，這就是我的警告。——烏納穆諾（Miguel de Unamuno）

讓別人為名利去胡亂寫作吧，真理得到傳頌就是它的最好報酬。——奧弗伯里（Thomas Overbury）

我們認識真理，並不單單靠理性，而且還靠情感。——巴斯卡（Blaise Pascal）

真理嘲諷延誤。——塞內卡（Lucius Annaeus Seneca）

真理往往是在痛苦的呻吟中說出來的。——莎士比亞

最長的劍，最洪亮的吼聲，最多數的人，這些都不是衡量真理的尺度。——懷柯特（Benjamin Whichcote）

站在真理的優越地位上所產生的樂趣是任何其他樂趣所無法比擬的。——法蘭西斯·培根

真理絕不會傷害傳播它的人。——羅勃特·白朗寧（Robert Browning）

供人膳食，只能為幾個人服務；只有敢於堅持真理，才是為全人類服務。——愛默生

一個人可以像擁有一座城池那樣去擁有真理，但也會像被迫放棄它一樣去放棄真理。——布朗托姆（Pierre de Bourdeilles）

對真理的熱愛就呈現在：知道怎樣去發現和珍視每一事物的好處。——歌德

用語言表達出來的真理，是人們生活中的巨大力量。——列夫·托爾斯泰

偏執想把真理掌握在自己手裡，但一握卻弄死了它。——泰戈爾（Rabindranath Tagore）

不愛自由和真理的人，可能成為強有力的人，但絕不會成為偉大的人。——伏爾泰（Voltaire）

真正的思想家、科學家只是為人類服務的，同時也是為真理服務的。——費爾巴哈（Ludwig Feuerbach）

熱愛真理，是找到真理的最有利的條件。——愛爾維修（Claude Adrien Helvétius）

真理誠然是一個崇高的字眼，然而

更是一樁崇高的業績。如果人的心靈與情感依然健康，則其心潮必將為之激蕩不已。——黑格爾

真誠的心是真理的主要武器。——盧梭

為了真理而熱愛真理，是人類在這個世界上變得完美的一個重要原因，也是其他一切美德的溫床。——洛克 (John Locke)

真理有著無比的美貌和風姿，因而只要人們一看見它，就不會不愛上它。——德萊頓 (John Dryden)

對真理和知識的追求並為之奮鬥，是人類最高特質之一。——愛因斯坦

如果一個人不滿足於知道一些表面現象而要深入探索，這項工作就十分艱苦。——海倫·杜卡斯 (Helen Dukas)

客觀地衡量，一個人以熱情奮鬥所獲得的真理實在微乎其微；但奮鬥能使我們解脫自身的束縛，並使我們成為最優秀、最偉大的人物的同體。——愛因斯坦

對真理的追求要比對真理的占有更為可貴。——愛因斯坦

在尋找神聖真理的道路上，只有謙遜而不驕橫的人，才能取得真正的、可靠的進展。——博林布魯克

尋找真理，熱情地追求真理，是人類的奇特行為。——西塞羅

找到一條真理的人，就像是點燃了一把火炬。——英格索 (Ingersoll Lockwood)

真理與美好是我所研究和追求的東西，我將自己的一切都傾注於這一追求之中。——賀拉斯 (Quintus Horatius Flaccus)

在研究每件事物時，我們有時會在最意想不到的地方發現真理。——昆體良 (Marcus Fabius Quintilianus)

人生來就有一種追求美和真理的願望，它們喚起了人們靈魂深處的強烈欲望，並使他們感到永不疲勞。——赫茲利特 (William Hazlitt)

你沿著真理這座高山攀登，絕不會勞而無獲。——尼采

即使沿著峭壁行走，我也會無所畏懼地追隨真理。——羅伯特·洛厄爾 (Robert Lowell)

真理是最有力的，同時也常常是最離奇的東西。——赫茲利特 (Henry Hazlitt)

真理總是離奇的，甚至比虛構的還要離奇。——拜倫 (George Gordon Byron)

燈下的真理在陽光下未必是真理。—— 儒貝爾 (Joseph Joubert)

真理有著恬靜的情懷。—— 莎士比亞

真理是一絲不掛的。—— 賀拉斯 (Quintus Horatius Flaccus)

莫與狂花迷眼界，須求真理定心王。—— 計有功

我們只願在真理的聖壇之前低頭，不願在一切物質的權威之前拜倒。—— 郭沫若

有時我的眼光越過了生死的界限，將人世的一切都置之度外，去探求那赤裸裸的真理；但有時我對生活裡的一切都感到留戀，甚至用全部精力去做一件細小的事情。—— 巴金

從古以來，凡在學術上有所建樹、有所創獲的人，莫不有追求真理的強烈願望，或者為了解人生的疑難，或者為了探索自然的奧祕，或者為了挽救當時社會的危機，從而致力於理論問題、學術問題的研討，學問不是用來嘩眾取寵的裝飾品，不是用來謀求個人利益的敲門磚，唯有誠懇地追求真理，才能達到一定的學術高峰。—— 張岱年

真理是認識事物的工具，是人們前進和上升的道路上的階梯，真理都是從人類的勞動中產生的，這個真理已經被人類全部文化發展史充分有力地證明過了。—— 高爾基

關鍵在於要有一顆愛真理的心靈，隨時隨地碰見真理，就吸收它。—— 歌德

凡在小事上對真理持輕率態度的人，在大事上也是不足信的。—— 愛因斯坦

人的價值並不取決於是否掌握真理或者自認為真理在握，決定人的價值的是追求真理的孜孜不倦的精神。—— 萊辛 (Gotthold Ephraim Lessing)

我們生來是探尋真理的，去掌握真理得歸屬於一種更強大的力量。—— 蒙田

求知的目的不是為了吹噓炫耀，而應該是為了尋找真理，啟迪智慧。—— 法蘭西斯·培根

即使透過自己的努力而知道一半真理，也比人云亦云地知道全部真理要好些。—— 羅曼·羅蘭 (Romain Rolland)

誰若不敢超越現實，誰就永遠得不到真理。—— 席勒 (Egon Schiele)

真理是在漫長地發展著的認識過程中被掌握的，在這一過程中，每一步都是它前一步的直接繼續。——黑格爾 (Georg Wilhelm Friedrich Hegel)

要堅持真理——不論在哪裡也不要動搖。——赫爾岑

要做真理的朋友，達到不惜犧牲的程度；但不要做真理的衛士，落到不能寬容的地步。——畢達哥拉斯 (Pythagoras)

真理的蠟燭常常會燒傷那些舉燭人的手。——布埃斯特

越是接近真理，便愈加發現真理的迷人。——拉美特利 (Julien Offray de La Mettrie)

人的天職在勇於探索真理。——哥白尼

真理的發現，或道德責任的完成，都引起我們的歡欣，使我們整個生命震顫。——克羅采 (Benedetto Croce)

無論真理在何處受到傷害，都應去捍衛它。——愛默生

為了真理，把自己武裝起來吧！——鮑沃爾 - 利頓 (Edward Bulwer-Lytton)

真理捍衛者的熱情比它的反對者的爭辯更容易使真理受到傷害。——彭威廉

當真理和善德遭到侮辱時，朋友，這不僅是對我，也是對你的侮辱。——波普 (Alexander Pope)

真理的力量是偉大的。——西塞羅

手中有真理就不怕人不服。——約翰 · 拉斯金 (John Ruskin)

真理不僅偉大，而且比一切都更具有威力。——《拉丁文聖經》

揭示真理需要付出代價，但真理終將戰勝一切。——喬治 · 華盛頓

說到真理，它既是永恆的，又是強大的，它永遠存在著，征服著。——《逸經》

向真理低頭不為過。——賀拉斯

真理總是最有力的辯詞。——索福克里斯 (Sophocles)

對真理的敬畏支配著人們。——阿米爾

真理壓在謊言的頭上，就像油壓在水上。——賽凡提斯 (Miguel de Cervantes)

真理與油一樣，總是在表面上。——赫伯特 (Franklin Patrick Herbert)

真理將恢復自然所賜的光彩，就像

普羅米修士從天上帶來火種。——湯瑪斯·坎貝爾

真理的學說一旦為人所理解，就不會不使人信服。——布萊克

安危在是非，不在於強弱。——韓非子

乘理雖死而匪亡，違義雖生而匪存。——趙壹《刺世疾邪賦》

得一善，則拳拳服膺，而弗失之矣。——子思

人能祛迷信而持理信，則可以省無謂之營求及希冀，以專力於有益社會之事業，而日有進步矣。——蔡元培

嚴格地批判自己，忠實地去走生活的路，這就會把你引到真理那裡去。——巴金

尊重真理就是聰明睿智的開端。——赫爾岑

反對真理歸根到底最能促使真理獲勝。——欽寧格

許多偉大的真理開始時都被認為是褻瀆行為。——蕭伯納

對真理的最大尊敬就是遵循真理。——愛默生

真理是非常溫情的，只要一離開它，你就會墮入謬誤。——帕斯卡 (Blaise Pascal)

要發現卓有成效的真理，需要千百個人在失敗的探索和悲慘的錯誤中毀掉自己的生命。——門得列夫 (Dmitri Mendeleev)

掩飾真理是卑鄙，因害怕真理而撒謊是怯懦。——奧加遼夫 (Nikolay Ogarev)

包含著某些真理因素的謬誤是最危險的。——亞當·史密斯 (Adam Smith)

即使為了國王的寶座，也永遠不要欺騙、違背真理。——貝多芬

在爭論中是不分高貴卑賤，也不管稱號姓氏的，重要的只是真理，在它面前人人平等。——羅曼·羅蘭

吾愛吾師，吾更愛真理。——亞里斯多德

尊重人不應該勝於尊重真理。——柏拉圖

通向謬誤的道路有千百條，通向真理的道路只有一條。——盧梭

遇到有承認自己錯誤的機會，我是最為願意抓住的，我認為回到真理和理性的精神，比具有最正確無誤的判斷還要光榮。——休謨 (David Hume)

智力絕不會在已經認識的真理面前停止不前，而始終會不斷前進，走向尚未認識的真理。——布魯諾(Giordano Bruno)

真理的唯一可靠的標準就是永遠自相符合。——歐文

過去的錯誤的學說不宜忘掉不談，因為各種真理都要在和錯誤抗爭之中，才能維持它們的生命。——克羅采(Rodolphe Kreutzer)

真理之所以為真理，只是因為它是和謬誤以及虛偽對立的。——車爾尼雪夫斯基(Chernyshevsky, Nikolai Gavrilovich)

真理就是具備這樣的力量，你越是想要攻擊它，你的攻擊就愈加充實了和證明了它。——伽利略

真理一經發現就會永世長存，真理的發現者因此也千古留名。因為真理就像自然界中的新元素一樣，是永遠不會消亡的。——赫茲利特

真理一旦覺醒，就再也不會消失。——華茲華斯(William Wordsworth)

真理是人類特有的財產，是唯一的不朽之物，它供我們這些必有一死的人們使用。——強生

真理是美好而又持久的東西。——柏拉圖

真理是永恆的天之驕子。——斯威夫特(Taylor Alison Swift)

真理可以延伸，但不會斷裂。——賽凡提斯

真理是珍貴而又神聖的。——塞繆爾·巴特勒(Samuel Butler)

如果說真理並非都是神聖的，那麼至少都是珍貴的。——威廉·古柏(William Cowper)

真理是我們最珍貴的東西，就讓我們省著用吧。——馬克·吐溫

真理和由此而產生的自由，將永遠是誠實的人們的主要力量所在。——斯塔爾(Germaine de Stael)

對真理的錯誤理解，不會毀滅真理本身。——別林斯基(Vissarion Grigorievich Belinsky)

擔心可能犯錯誤不應該使我們不去追求真理。——愛爾維修

生活中真理很少，因而，真理不論出自何人之口，它都是寶貴的。——高爾基

在真理和認識方面，任何以權威者自居的人，必將在上帝的戲笑中垮臺。——愛因斯坦

使人們寧願相信謬誤，而不願熱愛

真理的原因，不僅由於探索真理是艱苦的，而且是由於謬誤更能迎合人類某些惡劣的天性。—— 法蘭西斯·培根

真理和道理是人人所共有的，不僅屬於首先說出這些真理的人，也屬於後來重複這些真理的人。—— 蒙田

認識真理的主要障礙不是謬誤，而是似是而非的真理。—— 列夫·托爾斯泰

錯誤同真理的關係，就像睡夢同清醒的關係一樣。一個人從錯誤中醒來，就會以新的力量走向真理。—— 歌德

真理絕不會因為有人不承認它而感到苦惱。—— 席勒

理智以它的法律造為紙鳶而飛放，真理也使事實從桎梏中自由了。—— 泰戈爾

真理喜歡批評，因為經過批評，真理就會取勝；謬誤害怕批評，因為經過批評，謬誤就會失敗。—— 狄德羅 (Denis Diderot)

人們還往往把真理和錯誤混在一起去教人，而堅持的卻是錯誤。—— 歌德

謬誤不斷地在行動中重複，而我們在口頭上不倦地重複的卻是真理。—— 歌德

謬誤各式各樣，但真理只有一個。—— 小巴特勒

與謬誤抗爭就是在與一切相信真理的人聯合。—— 湯瑪斯·卡萊爾 (Thomas Carlyle)

真理屬於人，謬誤屬於人的年齡。—— 歌德

我們要掌握的知識都是顯而易見、千真萬確的真理。我們不能把錯誤歸咎於所學的知識，犯錯誤是由於我們相信了假的東西，而在判斷上產生失誤。—— 約翰·洛克 (John Locke)

我們今日所唾棄的謬誤，很久以前卻是真理。—— 惠蒂埃 (John Greenleaf Whittier)

每個人、每個民族都面臨著抉擇：是站在美好一邊，還是站在邪惡一邊；是為真理而抗爭，還是為謬誤而戰。—— 洛厄爾 (Robert Lowell)

被黑暗的錯誤遮掩著的另一面是真理。—— 雨果

盲目地堅持真理比情由可原地犯錯誤更具有危害性。—— 赫胥黎

真理存在的範圍是有限的，而謬誤

存在的範圍則是無限的。——聖約翰

謬誤是能把人撮合在一起的力量，而真理只能透過實際行動傳遞給人。——列夫·托爾斯泰

既要熱愛真理，也要原諒錯誤。——伏爾泰

謬誤之中有真理，真理之中有謬誤。——白朗寧

對傻子來說，真理既苦澀，又難容；而謬誤則既甜蜜，又易於接受。——約翰一世 (John Chrysostom)

相信謊言的人必將在真理中喪生。——H·G·威爾斯 (H·G·Wells)

但願我能像發現真理那樣輕而易舉地揭露謊言。——西塞羅

清白的真理絕不會有求於罪惡的謊言。——馬辛格 (Philip Massinger)

真理絕不會欠謊言的債。——揚格 (Edward Young)

真理剛穿上靴子，謊言已遊遍四方。——查爾斯·司布真 (Charles Spurgeon)

對自己要真實，就像對別人也不作假一樣。——法蘭西斯·培根

時間揭示真理。——塞內卡

時間寶貴，真理更寶貴。——迪斯雷里 (Benjamin Disraeli)

上帝為每個靈魂提供了選擇機會：或是擁有真理，或是得到安寧。你可以任選其一，但不能兼而有之。——愛默生

真理站在一邊，安寧卻站在另一邊，事情總是如此。——西·派克

真理越偉大，對它的誹謗也就越毒。——湯瑪斯·摩爾 (Thomas More)

追求真理的道路艱難曲折，坎坷不平。——米爾頓

因為終極目的的不同，在行進時，也時時有人退伍，有人落荒，有人頹唐，有人叛變，然而只要無礙於進行，則愈到後來，這隊伍也就愈成為純粹、精銳的隊伍了。——魯迅

有些人活著沒有任何目標，他們在世間行走，就像河中的一棵小草，他們不是行走，而是隨波逐流。——塞內卡

不知道明天要做什麼事的人是不幸的人。——高爾基

要盡可能當一個對國家有用的人。——托爾斯泰 (Aleksey Nikolayevich Tolstoy)

你不應耽溺於物質的欲望，也就是說，你不應偏重某一方面的歡樂，而要注意到你的一般的存續、全部的發展，要在你的存在的整個一般範圍內來考慮你的存在。——狄慈根 (Joseph Dietzgen)

生活的目標是人類美德和人類幸福的心臟。——烏辛斯基 (Konstantin Dmitrievich Ushinsky)

這個人往左走，那個人往右走，他們都是迷路者，只是方向不同而已。——賀拉斯

沒有目的，就做不成任何事情，目的渺小，就做不成任何大事。——狄德羅

跛足而不迷路者能趕過雖健步如飛但誤入歧途的人。——法蘭西斯·培根

一個沒有原則和沒有意志的人就像一艘沒有舵和羅盤的船，他會隨著風向的變化而隨時改變自己的方向。——斯邁爾斯 (Samuel Smiles)

人們早就把世界稱為狂暴的海洋，有幸的人帶著指南針而航行。——卡拉姆津 (Nikolai Mikhailovich Karamzin)

從科學史來看，凡要發現新事物，幾乎必先具備一個目標，而且常以實用為主要目標。這句話的真實意義是：要在最富情感的呼籲都充耳不聞的非人類世界裡達到它的目的，願望就必須聽從事實和定律。——貝爾納 (Claude Bernard)

正當的目的要採取正當的方式去實現，切不可認為只要目的正當就可不擇手段。——山繆·詹森

要達到預期的目的，就必須在一條道上一直走下去，切不可在眾多的路上徘徊不前。——塞內卡

人們可以照著自己的意思解釋一切事物的原因，實際卻和這些事物本身的目的完全相反。——莎士比亞

現在的一切美好事物，無一不是創新的結果。——慕勒 (George Müller)

獨闢蹊徑才能創造出偉大的業績，在街道上擠來擠去不會有所作為。——布萊克

我認為，為求得更深更廣的見識和理解而抗爭，是獨立目標之一，要是沒有這些目標，一個有思想的人，對待生活就不會有積極自覺的態度。——愛因斯坦

不管時代的潮流和社會的風尚怎樣，人總可以憑著自己高貴的品格，超脫時代和社會，走自己正確的道路。——愛因斯坦

神射手之所以神，並不是因為他的

箭好，而是因為他瞄得准。——富勒(John Frederick Charles Fuller)

瞄準天空的人總比瞄準樹梢的要射得高。——赫伯特

一個人如果不知道自己的船在駛向哪個港口，對他來說，也就無所謂順風不順風的了。——塞內卡

一個崇高的目標，只要不渝地追求，就會成為壯舉；在它純潔的目光裡，一切美德必將勝利。——華茲華斯

萬里飛騰仍有路，莫愁四海正風塵。——夏完淳

我總想為大家開闢一條光明的路。——瞿秋白

曙光在頭上，不抬起頭，便永遠只能看見物質的閃光。——魯迅

既有路，就會有人走，而且實際上已經有人在走了。——巴金

人們祈求一夜之間冰化雪消，花繁葉茂；而堅冰畢竟太厚，最初的春色畢竟還不夠濃豔。——岑桑

只要前面有路，總會走得出頭。——豐子愷

春天已到，最後的寒流已過了。今天太陽已出，我想春暖的日子快到了。——李德光

昂起頭來！我們在戰勝一切，我們能夠戰勝一切！——高爾基

暗的東西之所以顯得更暗，那是光明的東西變得更加鮮明耀眼的緣故。——高爾基

在這個完全是有條件的世界上，去直接追求無條件的事物，沒有比這更可悲的景象了。——歌德

大自然把人們困在黑暗之中，迫使人們永遠嚮往光明。——歌德

我尋求那得不到的東西，我得到我所沒有尋求的東西。——泰戈爾

人必須要有耐心，尤其是要有信心。——瑪里·居禮

拼命去爭取成功，但不要期望一定成功。——法拉第(Michael Faraday)

光明呀，不在這黑暗中找到光明，我們就將在黑暗中死去！——布朗基(Louis Auguste Blanqui)

認定了目標之後，就該鍥而不捨，終身以之，切不可見異思遷，看到哪一門走運了，行時了，而又改行。——譚其驤

只有對自己提出偉大的目標並以自己的全部力量為之而奮鬥的人，才

是幸福的人。—— 加里寧（Veniamino-vich）

尚未實現的崇高目標，要比已經達到的渺小目的尤為珍貴。—— 歌德

越接近目標，困難度越高。但願每一個人都像星星一樣，安詳而從容地不斷沿著既定的目標走完自己的路程。—— 歌德

走得最慢的人，只要他不喪失目標，也比漫無目的地徘徊的人走得快。—— 萊辛（Gotthold Ephraim Lessing）

一個人向著目標邁進的時候，應該筆直地朝前望。—— 羅曼·羅蘭

冷靜地去做，但要熱切地追求。—— 畢阿斯（Vios the Prieneus）

偉大的熱情能戰勝一切，因此我們可以說，一個人只要強烈地堅持不懈地追求，他就能達到目的。—— 司湯達（Stendhal）

目光遠大的人應該將自己的每一個願望擺好位置，然後逐一地去實現它。貪得無厭常常把這種秩序打亂，使我們同時去追逐許多目標，以致貪小失大。—— 拉羅希福可（Rochefoucauld）

要把整個的心奉獻給認定的宗旨。—— 巴布斯（Henri Barbusse）

今日澗底松，明日山頭蘗。—— 李商隱

魚游樂深池，鳥棲欲高枝。

嗟爾蜉蝣羽，薨薨亦何為。—— 張九齡

凡事須得研究，才會明白。—— 魯迅

沒有追求的人生是十分乏味的。——艾略特

因為怕失掉某一樣東西而放棄對它的追求，這是可鄙的。—— 普盧塔克（Plutarchus）

有三樣東西最受人們歡迎，第一樣是新奇，第二樣是新奇，第三樣還是新奇。—— 胡德（Thomas Hood）

當人們首次知道一件事時總是感到驚訝。—— 老普林尼（Gaius Plinius Secundus）

一個人對他常見的事物即使再不知其所以然，也不會大驚小怪；如果發生的事件從未目睹過，他就會稱之為奇聞。—— 西塞羅

人們往往忽略近在眼前的事物，而一味渴求遠在天邊的東西。—— 小普林尼（Gaius Plinius Caecilius Secundus）

伸手捕捉星星，卻忘記了腳邊的花

朵。——邊沁

人生若作千秋萬歲想，固應自立昂藏軀。——丘逢甲

希望是附屬於存在的，有存在，便有希望，有希望，便是光明。——魯迅

我覺得在人的心理上，預想往往比實行快樂。——豐子愷

世事之樂不在於實行而在於希望，猶似風景之美不在其中而在其外。——豐子愷

希望是人生之需要。人如沒有希望，何異江河乾涸了流水？！——巴金

人在希望中長大，假如五十而不死，還是要帶著希望走完所剩不多的生命的旅程。——茅盾

平凡的池水一臨照了夕陽，便成了金海！——冰心

希望是本無所謂有，無所謂無的。這正如地上的路，其實地上本沒有路，走的人多了，也便成了路。——魯迅

什麼是路？就是從沒路的地方踐踏出來的，從只有荊棘的地方開闢出來的。——魯迅

人間的事，只要生機不滅，即使重遭天災人禍，暫被阻抑，終有抬頭的日子。——豐子愷

希望，它有時比火星還容易熄滅。——麗尼

希望中的快樂是不亞於實際享受的快樂的。——莎士比亞

創造世界的神，往往借助於最微弱者之手，最有把握的希望，往往結果終於失敗；最少希望的事情，反而使人意外地成功。——莎士比亞

我堅信，如果你具有專注的熱情，你一定能夠在科學領域中孕育出有價值的東西。——愛因斯坦

無論欲望得到滿足的可能性有多大，總還是未定之天；所以在欲望得到實現時，總是令人感到驚訝。——歌德

人類最可寶貴的財富是希望，希望減輕了我們的苦惱，為我們在享受當前的樂趣中描繪出來日樂趣的遠景。——伏爾泰

把希望建築在意欲和心願上面的人們，二十次中有十九次都會失望。——大仲馬

過去屬於死神，未來屬於你自己。——雪萊（Percy Bysshe Shelley）

未來是光明而美麗的，愛它吧，向它突進，為它工作，迎接它，盡可能地使它成為現實吧！——車爾尼雪夫斯基

對一個人來說，所期望的不是別的，而僅僅是他能全力以赴和獻身於一種美好事業。——愛因斯坦

來自純潔心田的願望，即使沒有成功，沒有達到目的，也會帶來很大好處。——屠格涅夫（Ivan Sergeevich Turgenev）

當你的希望一個個落空，你也要堅定，要沉著！——朗費羅（Henry Wadsworth Longfellow）

希望是醒著的夢。——亞里斯多德

希望是人免於心碎的唯一安全帶。——富勒

人是生活在希望中的。——莫泊桑

我們必須對生活先有信心，然後才能使生活永遠延續下去。所謂信心，就是希望。——朗之萬（Paul Langevin）

人類最可寶貴的財富是希望。——伏爾泰

人的全部智慧，完全包含在四個字裡：「等待」和「希望」。——大仲馬

希望有如蝙蝠，以膽怯的翅膀敲打牆壁，撞觸腐朽的天花板，然後倉皇飛向遠方。——波特萊爾（Charles Pierre Baudelaire）

雖然希望常愚弄人，但我們仍需要希望；因為希望本身就是快樂，失望縱然常有，總沒有絕望那麼可怕。——詹森

希望是一種快樂，為全世界人類主要之快樂。但是快樂過分，便受痛苦，故希望過分者，必致失敗。——詹森

希望會使你年輕，因為希望和青春是孿生兄弟。——雪萊

希望在任何地方，都是支撐生命的安定力量。——莎士比亞

希望是永恆的欣喜。它就像人類擁有的土地，年年有收益，是用不盡的、最牢靠的財產。——史蒂文生

沒有希望的地方就沒有奮鬥。——詹森

希望是引導人成功的信仰。如果沒有了希望，便一事無成。——海倫·凱勒

我們懷著希望和期待出發。——法拉第

希望是人的陽光。——塞繆爾·斯邁

爾斯

希望像太陽，當我們向它行進，我們負擔的陰影，便拋在身後去。——塞繆爾‧斯邁爾斯

每天都有新日光，每人都有新希望。——英國諺語

希望是戀人的手杖，帶著它前行，可以對抗自覺絕望的思想。——莎士比亞

希望是堅韌的拐杖，忍耐是旅行袋，攜帶它們，人可以登上永恆之旅。——羅素（Bertrand Arthur William Russell）

任何事情，希望總比絕望好，因為，誰也無法計測可能的界限。——歌德

只要太陽照耀，希望也會閃耀。——席勒

強大的勇氣，嶄新的意志——這就是希望。——馬丁‧路德

希望是生命的泉源，失去它的生命就會趨於枯萎。——富蘭克林

誰能沒有希望而活下去？——桑德堡（Carl August Sandburg）

希望之「橋」就是從「信心」這兩個字延伸而來的——而這是一條把我們引向無限博愛的橋。——安徒生

希望與生命常相伴隨。——賽凡提斯

在對明日有所期待的時候，沒有一種藥比希望能激起更大的刺激和效果。——瑪律登

只靠希望而生活的人，便要失望。——義大利諺語

在人類的內心中希望永恆地跳動著。——亞歷山大

如果沒有永生的希望，即使過的是最幸福的一生，也只能稱為可悲的一生；懷有永生的希望，即使過的是最不幸的一生，也算是值得羨慕的一生。一生的幸或不幸，決定於希望之有無。——內村監三

希望是棲息在人們心頭的鳥。——狄更生（Emily Elizabeth Dickinson）

希望本身就是一種幸福，也許還是世上最大的幸福。——詹森

希望見諸行動是博愛，美好見諸行動是善良。——烏納穆納（Miguel de Unamuno）

奪走一個人的希望，無異於使他變成一頭只知攫食的野獸。——韋達（Franciscus Vieta）

是什麼力量使一個因船難而落水的水手，在看不到陸地的情況下，赤手空拳地在海裡掙扎？是希望。——奧維德（Ovid）

希望和耐心是每個人的救命藥；災難臨頭時，它們是最可靠的依賴，最柔軟的倚墊。——羅伯·雷頓（Robert Benjamin Leighton）

像那閃爍的微光，希望把我們的道路照亮；夜色愈濃，光芒越耀眼。——高德史密斯（Oliver Goldsmith）

希望甚至能使一個病入膏肓的人起死回生。——奧維德

成功一旦在望，就像燕子穿空一樣；有了希望，君王可以成神明，平民可以為君王。——莎士比亞

希望像太陽一樣，當我們向它走去時，它就把我們負重的影子拋到了我們的身後。——塞繆爾·斯邁爾斯

希望一旦萌生，就會久久縈繞心頭；雖說她是個可望而不可及的天使，但能時時帶給人欣慰。——奧維德

希望實際上是個哄人的高手；但她畢竟能帶著我們在一條愉快的道路上走向生命的盡頭。——拉羅希福可

「希望」什麼地方都去，唯獨不涉足沒有和平和安寧的地方。——米爾頓

從不憂慮的人，也從不抱希望。——威廉·古柏

希望和憂慮是分不開的；沒有希望就不會有憂慮，沒有憂慮也就沒有希望。——拉羅希福可

希望和憂慮輪流給人帶來信任和猜疑。——奧維德

擺脫憂慮後產生的希望是最慰人的。——司各特（Walter Scott）

就像同時鎖住囚犯和看守的一根鐵鍊，希望和憂慮也形影不離。——塞內卡

無所期望的人是幸運的，因為他們永遠不會感到失望。——波普

你所希望的事不能實現，那就想想能實現的事吧。——阿拉伯諺語

沒有絕望便無所謂希望，沒有希望便無所謂絕望。——塞內卡

希望能給人力量，絕望亦複如此。——富勒

死於苦苦懸望的人，要遠遠多於因為絕望而尋短於匕首、繩索和其他殺身槍彈的人。——塞繆爾·巴特勒

光埋頭工作而沒有抱負，就好比在

篩中吸取甘露；毫無志向的希望不可能持久。——柯勒律治（Samuel Taylor Coleridge）

與其死心，還不如抱著希望。——歌德

在需要面前，一切理想主義都是虛偽的。——尼采

只要我有需求，我就有活下去的理由。滿足就是死亡。——蕭伯納

我認為一無所求是神聖的，略有所求是僅次於神聖的。——蘇格拉底

需要的力量是無法抗拒的。——埃斯庫羅斯（Aeschylus）

為使生命有生氣是需要一些欲望的；那些實際需求獲得滿足的人，不能否定了那些幻想的人。——詹森

沒有欲望的人最幸福，因為他不會遭遇失望。——波普

欲望只不過是奢侈的奴隸，靈魂不需要它。——法蘭西斯·培根

阻礙越大，欲望越強。——拉封丹（Jean de La Fontaine）

人要有偉大的欲望，要有能夠實現這種欲望的技能和堅忍。——柏拉圖

除非口中塞滿了土，欲望總是不知足。——荷蘭諺語

欲望之飢渴永不能填補或完全地滿足。——西塞羅

欲望遁逃，幸福就到。——匈牙利諺語

壓抑一個欲望，比滿足一個欲望容易得多。——拉羅希福可

我們的目的應該是熄滅我們心中的欲火，而不是平均我們的錢財。——亞里斯多德

上帝讚賞善良的欲望。——賽凡提斯

卑賤的靈魂產生卑賤的欲望。——赫伯特

我們生活在欲望裡，而不是生活在成就裡。——摩爾

人對不知道的東西是不會產生欲望的。——奧維德

讓我們以身體為代價來滿足我們靈魂的欲望吧！——狄奧多·羅斯福

如你戰勝了欲望，而不是欲望戰勝了你，你就應該感到高興。——普勞圖斯（Titus Maccius Plautus）

人生有兩種悲劇：一種是滿足不了心裡的欲望，另一種是心裡的欲望得到滿足。——蕭伯納

欲望雖然不能根除，但你至少可以憑自己的力量控制它一段時間。——富勒

欲望只會越等越強烈。——約翰·雷(John Ray)

人來到世上並不是為了尋歡作樂。——詹森

行樂不會是，也不可能是一個有理智、有個性的人的專務；但卻可能是，也的確是他的休息和報酬。——切斯特菲爾德(Chesterfield)

儘管聖賢們會拋出智慧的財寶，但享樂慾卻是一個更有力的說教者。——拜倫

一年二十英鎊不夠用的人，給他四十英鎊也會同樣不夠用：這就是一個尋歡作樂之徒；而尋歡作樂的代價是異常昂貴的。——赫伯特

我始終認為，不顧一切地去尋歡作樂的人是最盲目的大傻瓜。——威廉·古柏

貪圖享樂的人必將在享樂中墮落。——馬洛(Christopher Marlowe)

智者會節制享樂，但傻子卻會成為享樂的奴隸。——愛比克泰德(Acquired)

享樂慾是導致犯罪的最主要的原因。——柏拉圖

縱慾必將帶來懊悔。——約翰·雷

縱樂是最可惡最有害的東西。倘若陷得太深或是太久，它就會把人們亮堂的心靈變成一片漆黑。——阿爾庫塔斯(Archytas)

肉慾阻礙著人們審慎地行事。它與理智勢不兩立，與美德毫無緣分，甚至還會遮住心靈的天窗。——西塞羅

荒淫無度不僅奴役著人的意志，而且還會使人們的判斷力受到限制。——威廉·古柏

這種狂暴的快樂將會產生狂暴的結局，正像火和火藥的親吻，就在最得意的一剎那煙消雲散。——莎士比亞

占有慾是最卑鄙的人所擁有的歡樂。——安·威克姆

期望太多的人將常感失望；但失望很少使我們停止期望，或者除了產生一些悻悻抱怨之外，還有什麼效果。——詹森

一息猶存，豈能輕言絕望。——德國諺語

不知已經絕望的絕望——那就是永不曉得有個自己的「絕望性的無

知」。——齊克果 (Søren Kierkegaard)

絕望是一個專門出壞主意的顧問。——司各特

能在希望中獲得的力量，在絕望中同樣也能獲得。——荷馬

第二章　理想·信仰·志向

士志於道，而恥惡衣惡食者，未足與議也。——《論語·里仁》

大上有立德，其次又立功，其次有立言。雖久不廢，此之謂不朽。——《左傳》

啟發我並永遠使我充滿生活樂趣的理想，是真、善、美。——愛因斯坦

君子樂其道，小人懷其生。——王通

願乘長風破萬里浪。——宗愨

把意念沉潛得下，何理不可得；把志氣奮發得起，何事不可做。——呂坤

志須預定自遠到，世事豈得終無成？——徐謙

昂昂獨負青雲志，下看金玉不如泥。——李渤

人皆可以為堯舜。——孟子

居安思危，思則有備，有備無患。——《左傳》

途窮厭見俗眼白，餓死不食嗟來食。——陳睿思

有頭強方心強直，撐住頹風不量力。——陶宗儀

咬定青山不放鬆，立根原在破岩中。千磨萬擊還堅韌，任爾東西南北風。——鄭板橋

古之立大事者，不惟有超世之才，亦必有堅忍不拔之志。——蘇軾

人若志趣不遠，心不在焉，雖學無成。——張載

而歧路者有行迷之慮，仰高山者有飛天之志。——傅玄

有志者事竟成也！——劉秀

志不立，天下無可成之事。——王陽明

立志不定，終不濟事。——朱熹

身如逆流船，心比鐵石堅；望父全兒志，至死不怕難。——李時珍

大鵬一日同風起，扶搖直上九萬里，假令風歇時下來，猶能簸卻滄溟水。——李白

垂頭自惜千金骨，伏櫪仍存萬里心。——郝經

夫學須志也，才須學也，非學無以廣才，非志無以成學。——諸葛亮

志不立，則如無舵之舟，無勒之馬，漂蕩奔逸，終亦何所底乎？——王陽明

三軍可奪帥也，匹夫不可奪志

也。——孔子

人無志，非人也。——嵇康

老驥伏櫪，志在千里；烈士暮年，壯心不已。——曹操

燕雀安知鴻鵠之志。——司馬遷

命為志存。——朱熹

會當凌絕頂，一覽眾山小。——杜甫

不登高山，不知天之大也；不臨深谷，不知地之厚也。——荀子

風聲、雨聲、讀書聲，聲聲入耳；家事、國事、天下事，事事關心。——顧憲成

我不配做一盞明燈，那麼就讓我來做一塊木柴吧！——巴金

即使我是一根蠟燭，也應該「蠟炬成灰淚始乾」；即使我只是一根火柴，也要在關鍵時刻有一次閃耀；即使我們死後屍骨都腐爛了，也要變成磷火在荒野中燃燒。——艾青

水激石則鳴，人激志則宏。——秋瑾

吾志所向，一往無前，愈挫愈奮，再接再厲。——孫中山

我們願意做一個攀登科學高峰的「人梯」，讓年輕的一代踏著我們的肩膀上去。——華羅庚

人生有一個最大的悲劇，那就是當你意識到自己將被時代拋棄。——張學夢

理想既是一種獲得，理想又是一種犧牲。——流沙河

我們中間的每一個人都好像是一顆滿載電荷的基本粒子，這電荷就是對明天的瑰麗的理想，就是為實現這個理想而獻身的嚮往與追求。當它們互相交匯在一起時，就會進射出絢爛的青春的火花。——鄂華

人類總有一種理想，一種希望。雖然高下不同，必須有個意義。自他兩利固好，只少也得有益本身。——魯迅

人生自古誰無死，留取丹心照汗青。——文天祥

否定理想的人可能容易找到，不過他是把卑鄙當作美好。——歌德

在理想的最美好世界中一切都是為最美好的目的而設。——伏爾泰

我們為之爭取的最高理想，就是與保護我們幸福的物質世界保持良好關係，同時又不必因此與決定我們尊嚴的道德世界決裂。——席勒

請把高傲的忍耐置於心中：

你們辛酸的工作不白受苦，崇高理想的追求不會落空。—— 普希金 (Aleksandr Sergeyevich Pushkin)

理想主義者是專為他人造福的人。—— 亨利·福特 (Henry Ford)

不應該追求一切種類的快樂，應該追求高尚的快樂。—— 德謨克利特 (Democritus)

一個人的活動，如果不是被高尚的思想所鼓舞，那它是無益的、渺小的。—— 車爾尼雪夫斯基

沒有理想，就達不到目的；沒有勇氣，就得不到東西。—— 別林斯基

有了物質才能生存，人有了理想才談得上生活。你要了解生存與生活的不同嗎？動物生存，而人則生活。—— 雨果

生活中沒有理想的人，是可憐的人。—— 屠格涅夫

毫無理想而又優柔寡斷是一種可悲的心理。—— 法蘭西斯·培根

理想是指路明燈。沒有理想，就沒有堅定的方向；沒有方向，就沒有生活。—— 列夫·托爾斯泰

生活不能沒有理想。應該有健康的理想，發自本國公民內心深處的理想。—— 季米特洛夫 (Georgi Dimitrov)

理想對我來說，具有一種非凡的魅力。我的理想總是充滿著生活和泥土氣息。我從來都不去空想那些不可能實現的事情。—— 奧斯特洛夫斯基 (Nikolai Alekseevich Ostrovsky)

沒有理想，即沒有某種美好的願望，也就永遠不會有美好的現實。—— 杜斯妥也夫斯基 (Fyodor Mikhailovich Dostoevsky)

宣傳最崇高的理想，如若看不到通往這個理想的正確道路，也是無濟於事的。—— 巴布斯

進步就是理想的實現。—— 王爾德 (Oscar Fingal O'Flahertie Wills Wilde)

進步不是什麼事件，而是一種需要，它是大自然的一部分。—— 斯賓塞 (Herbert Spencer)

上進心是人的唯一標誌，不是上帝的，也不是動物的。—— 白朗寧

我們的目的，也不是方式；只有行動才會使我們發現自己天天都在進步。—— 朗費羅

新的時勢賦人以新的義務，時間使古董變得鄙俗；誰想不落伍，誰就得不斷進取。—— 洛厄爾

在大多數情況下，進步來自進取心。——塞內卡

只要一切由現代發展帶來的巨大財富僅僅只是造就宏運，增加奢侈，使貧富之間的兩極分化日益加劇，這種發展就不可能是真正的，也不可能是長久的。——亨．喬治

好逸惡勞者必然百無聊賴；而堅定的前行者儘管也有停歇的時候，卻勇往直前。——赫伯特

如同有進步一樣，生活中有時也會有倒退。——盧梭

一切進步之舉都是從大逆不道的名聲開始的。——阿爾伯特．哈伯德（Elbert Green Hubbard）

奪走了普通人生活的幻想，也就等於奪走了他的幸福。——易卜生

幻想恰似那時鐘的指標，轉了一大圈，結果依然回到原處。——威廉．古柏

不要離開幻想。一旦幻想消失，你也許可以繼續安在，但生活將從此和你無緣。——馬克．吐溫

如果讓幻想四處徘徊，歡樂就沒有安身之地。——濟慈（John Keats）

幻想能害人，也能救人。——富勒

幻想會使人把皮糠當作麵粉咽下去。——尼爾．海伍德（Neil Heywood）

難道幻想神奇的雙手不能扯起面紗去掩蓋那命運可悲的現實嗎？——湯瑪斯．坎貝爾

我們可以把幻想當作伴侶，但必須請理智做嚮導。——詹森

夢想一旦被付諸行動，就會變得神聖。——普羅克特（Richard A. Proctor）

夢想只要能持久，就能成為現實。我們不就是生活在夢想中的嗎？——丁尼生（Alfred Tennyson）

在生活中是沒有旁觀者的。——伏契克（Julius Fučík）

希望是引導人成功的信仰。如果沒有希望，便一事無成。——海倫．凱勒

我們唯一的悲哀是生活於願望之中而沒有希望。——但丁

無目標而生活，有如沒有羅盤而航行。——拉斯金

我的人生正是：使事業成為喜悅，使喜樂成為事業。——羅素

人生最美好的，就是在你停止生命時，也還能以你所創造的一切為公民服務。——奧斯特洛夫斯基

每個人都應該具有維護自己信念的勇氣。—— 洪保德 (Alexander von Humboldt)

人類當中最糟糕的人，就是沒有志向的人。—— 阿拜·庫南巴耶夫 (Abay Kunanbayuly)

沒有工作簡直受不了，工作使一切美化，思想能創造新的生命。—— 諾貝爾

我唯一的財產就是希望。—— 亞歷山大

幸福應該成為目標，否則火焰不會燒得十分燦爛，動力不會十分強大，成功不會十分完善。—— 德萊塞 (Theodore Herman Albert Dreiser)

為了達到目的而採取犯罪的行為，最神聖的事業也會變成褻瀆和卑污的事情。—— 拉曼納 (Kocheril Raman Narayanan)

小草，你步調固然細微，但你腳步下卻擁有地球。—— 泰戈爾

希望是人的陽光。—— 塞繆爾·斯邁爾斯

希望是永遠的喜悅，有如人類擁有的土地，是每年有豐收，絕不會耗盡的確實財產。—— 史蒂文生

當人拋棄信仰時，可能搬進希望來。—— 呂凱特

如果一個人不知道他要駛向哪個碼頭，那麼任何風都不會是順風。—— 塞內卡

不是事業為了思想，而是思想為了事業。—— 伏爾泰

人創造事業，並以事業而光榮。—— 高爾基

當你工作和研究的時候，必須具有強烈的熱情。—— 巴夫洛夫 (Ivan Petrovich Pavlov)

走自己的路，讓人們去說吧！—— 但丁

幸運的不是始終去做你所希望做的事，而是始終希望達到你所做的事情的目的。—— 列夫·托爾斯泰

要成為一個真正的人和有用的人，光有誠實的品德是不夠的，還需要有始終不渝的思想。—— 車爾尼雪夫斯基

要勇往直前，在抗爭中鍛鍊自己的智慧、自己的體力，不要為無謂的感傷所征服，把你全部心靈、全部意志、全部精力，都獻給你終生的事業，堅強的戰鬥，直到老死。—— 列別捷夫 (Pyotr Nikolaevich)

信念之所以寶貴，只是因為它是

現實的，而絕不是因為它是我們的。——別林斯基

才能是從對於工作的熱情中成長起來的。極端地說來，甚至可以說：所謂「才能」，本質上不過是對於工作，對於工作過程的一種「愛」而已。——高爾基

不會做小事的人，也做不出大事來。——羅蒙諾索夫（Mikhail Vasilyevich Lomonosov）

沒有信仰的人的生活，無非是動物的生活。——列夫．托爾斯泰

一個人如果沒有被熱烈的忠誠鼓舞著，他是不會做出偉大事業來的。——車爾尼雪夫斯基

職業是不容許任性的。職業就是愛人，選上了——就要愛她，不要三心二意，不然這人就一文不值，人家會說你是個沒有骨氣的人。——波列伏依

人類只有在實現自己美好理想的過程中才能前進。——季米里亞捷夫

誰要是認為崇高的、遙遠的目標對於人是沒有必要的，那他就只有吃啊，喝啊，睡啊，而當厭倦了這些的時候，就只有跑過去，撞死在箱子角上。——契訶夫（Anton Pavlovich Chekhov）

只有向自己提出偉大的目標並以自己的全部力量為之而奮鬥的人，才是幸福的人。——加里寧

沒有信念的人是空虛的廢物，沒有原則的人是無用的小人。——列賓（Ilya Repin）

我的作為詩人的響亮力量，整個給了你，戰鬥著的階級。——馬雅可夫斯基（Vladimir Vladimirovich Mayakovsky）

理想是指路明星，沒有理想，就沒有堅定的方向，而沒有方向，就沒有生活。——列夫．托爾斯泰

沒有理想，即沒有某種美好的願望，也就永遠不會有美好的現實。——陀思妥也夫斯基

希望是生命的靈魂，心靈的燈塔，成功的嚮導。——歌德

假如我的信念隨著我的心臟的跳動而動搖，那是可悲的。——席勒

真正的思想家、科學家是為人類服務的，同時也是為真理服務的。他認為知識是最高的善，是真正有益的；發展知識就是他一生的實際目標；因此，他認為哪怕有一個小時沒有獻身於知識，那也是一個重大的損失。——費爾巴哈

朋友們，朝著太陽奔去吧，為了人

類的幸福之花快點開放！擋住太陽樹枝能怎麼樣——撥開它們，向著太陽，努力奮鬥吧！——黑格爾

我把科學的廣闊園地，看作是一個廣大的原野，其中散布著一些黑暗的地方和一些光明的地方。我們的工作的目的，應該是或者擴大光明地方的界限，或者在原野中增加光亮的中心。——歌德

信念通常和能力並駕齊驅。——詹森

望是堅韌的拐杖，忍耐是旅行袋，攜帶它們，人可以登上永恆之旅。——羅素

科學的真正的與合理的目的在於造福於人類生活，用新的發明和財寶豐富人類生活。——法蘭西斯·培根

信仰是我們一切思想的先行官。否定信仰，即等於反對我們，反對我們一切創造力的精神泉源。——卓別林

我的一生的主要樂趣和唯一的職務就是科學。對於科學的熱情使我忘卻或者趕走我日常的不適。——達爾文

只要我們具有能改善事物的能力，我們首要職責就是利用它並訓練我們的全部智慧和能力，來為我們人類至高無上的事業服務。——赫胥黎

話多的人不是長於做事的人。——莎士比亞

對於一艘盲目航行的船來說，所有風向都是逆風。——赫伯特

不要把自己的信念懸掛在牆壁上。——巴爾札克

立志、工作、成就，是人類活動的三大要素。立志是事業的大門，工作是登堂入室的旅程。這旅程的盡頭就有個成功在等待著，來慶祝你的努力結果。——巴斯德（Louis Pasteur）

一個人的理想越崇高，生活越純潔。——伏尼契

有高尚思想的人永不會孤獨的。——西德尼

如果能追隨理想而生活，本著正直自由的精神，勇往直前的毅力，誠實不自欺的思想而行，則定能臻於至美至善的境地。——瑪里·居禮

像蠟燭為人照明那樣，有一分熱，發一分光，忠誠而踏實地為人類偉大事業貢獻自己的力量。——法拉第

那些沒有受過未知數折磨的人，不知道什麼是發現的快樂。——貝爾納

沒有偉大的希望，就沒有偉大的天才。——巴爾札克（Honoré de Balzac）

我從來不把安逸和享樂看作是生活目的的本身——這種倫理基礎，我叫它豬欄的理想。——愛因斯坦

推動你的事業，不要讓你的事業推動你。——愛因斯坦

耐心和持久勝過激烈和狂熱。——拉封丹

應該相信，自己是生活的戰勝者。——雨果

宣傳最崇高的理想，如若看不到通往這個理想的正確道路，也是無濟於事的。——巴布斯

無論何時，不管怎樣，我也絕不允許自己有一點點灰心喪氣。——愛迪生

我們從前人的發明中享受了很大的利益，我們也應該樂於有機會以我們的任何一樣發明為別人服務，而這種事我們應該自願地慷慨地去做。——富蘭克林

此身儻未死，仁義尚力行。——陸游

紛紛世議何足道，盡付馬耳春風前。——元好問

進銳退速，只是心志不凝定。——申居鄖

鋒鏑牢囚取決過，依然不廢我弦歌。——黃宗羲

守貞以為寶。——彭寧求

你信仰什麼主義，就該誠摯地力行，不該張大了嘴唱著好聽。——魯迅

信仰就是生命力。——列夫·托爾斯泰

真正的信仰是建立在岩石上的；而其他的一切都顛簸在時間的波浪上。——法蘭西斯·培根

只相信可能性，這不是信仰，而是哲學。——布朗托姆

一個時代的信仰永遠是另一個時代的詩文。——愛默生

當迅速發展的事物放慢腳步，當虛假的事物真相大白，謊言就會像泡沫一樣消失，而信仰卻能經久不衰。——哈代（Thomas Hardy）

我們的胸中跳動著不滅的火焰，神聖的信仰溫暖著我們的祖先。——霍姆斯

我們的信仰戰勝了我們的恐懼。——朗費羅

純粹的信仰能把恐懼置之度

外。—— 麥克唐納（James Ramsay MacDonald）

是烈士創造了信仰，而不是信仰造就了烈士。—— 烏納穆諾

信仰之女，請速速醒來！啟迪那可怕的無知，照亮死亡的混沌的狀態。—— 湯瑪斯·坎貝爾

啊，歡迎你！雙目明亮的信仰，兩手潔白的希望，你是淩空翱翔的天使，長著一對金色的翅膀。—— 米爾頓

啊，信仰，你雖然被愚弄過一萬次，卻一點也沒有被拋棄。—— 吉卜林（Joseph Rudyard Kipling）

信仰就是依賴自我，是一種理智狀態。—— 霍姆斯

理智是我們心靈的左手，信仰是我們心靈的右手，憑藉這左右手，我們能達到神聖的境界。—— 多恩（John Donne）

理智只有在信仰發出光芒時才能發現事物。—— 德萊頓

「信仰」觀察事物的方法是閉上「理智」的眼睛。—— 富蘭克林

切實的調查勝過不假思索的信仰，完美的理智是勝過恐懼的嚮導。—— 英格索

智慧叫道：「我一切都不知道。」只有信仰把一切事物都想得很美好。—— 沙特（Jean-Paul Sartre）

人們絕不會在理智的信仰之中生活。—— 席勒

一個能使理智服從於自己信仰的人，一定是心智健全的人。—— 史密斯

我們依靠信仰而生活；然而，信仰並不是《聖經》與傳奇的奴隸。智理、上帝、人類以及天職的聲音是協調一致的。—— 惠蒂埃

「信仰」是「夢幻」之母。它在被洪水與死亡毀滅的灰色世界中不停地尋找，並發現了「希望」的彩虹。—— 海頓

信仰屬於靈魂的範疇。它是生活的希望，安全的鐵錨，靈魂的解脫。—— 拿破崙一世

信仰是毫無證據的篤信，信仰是思想感情，因為它是希望；信仰是本能，因為它先於一切外界的教誨。—— 阿米爾

有了愛，有了希望，有了信仰的非凡天賦，我們就會感到自己比我們所估量的更偉大。—— 華茲華斯

有兩件事我最憎惡：沒有信仰的

博才多學和充滿信仰的愚昧無知。——穆罕默德

一個失去了信仰的人靠什麼生活下去呢？——普布里烏斯·西魯斯

有信仰未必能成大事，而沒有信仰卻將一事無成。——小巴特勒

由於缺少信仰，我們忽略了對很多神聖東西的了解。——赫拉克利特(Heraclitus)

沒有信仰的人如同盲人。——米爾頓

幽靈、水妖和鬼魂等都是世俗信仰的垃圾。——湯瑪斯·坎貝爾

信仰，狂熱的信仰，一旦和可愛的謬誤緊密結合，便會頑固到底。——湯瑪斯·摩爾

古老的信仰到處點燃蠟燭，強有力的真理由此經過，把它們統統熄滅。——里斯

信仰是德行的根莖，一株不會發芽長葉的根就是死根。——威爾遜

愛情需要忠誠，信仰需要堅定。——赫伯特

我看到全世界有良心、明事理的人都有一個共同的信仰——善良與勇敢。——愛默生

一切引人向善的信仰都是有益的。——湯瑪斯·潘恩(Thomas Paine)

有了信仰仍動輒發怒，這是反信仰的信仰。——彭威廉

信仰是個鳥兒，黎明還是黝黑時，就觸著曙光而謳歌了。——泰戈爾

我們不能為他人立教，也不應該讓他人為我們樹立信仰。生活的教導就是我們的信仰。——威廉·英格(William Ralph Inge)

不靠信仰活在世上的人，是不會有信仰的。——富勒

一個人的主張和信念發展成信仰，而信仰又變成富有熱情的直覺。——華茲華斯

活著時有人尊敬，死去後有人悼念，這是堅定信仰的鏡子。——荷馬

信仰需要你，需要誠實的人生；它不需要才智的高超，也不需要上帝的神祕深奧。——湯瑪斯

我們生來就有信仰；一個有信仰的人就像一棵會結蘋果的樹。——愛默生

信仰是精神的勞動；動物是沒有信仰的，野蠻人和原始人有的只是恐怖和疑惑。只有高尚的組織體，才能達到信仰。——契訶夫

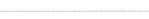

「思想的狂熱」，也就是對於自己事業的鮮明的肯定的信仰，沒有這種信仰，不論是藝術或者科學，就沒有真正的生命。——司湯達

一個人的「信仰」，所包含的並不是許多他所懷疑並試圖相信的東西，而是幾樣他可以確定並無需費力便可深信的東西。——卡萊爾

任何事物都不像冷漠那樣對信仰有害，冷漠至少有一半是不忠。——埃·伯克

被人用罪名誣陷過的、經歷過辛辣而又激烈攻擊的信仰，才是持久的、永遠不變的信仰。——洛厄爾

信仰是人類認識自己智慧的力量的結果，這種信仰創造英雄，卻並不創造而且將來也不會創造上帝。——高爾基

眾人信奉的偉大信仰可使眾人聯合成一體。——波普

信仰應成為生活的準則，而不應是可有可無的芥末小事。——迪斯雷里

形式縱有百種，信仰卻只有一個。——蕭伯納

信仰不在膝頭，而在心頭。——吉羅德

信仰就像一朵昂首挺胸、潔白無瑕的百合。——羅塞蒂

夙興以求，夜寐以思。——班固

路漫漫其修遠兮，吾將上下而求索。——屈原

學者，不患才之不贍，而患志之不立。——徐幹

飾治之術，莫良乎學；學之廣在於不倦，不倦在於固志。——葛洪

高比，所以廣德也；下比，所以狹行也。——韓嬰

無論在什麼時候，人的力量都顯得比假想的神更偉大，這是極其常見的事實。——巴金

如果把人生比之為杠杆，信念則好像是它的支點，具備這個恰當的支點，才可能成為一個強而有力的人。——薄一波

我們認為歷史不是「神」的啟示，而是人的啟示，並且只能是人的啟示。——恩格斯 (Friedrich Engels)

思想會有反復；信念堅定不移；事實一去就不復返。——歌德

情況時刻在變化，原則永遠不能變。——巴爾札克

沒有任何事情比適當地扮演人這一角色那樣美好與合理，也沒有任何

學問比懂得如何度此一生那樣艱巨和自然。——蒙田

堅持你的主義，主義重於生命；寧願生命消失，只要聲譽能夠留存。——裴多菲（Petőfi Sándor）

為了迎合風向而改變自己見解的人，我們認為是糟糕的、卑鄙的、毫無信念的人。——杜勃羅留波夫（Nikolai Alexandrovich）

每個人都應該具有維護自己信念的勇氣。——洪保德

告訴你我達到目標的奧祕吧。我唯一的力量就是我的堅持精神。——巴斯德

要從容地著手去做一件事，但一旦開始，就要堅持到底。——畢阿斯

最可怕的敵人，就是沒有堅強的信念。——羅曼．羅蘭

堅定是美德的基礎。——法蘭西斯．培根

通向堅定的道路上鋪滿了疑慮。——弗朗西斯．誇爾斯（Francis Quarles）

歲寒眾木改，松柏心常在。——張說

萬木自凋山不動，百川皆旱海長深。——李群玉

泥土縱然乾涸得沒有一絲水分，眷戀它的樹枯萎了也站在懷裡。——梁南

它的臉上和身上，像刀砍過的一樣，但它依然站在那裡。含著微笑，看著海洋。——艾青

志若不移山可改，何愁青史不書功。——錢穆

子貢問曰：「有一言而可以終身行之者乎？」子曰：「其恕乎！己所不欲，勿施於人。」——《論語．衛靈公第十五》

人有沒有信念並非取決於鐵鍊或任何其他外在的壓力。——卡萊爾

寧可孑然而自豪地獨守信念，也莫不辨是非地隨波逐流。——邱吉爾

寧無知，勿有錯，沒有信念的人比有錯誤信念的人更接近真理。——湯馬斯．傑弗遜（Thomas Jefferson）

缺乏信念是一大不足。如不能將其克服，至少也應將其掩飾起來。——斯威夫特

就像我們用槍打死破壞我們寧靜的烏鴉一樣，我們必須消除邪惡，用我們信念的子彈。——蓋斯科因（Marquess of Salisbury）

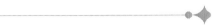

我們總是遲遲不去接受那些令人痛苦的信念。——奧維德

每個人總覺得自己的信念都是正確的。——威廉·古柏

堅強的信念能贏得強者的心，並使他們變得更堅強。——白芝浩（Walter Bagehot）

丈夫生有四方志，東欲入海西入秦。安能齷齪守一隅，白頭章句浙與閩？——劉過

滄海可填山可移，男兒志氣當如斯。——劉過

藩籬之鷃，豈能與之料天地之高哉。——宋玉

鴻鵠一再高舉，天地睹方圓。——辛棄疾

驊騮當少時，其志萬里途；一旦老伏櫪，猶思玉山芻。——歐陽修

書不記，熟讀可記；義不精，細思可精。惟有志不立，直是無著力處。——朱熹

為學須先立志。——朱熹

丈夫壯氣須衝鬥。——文天祥

願隨壯士斬蛟蜃，不願腰間纏錦絛。——蘇軾

人無善志，雖勇必傷。——劉安

以為學者但言虛心，不若先言立志。——陳確

內積忠信，所以進德也；擇言篤志，所以居業也。——朱熹

大丈夫當為國掃除天下，豈徒室中乎！——歐陽詢

分明天地心，不為淺狹謀。——方孝孺

人品、學問，俱成於志氣；無志氣人，一事做不得。——申居鄖

人惟患無志，有志無有不成者。——陸九淵

品卑由於無志，無志由於識低。——申居鄖

不聞大論，則志不宏；不聽至言，則心不固。——荀悅

志不立，天下無可成之事，雖百工技藝，未有不本於志者，志不立，如無舵之舟，無銜之馬，漂蕩奔逸，終亦何所底乎？——王守仁

對烹調的了解越深刻，志氣也就越消沉。——巴爾札克

志向是天才的幼苗，經過熱愛勞動的雙手培育，在肥田沃土裡將成長為粗壯的大樹。不熱愛勞動，不進

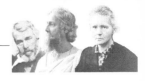

行自我教育，志向這棵幼苗也會連根枯死。

確定個人志向，選好專業，這是幸福的泉源。——蘇霍姆林斯基（Vasily Aleksandrovich Sukhomlinsky）

仰天大笑出門去，我輩豈是蓬蒿人。——李白

丈夫志四海，萬里猶比鄰。——曹植

猛志逸四海，騫翮思遠翥。——陶淵明

苟懷四方志，所在可遊盤。——歐陽建

少年別有贈，含笑看吳鉤。——杜甫

所志在功名，離別何足嘆。——陸龜蒙

男兒何必戀妻子，莫向江村老卻人。——岑參

丈夫志四海，只手提天綱。——王士禎

男兒四方志，豈久困泥沙。——石友

雄心志四海，萬里望風塵。——傅玄

男兒西北有神州，莫滴水西橋畔淚。——劉克莊

行行複垂淚，不稱是男兒。——杜荀鶴

雄心壯志是茫茫黑夜中的北斗星。——白朗寧

生活中最明智的是專心一意，最愚蠢的是半途而廢。人貴在有志，而不在於志大志小。凡是能消除我們一份稚氣、使我們定下心來做一份誠實的工作的事情，都是有意義的。——愛默生

人不論志氣大小，只要盡力而為，矢志不渝，就一定能如願以償。——赫伯特

一個人如果胸無大志，即使再有壯麗的舉動也稱不上是偉人。——拉羅希福可

人若有志，萬事可為。——塞繆爾·斯邁爾斯

蝦鱔游潢潦，不知江海流。燕雀戲藩柴，安識鴻鵠遊。——曹植

壯士何慷慨，志欲威八荒。——阮籍

乃知鴻鵠懷，燕雀安能伴。——顧炎武

丈夫志千載，飛沉何足嘆。——陸粲

丈夫惟遠志，奮翼摩蒼穹。——陳確

男兒出門志，不獨為身謀。——杜荀鶴

沖天羨鴻鵠，爭食羞雞鶩。——孟浩然

登山始覺天高廣，到海方知浪渺茫。——王溥

登高而招，臂非加長也，而見者遠；順風而呼，聲非加疾也，而聞者彰。——荀子

人若志趣不遠，心不在焉，雖學無成。人惰於進道，無自得達，自非成德君子，必勉勉至從心所欲不逾矩，方可放下，德薄者，終學不成也。——張載

人瘦尚可肥，士俗不可醫。——蘇軾

忠誠所感金石開，勉建功名垂竹帛。——陸游

吾聞君子患無德，不患無土，患無土，不患無人，患無人，不患無宮室；患無宮室，不患才之不已有。——柳宗元

人無志，非人也。——嵇康

周乎志者，窮躓不能變其操，周乎易者，屈柳不能貶其名。其或處心定氣，居斯二者，雖有窮屈之患，則君子不患矣。——柳宗元

質重精剛，端乎直方，進退無私，法度攸資，燥溼不渝，寒暑不殊，立身踐道，是則是效。——司馬光

立志要如飢渴之於飲食。才有悠悠，便是志不立。——黎靖德

學者大要立志。所謂志者，不道將這些意氣去蓋他人，只是直截要學堯舜。——朱熹

士之所以能立天下之事者，以其有志而已。——朱熹

生既須篤摯，死亦要精神。性種帶至明，陰陽隨屈伸。誓以此願力，而不壞此身。——傅山

為學先當立志，修身先當知恥。——傅山

學莫先於立志，立志則為豪傑，不立志則為凡民。——黃宗羲

大抵能成大事者，不顧小節，朱子所謂志有在而不暇及也。——陸世儀

人有必為聖賢之志，後來功夫不整密，意思漸衰惰，不免終於庸人。

若一向安於流俗，下梢何可底止，是可畏也。——張履祥

老來益當奮志，志為氣之帥，有志則氣不衰，故不覺老。——魏裔介

貧賤立品，富貴立心，方是天地間真男子。——魏象樞

正氣志於道，則事理皆得，故教者尤以正志為本。——王夫之

偶讀日月逝矣、歲不我與，因念人生光陰有幾，豈可虛度？——張伯行

志謂心志，氣謂血氣。學者若能立志以自強，則氣亦從之不至於怠惰。——真德秀

人不可無志，無志即無恥，無恥則放僻邪侈，無所不為。——陸世儀

蓋聞志大業者，必擇所任；抱大器者，必擇所投。是以梁江湖，不取螬殘之木；鉤鯨鯢，不適兩盈之溝。——劉基

人之病痛，不知則已，知而克治不勇，使其勢日甚，可乎哉？志之不立，古人之深戒也。男兒須挺然生世間。——吳與弼

蓋聞亂絲者，必凝其志；治國者，在定其趨。是故三軍一心，劍閣可以攻拔；四馬齊足，孟門可以長驅。——劉基

立得志定，操得心定，不至移易，則學自進。志不可放倒，身不可放弱。程子曰：「懈意一生，便是自暴自棄。」朱子曰：「才悠悠便是立不立。」——胡居仁

人須於貧賤患難上立得腳住，克治粗暴，使心性純然，上不怨天，下不尤人，物我兩忘，唯知有理而已。——吳與弼

處身而當逸者，則志不廣。——《孔子家語．在厄》

三軍可奪帥，匹夫不可奪志。——《論語．子罕》

士不可以不弘毅，任重而道遠。——《論語．泰伯》

有志尚者，遂能磨礪以就素業。——顏之推

得志，澤加於民，不得志，修身見於世。——《孟子．盡心上》

孔子登東山而小魯，登泰山而小天下。——《孟子．盡心上》

怨天者無志。——《荀子．榮辱》

身可危也，而志不可奪也。——《禮記．儒行》

雖體解吾猶未變兮，豈餘心之可

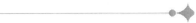

懲？——屈原

丈夫為志，窮當益堅，老當益壯。——范曄

非淡泊無以明志，非寧靜無以致遠。——諸葛亮

刑天舞干戚，猛志固常在。——陶淵明

若俯首貼耳，搖尾而乞憐者，非我之志也！——韓愈

高懷無近趣，清抱多遠聞。——孟郊

多藏苟得何名富，飽食嗟來未勝飢。——徐夤

共莫更初志，俱期立後名。男兒且如此，何用嘆乎生。——杜荀鶴

丈夫志氣直如鐵，無曲心中道自真。——寒山

老當益壯，甯移白首之心；窮且益堅，不墜青雲之志。——王勃

大海從魚躍，長空任鳥飛。——王玄覽

天雖高而聽卑，人苟有志，天必從人願耳。——《唐宋傳奇集·流紅記》

業無高卑志當堅，男兒有求安得閒？——張耒

能下人者，其志必高，其所致必遠。——張養浩

把意念沉潛得下，何理不可得；把志氣奮發得起，何事不可做。——呂坤

貧不足羞，可羞是貧而無志。——呂坤

國有已困之形，人有不困之志。——馮夢龍

志不可一日墜，心不可一日放。——王豫

出門餘涙眼，終不是男兒。——袁宏道

人之進退，唯問其志。——李昉

天下無不可為之事，只怕立志不堅。——金蘭生

身貧志不貧。——周履靖

諺云：世上無難事，只畏有心人。有心之人，即立志之堅者也，志堅則不畏事之不成。——任弼時

既然我們有志向要做一兩件有益於社會、民族和人類的事情，那麼我們就得想到未來的長久的歲月。不要把一切的希望都付託給一時熱情的衝動，決定一個計畫還得靠一副冷靜的頭腦。——巴金

用自己的志氣，把希望點燃，煽得它通明透亮，煽得它烈焰飛揚，把那希望的火炬高高舉起。——岑桑

雄心壯志只能建立在踏實的基礎上，否則就不叫雄心壯志。雄心壯志需要有步驟、一步步地、踏踏實實地去實現，一步一個腳印，不讓它有一步落空。——華羅庚

給我一個支點，我就能舉起地球。——阿基米德

確定志向，這就意味著要有所作為，有所創造，不要背誦現成的公式、定理，不要費盡心思去考慮我是否喜歡這一工作。最為重要的是，一個人要喜歡他為之傾注自己精力的工作。——蘇霍姆林斯基

如果沒有雄心，一個人是不可能充分利用自己思想的。——亨·泰勒

第三章　努力·奮鬥·毅力

篤志而體，君子也。——《荀子 · 修身》

行之苟有恆，久久自芬芳。——崔瑗

進則萬景晝，退則群物陰。——孟郊

大丈夫，當景盛，恥疏閒。——蘇舜欽

一息尚存，此志不懈。——胡居仁

人生在世能幾時？壯士征戰髮如絲。——張說

策馬前途須努力，莫學龍鍾虛嘆息。——李涉

花須連夜發，莫待曉風吹。——武則天

千里始足下，高山起微塵。——白居易

王侯將相元無種，半屬天公半屬人。——鄭德輝

不必問現在要什麼，只要問自己能做什麼。——魯迅

當一個人用工作去迎接光明，光明很快就會來照耀著他。——雪峰

想一蹴而就，希望明天什麼都會好起來，這是辦不到的。——高爾基

要做個真誠而奮發努力的人。——歌德

這世界無非是一所探究真理的學校。問題不在於誰將最終抵達目標，而在於在奔向這一目標中誰最出色。——蒙田

要想冬天過得暖和，應該夏天就砍柴！——馬雅可夫斯基

辛勤的蜜蜂永沒有時間悲哀。——布萊克

我們不能等待自然的恩賜，向自然爭取是我們的任務。——米丘林 (Ivan Vladimirovich Michurin)

渡得過的——海洋，走不盡的——路程；我本願意中止啊，生命卻逼著我前進！——蔣光慈

我們應該努力奮鬥，有所作為。這樣我們就可以說，我們沒有虛度年華，並有可能在時間的沙灘上留下我們的足跡。——拿破崙

凡事在成熟前，都是苦味的。——西拉 (Silas)

世界之所以有前進的動力，靠的是有人不安於現狀；至於滿足的人，總是局囿於舊框框之內。——霍桑 (Nathaniel Hawthorne)

我從不等待興趣的來臨。如果你一味等待，就不能完成任何事情。

你必須牢記，只有動手才能有所得。——賽珍珠（Pearl Sydenstricker Buck）

本來無望的事，大膽嘗試，往往能成功。——莎士比亞

即使艱難，也還要做；愈艱難，就愈要做。——魯迅

今日不為，明日忘貨，昔之日已往而不來矣。——管仲

高價人爭重，行當早著鞭。——高適

流水淘沙不暫停，前波未滅後波生。——劉禹錫

已矣將何道，無令白髮新。——陳子昂

東隅已逝，桑榆非晚。——王勃

憂勞可以興國，逸豫可以亡身。——歐陽修

然力足以至焉，於人為可譏，而在己為有悔，盡吾志也而不能至者，可以無悔矣。——王安石

男子千年志，吾生未有涯。——文天祥

落木無邊江不盡，此身此日更須忙。——陳師道

但留衰鬢酬周孔，不羨餘生奉老莊。——張同敞

日月爭馳驅，民生誰獲休？——屈大均

汝等常勤精進，譬如水小長流，則能穿石。——翟灝

流水淘沙不暫停，前波未滅後波生。——劉禹錫

束炬夜馳，不如早行。——施閏章

人生不論貴賤，一日有一日合作之事，若飽食暖衣，無所事事，那得有結果。——申涵光

男兒志兮天下事，但有進兮不有止，言志已酬便無志。——梁啟超

得擲且擲即今日，人生百歲駒過隙。——魏源

天分高的人如果懶惰成性，亦即不自努力以發展他的才能，則其成就也不會很大，有時反會不如那天分比他低些的人。——茅盾

要記住，每一天都是一個階梯，是新的一步——向著既定的目的。——馬雅可夫斯基

人不能在他的歷史中表現出他自己，他在歷史中奮鬥著露出頭角。——泰戈爾

既不嘆息過去，也不畏懼將

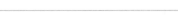

來。——蒙田

每一點滴的進展都是緩慢而艱巨的，一個人一次只能著手解決一項有限的目標。——貝弗里奇（William Beveridge）

勇於求知的人絕不至於空閒無事。——孟德斯鳩

我只惋惜一件事：日子太短，過得太快。一個人從來看不出作成了什麼，只能看出還應該做什麼。——瑪里．居禮

唯一的希望在於自強不息。——左拉（Emile Zola）

仁者先難而後獲，可謂仁矣。——《論語．雍也》

水激則旱兮，矢激則遠。——班固

行百里者半九十，此言末路之難也。——劉向

勝非其難也，持之者其難也。——劉安

知一不難，難在於終。——李昉

今日行一難事，明日行一難事，久則自然堅固。——朱熹

天下無難事，在乎人為之。不為易亦難，為之難亦易。吾非千里馬，然有千里志，旦旦而為之，終亦成騏驥。——《有志》

聖人不畏多難，而畏無難。——魏裔介

舉世人生何所依，不求自己更求誰。絕嗜欲，斷貪痴，莫把神明暗裡欺。——呂岩

勢利壓山嶽，難屈志士腸。——梅堯臣

少年成老大，吾道付逶迤。——文天祥

今之進學者，如登山，方於平易，皆能闊步而進，一遇峻險則止矣。——楊時

天下無難事，只怕有心人。——王驥德

事不可易成，名不可易得，福不可易享。——徐禎稷

天下事有難易乎？為之，則難者亦易矣，不為，則易者亦難矣。——彭端淑

不奮苦而求速效，只落得少日浮誇，老來窘隘而已。——鄭板橋

非任事之難，而排庸俗眾議之難。——魏源

艱難的環境一般是會使人沉沒下去的，但是，在具有堅強意志、積極

進取精神的人，卻可以發揮相反的作用。環境越是困難，精神越能發奮努力。困難被克服了，就會有出色的成就。——郭沫若

沙漠裡的仙人掌，海灘上的紅樹，戈壁上的紅柳，熱帶的棕櫚，溫帶的雪松，它們都十分值得稱譽。在困難的環境裡，它們都能夠茁壯成長，欣欣向榮，顯示了巨大的生命力。——秦牧

勇猛衝鋒，吉凶禍福並非天來定。

事在人為，誠至金開，自有曙光逢。——楊靖宇

每個人都知道，把語言化為行動，比把行動化為語言困難得多。——高爾基

最大的困難就在於我們不去尋找困難。——歌德

困難是我的教師，生活是我的學校。——裴多菲

「不可能」這個詞只有愚人的字典裡才可以翻出。——拿破崙

你不能奢望同時是偉大的而又是舒適的。——巴里

誰若只做了一半，等於沒有做。——巴布斯

得到許多苦惱者，是因為有能堪許多苦惱的力量。——杜斯妥也夫斯基

困難往往就是懶惰的產物。——詹森

路上的危險，當然是有的，但這是求生的偶然的危險，無從逃避。——魯迅

無論大事還是小事，只要是自己認為做得到的，就堅定地去做，這就是個性。——歌德

應該冒險！這是思想的權利——要假設，要冒險。——巴夫洛夫

從我自己痛苦的探索中，我了解前面有許多高牆，要朝著理解真正有意義的事物邁出有把握的一步，即使是很小的一步也是很艱巨的。——愛因斯坦

積薄成厚，積卑為高，故君子日孳孳以成輝。——劉安

苟下學之功，日進不息，久則可以上達也。——貝原益軒

旦旦而學之，久而不怠焉，迄乎成。——彭端淑

一切偉大的事業，或者說一切大事，都是由小事組成的。——高爾基

任何倏忽的靈感事實上不能代替長

期的功夫。——羅丹

天才是百分之一的靈感，百分之九十九的努力。——愛迪生

我沒有什麼特別的才能，就是喜歡尋根刨底地追究問題罷了。——愛因斯坦

所謂天才人物指的就是具有毅力的人、勤奮的人、入迷的人和忘我的人。——木村久一

最大的天才儘管朝朝暮暮躺在青草地上，讓微風吹來，眼望著天空，溫柔的靈感也始終不光顧他。——黑格爾

最簡單的音調，需要最艱苦的練習。——泰戈爾

功夫是偉大的生產者，而且沒有什麼東西能夠代替它。——克勞森夫人

雖有易生之物也，一日暴之、十日寒之，未有能生者也。——《孟子·告子上》

強行者有志，不失其所者久。——老聃

恒，德之固也。——《易經·繫辭下》

人常咬得菜根，則百事可做。——呂本中

寒不累時，則霜不降；溫不兼日，則冰不釋。——王充

鍥而舍之，朽木不折；鍥而不捨，金石可鏤。——荀況

功夫未至難尋奧。——賈耽

繩鋸木斷，水滴石穿。——羅大經

風飧露宿寧非苦，且試平生鐵石心。——陸游

古之立大事者，不惟有超世之才，亦必有堅韌不拔之志。——蘇軾

為政者不難於始，而難於克終也。——張養浩

我願平東海，身沉心不改，大海無平期，我心不絕時。——顧炎武

世間有一種無賴精神，那要義就是韌性。——魯迅

路，很遠。但不停腳，不就意味著一步步地前進麼？——夏衍

成就的大小、高低，是不在我們掌握之內的，一半靠人力，一半靠天賦，但只要堅強，就不怕失敗，不怕挫折，不怕打擊——不管是人事上的，生活上的，技術上的，學習上的——打擊。——傅雷

一個人是可以做到他想做的一切的，需要的只是堅韌不拔的毅力和持久不懈的努力。——高爾基

敏捷的人往往過於自信，遲鈍而堅持不懈的人常常贏得勝利。——伊索

唯堅韌者始能遂其志。——富蘭克林

凡是新的事情在起頭總是這樣的，起初熱心的人很多，而不久就冷淡下去，撒手不做了。因為他已經明白，不經過一番苦功是做不成的，而只有想做的人，才忍得過這番痛苦。——杜斯妥也夫斯基

只有毅力才會使我們成功，而毅力的來源又在於毫不動搖，堅決採取為達到成功所需要的手段。——車爾尼雪夫斯基

頑強的毅力可以克服任何障礙。——達文西

偉大的熱情能戰勝一切。因此我們可以說，一個人只要強烈地堅持不懈地追求，他就能達到目的。——司湯達

所有堅韌不拔的努力遲早會取得報酬的。——安格爾

告訴你使我達到目標的奧祕吧。我唯一的力量就是我的堅持精神。——巴斯德

要記住：歷史上所有偉大的成就，都是由於戰勝了看來是不可能的事情而取得的。——卓別林

耐心和持久勝過激烈和狂熱。——拉封丹

頑強的毅力可以征服世界上任何一座高峰。——狄更斯

毅力是永久的享受。——布萊克

匹夫不可奪志也。——《論語．子罕》

篤志而體，君子也。——荀況

行法志堅，不以私欲亂所聞，如是，則可謂勁士矣。——荀況

男兒兩行淚，不欲等閒垂。——杜荀鶴

氣要堅，神莫耗。若不行，空老耄。——呂岩

願保金石志，無令有奪移。——孟郊

身定則神凝，明於烏兔輪。是以學道者，要先安其身。——鄭俠

坐破寒氈，磨穿鐵硯。——范子安

無恆產而有恒心者，惟士為能。——李庭光

為之須恒，不恒則不成。——馮班

世間淚灑兒女別，大丈夫心一寸鐵。——林景熙

其志剛者，其言果以斷。——薛應旗

執志不絕群，則不能臻成功銘弘動。——葛洪

無恒者，東馳西鶩，而無一定之軌道也。——蔡元培

自學如果缺乏恒心，專業知識就無法得到鞏固；如果沒有事業心，遇到困難就會止步不前，甚至半途而廢。——蔡祖泉

人的意志在義務和愛好之間是完全自由的，任何物質的強制既不能也不可干預人的這種個人的主權。——席勒

宿命論是那些缺乏意志力的弱者的藉口。——羅曼·羅蘭

用盡力氣鞭策自己，讓自己的手和腦子習慣於紀律的急行軍。——契訶夫

只管走過去，不必逗留著采了花朵來保存，因為一路上花朵自會繼續開放的。——泰戈爾

沒有力量的意志就如同假裝士兵的孩子。——坎寧

培養意志是我們生存的目標。——愛默生

這是我想得到的，也是我應該得到的：讓我的意志來作證吧。——尤維納利斯 (Juvenal)

雖然缺少力量，但那種意志是值得讚賞的。——奧維德

當你的力量只能悄聲低語時，就不要讓你的意志狂呼怒吼。——富勒

意志引人入坦途，悲傷陷人於迷津。——斯賓塞

事情再容易，違心去做就不容易了。——忒勒斯

意欲得到的，不到手就絕不甘休；意欲回避的，切莫沾邊。——愛比克泰德

按一個人的意志生活，就會造成所有人的悲劇。——理察·胡克

艱苦能磨練人的意志。——布朗托姆

改變觀點往往是一個人意志堅定的表現。——梅塔斯塔齊奧 (Pietro Antonio Domenico Trapassi)

那些雖然貧苦、卻有充分的自由實現他們誠實的意志的人們是有福的。——莎士比亞

誰中途動搖決心，誰就是意志薄弱者；誰下定決心後，缺少靈活，誰就是傻瓜。——諾爾斯

意志的力量大於手的力量。——索

福克里斯

意志支配事物。—— 維吉爾

儘管我們用判斷力思考問題，但最終解決問題的還是意志，而不是才智。—— 沃勒

只要我們甘願去做，天下就沒有辦不成的事。—— 傑弗遜

啊，意志堅強的人是多麼幸福！他是要受苦，但絕不會苦得太久；他是要受苦，但絕不會白白受苦。——丁尼生

誰有歷經千辛萬苦的意志，誰就能達到任何目的。—— 米南德 (Menander)

一旦有了意志，腳步也會輕鬆起來。—— 赫伯特

意志堅強的人能把世界放在手中像揉泥塊一樣任意揉捏。—— 歌德

他把善良的秉性賦予你，但卻讓你保留維護自己意志的權力；因為你的意志本是自由的，它並不受制於難逃的命運和嚴酷的必然。—— 米爾頓

使意志獲得自由的唯一途徑，就是讓意志擺脫任性。—— 朱·查·黑爾

只要有行動的自由，也就有限制行動的自由；同樣，只要有權否定，也就有權肯定。—— 亞里斯多德

誰也不能剝奪我們自由的意志。—— 愛比克泰德

意志不可強迫。—— 拉丁諺語

否定意志的自由，就無道德可言。—— 弗勞德 (William Froude)

第四章　才能·智慧·聰明

惟上智與下愚不移。——《論語·陽貨第十七》

不但產生天才難，單是有培養天才的泥土也難。—— 魯迅

即使是天才，在生下來的時候的第一聲啼哭，也和平常的兒童一樣，絕不會就是一首好詩。—— 魯迅

愛好出勤奮，勤奮出天才。—— 郭沫若

形成天才的決定因素應該是勤奮。古往今來有成就的人並不都是天資高，有許多天資差的人經過勤學苦練也做出了很好的成就。有幾分勤學苦練，天資就能發揮幾分。天資的充分發揮和個人的勤學苦練是成正比例的。—— 郭沫若

天才在某種程度上是汗水的結晶物。—— 秦牧

平時事無大小，時刻用心留意，再加上一心一意刻苦鍛鍊，處處追求，總有一天水到渠成。所謂「天才」，其實都是從小艱苦磨練出來的。—— 蓋叫天

天才是由於對事業的熱愛感而發展起來的，簡直可以說，天才就其本質而論 —— 只不過是對事業、對工作過程的熱愛而已。—— 高爾基

獨立性是天才的基本特徵。—— 歌德

即使是最偉大的天才，如果他把一切都歸功於他自己，那麼他將無法前進一步。—— 歌德

天才人物一旦入了迷，是任何力量也阻擋不住的。—— 木村久一

沒有非常的精力和非常的工作能力便不可能成為天才。既沒有精力也沒有工作能力的所謂天才，不過是一個漂亮的肥皂泡或者是一張只能到月球上去兌現的支票而已。但是，哪裡有超乎常人的精力和工作能力，哪裡就有天才。—— 李卜克內西 (Karl Liebknecht)

在天才和勤奮之間，我毫不遲疑地選擇勤奮，它幾乎是世界上一切成就的催產婆。—— 愛因斯坦

最天才的一招是不能在第二盤棋的同樣形勢下重複的。只有出人意外的棋才能戰勝對手。—— 馬雅可夫斯基

天才應該把自己的心潮，只向著青春和美奉獻。—— 普希金

天才永遠存在於群眾之中，就象火藏在燧石裡一樣，只要具備了條件，這種死的石頭就能夠發出火花來。—— 司湯達

精神的浩瀚、想像的活躍、心靈的勤奮：就是天才。——狄德羅

只有天才的人才能發現天才的幼芽，發展這些幼芽，並善意地給予他們以必要的援助。——聖西門

天生的能力必須借助於系統的知識。直覺能做的事很多，但是做不了一切。只有天才和科學結了婚才能得最好的結果。——斯賓塞

天才就是這樣，終身奮鬥，便成天才。——門得列夫

天才只可能被天才所喚醒。——萊辛

天才是和模仿的精神完全相對立的。——康德

整齊是平庸者的趣味，秩序是天才的趣味。——雨果

一切真正的天才，都能夠蔑視譭謗；他們天生的特長，使批評家不能信口開河。——克雷洛夫

天才人物，不論在人物活動的何種領域出現，他永遠是精神的創造力量的化身，生活的新的報知者。——別林斯基

天才就是無止境刻苦勤奮的能力。——卡萊爾

你知道天才是什麼意思？那就是勇敢、自由的頭腦，廣闊的氣魄。——契訶夫

天才就是把注意力集中在所研究的那門學科上的最高能力。——巴夫洛夫

天才不能使人不必工作，不能代替勞動。要發展天才，必須長時間地學習和高度緊張地工作。人越有天才，他面臨的任務也越複雜，越重要。——阿斯米爾諾夫

無論天資有多麼高，他仍需學會技巧來發揮那些天資。——卓別林

誰過早地認為自己是天才，誰就是不可救藥的人。——利希頓堡

天才即耐心。——布封

沒有熱情，也就沒有天才。——蒙森

人們在那裡高談闊論著天才和靈感之類的東西，而我卻像首飾匠打金鎖鏈那樣精心地工作著，把一個個小環非常剛好地聯結起來。——海涅 (Christian Johann Heinrich Heine)

思想和感受是天才中的兩大類型：一類是有思想的人，一類是有想像力的人。——迪斯雷里

堅信自己的思想，相信自己心裡認

准的東西也一定適合於他人——這就是天才。——愛默生

人的天才是一種靈氣。——赫拉克利特

天才就是搜集、綜合、發揮和激勵旁人的能力。——詹森

什麼是天才？天才就是再次還童的能力。——巴里

正如只有金剛鑽才能切割金剛鑽，只有磨石才能磨出光滑的石頭一樣，有才智的人都是互相磨礪的；所謂有天才，其實只不過是他們互相磨礪的結果。——巴托爾

天才大多大器晚成，枝繁葉茂的千年櫟樹不會像蘆葦那樣一下子長成秀麗的樣子。——喬·路易斯（Joseph Louis）

天才不經教育，就好比銀礦沒有得到開採。——富蘭克林

造就奇才的先決條件是大眾的智慧。——迪斯雷里

聲名卓著的天才與天地共存。——普洛佩提烏斯

天才沒有國度。——邱吉爾

天才做的每一件事情都會給人類帶來歡樂，天才說的每一個字遲早都會得到人類心靈的回應。——洛厄爾

天才唯有在自由的環境裡才能自在地呼吸。——慕勒

在平庸的國度裡，天才就意味著危險。——英格索

天才不會毀於他人，只會毀於自己。——詹森

如果沒有周圍人的鼓舞，天才也會感到孤獨。——希金森

熱愛真理是對天才的唯一要求。——歌德

天才的燈火會比生命的燈火更快地燃盡。——席勒

天才及其酬報是這樣的：慷慨的天性，吝嗇鬼的厄運，艱難的歷程，輝煌的墳墓。——福斯特

規則和模式會毀滅天才和藝術。——赫茲利特

正如會帶來最大的好處那樣，天才也會帶來最大的危害。——愛默生

我們稱之為天才的人都有一個共同的特徵。他們都有一種獨樹一幟的意識。——烏納穆諾

怪癖未必是天才的標誌。甚至連藝術家也應知道，創造性除了做別人未做過的事情以外，還包括「得比

別人更好」。——斯特德曼

凡是偉大的天才都帶有瘋狂的特徵。——亞里斯多德

天才必然和瘋子結成親密的聯盟，他們之間僅僅有一條細細的疆界。——德萊頓

天才在社會生活中往往顯得遲鈍而又具有惰性，正如耀眼的流星隕落後只不過是塊石頭一樣。——朗費羅

天才是難以駕馭的，天才的脈管裡流淌著洶湧澎湃的血液，以至於桀驁難馴。——霍姆斯

天才不是別的，而是辛勞和勤奮。——霍格思

天才是勤奮造就的。——西塞羅

如果沒有勤奮，沒有機遇，沒有熱情的提攜者，人就是再有天才，也只能默默無聞。——小普林尼

偉大天才的傳記最短，就連他們的親屬也說不出多少細節。天才終日埋頭於筆耕，以至於他們的家庭和社會生活竟因此而顯得微不足道和平凡。——愛默生

改良可以產生筆直的路，但天才要走的卻是一條曲折的、未經改良的路。——布萊克

任何人只要注意觀察和堅韌不拔，便會不知不覺地成為天才。——鮑沃爾-利頓

天才就是創造前無古人的業績——第一個做正確事情的才能。——哈伯德

逆境使天才脫穎而出，順境會埋沒天才。——賀拉斯

厄運往往能使天才奮發。——奧維德

飢餓總是伴隨著天才。——馬克·吐溫

輕易地完成別人難以完成的工作是才能；完成有才能的人力所不及的工作是天才。——阿米爾

才能存在於悟性之中，它常常可以由遺傳獲得；天才把理性和想像力變成行動，很少甚至根本沒有遺傳的可能。——柯勒律治

出於禮貌，我們把小聰明稱為天才。才能可以轉變為金錢；但今天還在閃爍的才能，明天卻有可能成為飯碗和睡袋。——愛默生

才能和天才的差別就如同泥瓦匠和雕塑家的差別。——英格索

開創偉大事業的是天才，完成偉大事業的是辛勞。——儒貝爾

很多人都有天賦，但如果不加以發揮，天賦就只好被埋沒了。——朗費羅

才華猶如天賦，在多數情況下，我認為它們僅僅是一種永遠自找苦吃的能力。——霍普金斯

假如你有天賦，勤奮會使它變得更有價值；假如你沒有天賦，勤奮可以彌補它的不足。——約書亞·雷諾茲

人駕馭才能，天賦駕馭人。——洛厄爾

天賦如同自然花木，要用學習來修剪。——培根

天賦每個人都有。誰發揮好自己的天賦，誰做事就得心應手。——金斯萊

人生來就具有一定的天賦。——愛默生

凡人以自己去適應既成的社會為天職；天才則使社會適應自己，借此開拓社會。——長與善郎

人的天賦就像火花，它既可以熄滅，也可以燃燒起來。而逼使它燃燒成熊熊大火的方法只有一個，就是勞動，再勞動。——高爾基

人才進行工作，而天才進行創造。——舒曼

天才最偉大的貢獻即是把一件尋常的事用精彩的妙筆寫下來。——歌德

天才只能由天才來點火。——萊辛

天才常常覺得自己是個大祕密。——席勒

天才一定是誕生出來的，它永遠不能被教導出來。——德萊頓

所謂天才，就是比任何東西都先阻擋苦惱的先天性本領。——卡萊爾

天才是在毫無先例的情況下正確行動的力量——第一個行使正確之事的力量。——赫伯特

天才只是一個具有強力的心智，與一個特殊方向偶然的決定。——詹森

天才只是一種超特的觀察力量。——拉斯金

不能代替勞動。要發展天才，必須長時間地學習和高度緊張地工作。人越有天才，他面臨的任務也越複雜，越重要。——阿斯米爾諾夫

天才的最基本的特性之一——是獨創性或獨立性，其次是他具有的思想與理想的普遍性和深度，最後是這思想與理想對當代歷史的影響，天才永遠以其創造開拓新的、

之前未聞或無人預料到的現實世界。——別林斯基

天才是一種變複雜事件為單純的能力。——塞蘭姆

天才帶著自己的燈火，並尋出自己的道路。——威爾摩特

什麼是天才，根本沒有這回事，只有努力和方法而已，以及不斷的計畫等等。——格塞爾

任何天才看世界的角度，都與同僚們截然不同。——狄更斯

天才免不了有障阻，因為障阻會創造天才。——羅曼．羅蘭

有創意的天才，就有探尋的天才，有著書的天才，就有閱讀的天才。——瓦雷利

天才的作品是世上最重要的東西。——濟慈

何謂真正的天才？有能力判斷不確定的、有害的和矛盾的情報的人。——邱吉爾

天才首要的任務要忍受苦惱的煎熬。——卡萊爾

人們常把我的成功，歸功於我的天才，其實我的天才只不過是刻苦而已。——亞歷山大

瓜是長在純粹肥料裡的最甜，天才是長在惡性土壤中的最好。——培根

要使山谷肥沃，就得時常栽樹。我們應該注意培養人才。——約里奧．居禮

天才是各個時代都有的，可是，除非有非常的事變發生，激動群眾，使有天才的人出現，否則富有天才的人就會僵化。——狄德羅

只有崎嶇而未經修整的道路才是天才的道路。——布萊克

不結果的樹是沒人去搖的。唯有那些果實累累的才有人用石子去打。——羅曼．羅蘭

有才不難，能善用其才則難。——老子

為官擇人，唯才是與。苟或不才，雖親不用。——司馬光

取其道不取其人，務其實不務其名。——司馬光

得賢則能為邦家立太平之基矣。——《毛詩傳》

能安天下者，惟在用得賢才。——李世民

君子用人如器，各取所長。——司

馬光

世有伯樂，然後有千里馬。——韓愈

用之如虎，不用如鼠。——班固

人各有能，因藝受任。——范曄

安危須仗出群材。——杜甫

高者未必賢，下者未必愚。——白居易

桃李紅白皆誇好，須得垂楊相發揮。——劉禹錫

欲知人將病，不嗜食；欲知國將亡，不嗜賢也。——王符

材之用，國之棟梁也，得之則安以榮，失之則亡之辱。——王安石

衝飆焚輪，原火所以增熾也，螢燭值之而反滅。甘雨膏澤，嘉生所以繁榮也，而枯木得之以速朽。——葛洪

得士者強，失士則亡。——東方朔

政令之所重者人才，國家之所重者元氣。——金纓

君子能長育人材，則天下喜樂之矣。——《毛詩傳》

十年樹木，百年樹人。——管仲

為政亦多務矣，唯用賢為國家之大事。治亂必於斯，興亡必於斯。——唐甄

人才之消長關焉，世運之興衰系焉。——陳熾

不是不堪為器用，都緣良匠未留心。——褚載

收攬天下才，尺過不可遺。——劉過

考核明而人才出。——鄭關應

人才為政事之本，而學校尤為人才之本也。——顏元

人盡其才，悉用其力。——劉安

量才授職，則政成事舉。——白居易

擇天下之士，使稱其職；居天下之人，使安其業。——柳宗元

得十良馬，不如得一伯樂；得十利劍，不如得一歐冶。——桓譚

資格為用人之害。——平步青

買玉不論美惡，必無良寶矣；舉士不論賢良，則無士矣。——魏征

良材美器，宜在盡用。——李延壽

十步之間，必有芳草；十室之邑，必有俊士。——王符

用不才之士，才臣不來；賞無功之人，功臣不勸。——王維

古來忠烈士，多出貧賤門。——崔膺

時人莫小池中水，淺處無妨有臥龍。——竇庠

何世無才，患人主不能識耳，苟能識之，何患無才？——劉徹

用人不以私害公。——劉向

我勸天公重抖擻，不拘一格降人才。——龔自珍

若是真豪傑，絕無有不識豪傑之人。——李贄

帝王之美德莫大於知人。——包拯

終是君子材，還思君子識。——孟郊

中華七萬里，何地無人傑。——歸莊

為材未離群，有玉猶在璞。——聶夷中

玉不琢，則南山之圓石。——王逸

人才不甚相遠，只看好學不好學，用心不用心耳。——呂坤

為學作事，忌求近功；求近功，則自畫氣沮，淵源莫極。——黃宗羲

玉經磨琢多成器，劍拔沉埋便倚天。——王定保

三人行，必有我師焉。——《論語·述而》

大事不糊塗之謂才。——魏源

才須學也，非學無以成才，非志無以成學。——諸葛亮

其實，專門家除了他的專長之外，許多見識是往往不及博識家或常識者的。——魯迅

天分高的人如果懶惰成性，亦即不自努力以發展他的才能，則其成就也不會很大，有時反會不如天分比他低些的人。——茅盾

聰明在於勤奮，天才在於累積。——華羅庚

才能就是相信自己，相信自己的力量。——高爾基

才能不是天生的，可以任其自便的，而是要鑽研藝術，請教良師，才會成材。——歌德

理智是最高的才能，但是如果不克制感情，它就不可能獲勝。——果戈里（Nikolai Vasilievich Gogol-Yanovski）

知道事物應該是什麼樣，說明你是聰明的人；知道事物實際上是什麼

樣，說明你是有經驗的人；知道怎樣使事物變得更好，說明你是有才能的人。——狄德羅

才能是來自獨創性。獨創性是思維、觀察、理解和判斷的方式。——莫泊桑

沒有加倍的勤奮，就既沒有才能，也沒有天才。——門得列夫

生活中最沒用的東西是財產，最有用的東西是才智。——萊辛

天然的才能像是天然的植物，需要學問來修剪。——培根

評價一個人不應該根據他的才能，而應該根據他怎樣善於發揮才能。——拉羅希福可

一個人不可能把所有的才能都集中在自己身上。——司湯達

才能就像肌肉一樣，是透過鍛鍊成長起來的。——奧勃魯契夫

一個人的才能不論大小，都可以發展和提高。——舒曼

勇者憤怒，抽刃向更強者；怯者憤怒，卻抽刃向更弱者。——魯迅

世界上最強有力的人是最有獨立精神的人。——易卜生

成功屬於最強者，屬於始終是最聰明、最傑出的人。——愛默生

成功的總是強者。——普盧塔克

怯弱的人殘酷無情，而剛毅的人卻施善於人，並以拯救他人為樂。——蓋伊（John Gay）

在二流人物中閃閃發亮的人，在一流人物中間就會顯得黯談無光。——伏爾泰

一個人難道可以因為自己屬於侏儒之列而無所事事，不爭取做侏儒中的最強者嗎？——梭羅（Henry David Thoreau）

他們之所以做得到，就因為他們認為他們能夠做到。——維吉爾

好學近乎知。力行近乎仁。知恥近乎勇。知斯三者，則知所以脩身。知所以脩身，則知所以治人。知所以治人，則知所以治天下國家矣。——《中庸》

生也有涯，無涯惟智。——劉勰

目之見也借於照，心之智也借於理。——王克

所以才智人，不肯自棄暴，力欲爭上游，性靈乃其要。——趙翼

知之為知之，不知為不知，是知也。——《論語·為政》

夫孿子之相似者，唯其母知之而已；利害之相似者，唯智者知之而已。——劉向

雖有智慧，不如乘勢。——《孟子·公孫醜上》

人即至哲，必不能掩已之短，以兼人之長。——劉嗣官

輕信權威等於扼殺智慧。——李四光

我認為，應該提倡有意識地揚長避短，並以此來選擇自學目標。這也是一種智力調節的過程。——錢鐘書

人的智力是按照人如何學會改變自然界而發展的。——恩格斯

智慧是寶石，如果用謙虛鑲邊，就會更加燦爛奪目。——高爾基

沒有智慧的頭腦，就像沒有蠟燭的燈籠。——列夫·托爾斯泰

智慧只存在於真理之中。——歌德

才智是人的精神武器。——別林斯基

人的智慧掌握著三把鑰匙：一把開啟數字，一把開啟字母，一把開啟音符。知識、思想、幻想就在其中。——雨果

讀書對於智慧，就像體操對於身體一樣。——愛迪生

雖然人的智力不能把所有的學問都掌握，而只能選擇一門，但如果對其他學科一竅不通，那他對所研究的那門學問也就往往不會有透澈的了解。——盧梭

沒有智慧的人，就會受人欺騙，被人迷惑，讓人剝削。只有具有思想的人，才是自由的和獨立的人。——費爾巴哈

掌握無論哪一種知識對智力都是有用的。它會把無用的東西拋開而把好的東西保留住。——達文西

倘若沒有理智，感情就會把我們弄得精疲力竭。但是，正是為了制止感情的荒唐，所以才有智慧。——莎士比亞

智慧的可靠標誌就是能夠在平凡中發現奇蹟。——愛默生

假如每件事情都易懂得，人類就不會熱切地追求智慧，也不會得到智慧的快樂了。——奧古斯丁

用自己的智慧開拓的前程，永遠要比透過卑躬屈膝或者鑽營拍馬鋪下的前程，更牢固、更廣闊。——皮薩列夫（Dmitry Ivanovich Pisarev）

智慧對於心靈，猶如健康對於軀體。——拉羅希福可

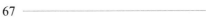

智慧表現在下一次該怎麼做，美德則表現在行為本身。——約爾旦

大自然表現出來的智慧，真是形形色色，變化萬端。為了了解它，我們必須聯合我們大家的知識和努力才行。——拉普拉斯

我們把狡詐稱作是陰險的或畸形的智慧。——培根

誰都想變得聰明一點；而聰明不了的人，則大都變得狡詐起來。——詹森

所謂才能就是做什麼事情都難不倒。——愛默生

才華如仁愛之心一樣，不用便會生銹。——赫茲利特

財富和美貌贏得的讚譽是脆弱的，是短暫的；卓越的才智才是光彩奪目、永久不滅的財富。——撒路斯提烏斯

別將才智潛藏不露，它們之所以有，是因為有用。日晷放在暗處還有何用？——富蘭克林

懂得怎樣利用別人的才智，就意味著自己有幾分才氣。——斯坦尼斯瓦夫

命運的大起大落是對智慧的真正考驗，誰最經得起這種考驗，誰就最有智慧。——坎伯蘭

智慧就在於不為狂熱所動，不被常識所驅；當假像惑眾時，自己雖然身在其中卻不受朦騙。——阿米爾

智慧是對一切事物及產生這些事物的原因的領悟。——西塞羅

極端的命運是對智慧的真正檢驗，誰最能經得起這種檢驗，誰就是大智大慧。——坎伯蘭

智和德本是一對孿生女，姐妹一顆心，永遠不分離。——威廉·古柏

智慧只能在真理中發現。——歌德

過去的一切都是智慧的鏡子。——羅塞蒂

隨時都能結束，每走一步都能找到旅程的終點，能度過最多的美好時光——這就是智慧。——愛默生

真正的智慧不僅在於能明察眼前，而且還能預見未來。——忒勒斯

了解目前日常生活中的事，是最根本的智慧。——米爾頓

所有人都能看見相同的事物，但並不是每個人都能理解它們。智慧是辨別和品嘗它們的舌頭。——湯馬斯·特拉赫恩 (Thomas Traherne)

智者都是些飲陳酒看老戲的

人。——普勞圖斯

知者無不知也，當務之為急。——《孟子》

知者不言，言者不知。——《老子》

智慧和殷勤並不總在一起；在木屋裡我們常可以找到金房間。——朗費羅

凡是日月所照臨的所在，在一個智慧的人看來都是安身的樂土。——莎士比亞

荒廢智慧和學問不費吹灰之力，但要恢復它們可就難了。——塔西佗(Gaius Cornelius Tacitus)

再沒有比托跡於鴻儒智士的幽深肅靜的聖堂更快慰安逸的了，裡面有的是才學保其固若金湯。——盧克萊修(Titus Lucretius Carus)

有些智慧你必須向聰明人學。——尤里比底斯

人到二十不秀，則永不再秀；三十不壯，則永不再壯；四十不富，則永不再富；五十不慧，則永不再慧。——赫伯特

有無智慧，不在年歲，而在能力。——普勞圖斯

這人能夠自如地調用所有智慧的武庫。——梅瑞狄斯

死記硬背可以學到知識，但學不到智慧。——斯特恩

不恥下問者求智易，趾高氣昂者得智難。——華茲華斯

智者能從敵人那裡學到很多東西。——阿里斯托芬(Aristophanes)

有人苦於失業，有人苦於缺水，而更多的人卻苦於乏智。——柯立芝(John Calvin Coolidge)

不能律己的智者，我不能容忍。——蒙田

只有沒有智慧的人，才會遲疑於好壞兩者間的選擇。——莎士比亞

最大的智慧存在於對事物價值的徹底了解之中。——拉羅希福可

獨有智慧才是人們真正的鴻鵠之志，智慧是德行之本，名聲之源，獲自於勞動，服務於人類；誰最有智慧，誰就享有最大的幸福。——懷海德(Alfred North Whitehead)

願你兼有同你美貌一樣的才智，宛如戒指嵌上了一顆紅寶石。——喬叟

智慧之於靈魂猶如健康之於身體。——拉羅希福可

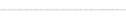

智慧之於科學猶如死亡於生命；也可以說，智慧之於死亡猶如科學之於生命。——烏納穆諾

智慧是人類靈魂的美德；哲學是智慧的情人，是為得到它而付出的努力。——塞內卡

賢者以其昭昭，使人昭昭。——《孟子》

智慧不過是用來排憂解難的一名動作遲緩的衛士，然而它終歸是一名可靠的衛士。——高德史密斯

那些有真理和智慧領路的人，能從野草中采出蜜來。——威廉·古柏

一個人的智慧取決於他所處的時代；同樣，一個人的愚蠢也取決於他所處的時代。——梭羅

聰明和愚蠢在向智慧航行時，常常是同舟共濟的一對難友。——斯彭德

幸福與智慧有這樣的區別：認為自己最幸福的人，實際上就是最幸福；而認為自己最聰明的人，則往往最愚蠢。——卡爾頓

認識自己的無知是通往智慧之殿的門檻。——查爾斯·司布真

最聰明的人有時做事是很愚蠢的；最愚蠢的人有時卻是很聰明的。——切斯特菲爾德

正像瘟疫一般，智慧的外表和愚魯的神情都是會互相傳染的，所以人們必須留心他們的伴侶。——莎士比亞

只有愚人才會拒絕智慧的良言。——莎士比亞

勤奮是一種可以吸引一切美好事物的天然磁石。——羅伯·雷頓

在向榮譽攀登的一切美德中，做事敏捷是至高無上的。因為，上司不喜歡用那些城府深、能力強的人，而喜歡用那些敏捷而勤奮的人。——培根

任何成功都是在竭盡全力之後取得的。——菲利普·西德尼（Philip Sidney）

在日常生活中，靠天才能做到的事，靠勤奮同樣能做到；靠天才做不到的事，靠勤奮也能做到。——比徹（Harriet Elizabeth Beecher Stowe）

孜孜不倦加上一點良心便可富裕。——貝納姆（Eduard van Beinum）

唯有靈魂能使人高貴。——塞內卡

物質上的不足是容易彌補的，而靈魂的貧窮則無法補救。——蒙田

要保持靈魂之殿的寧靜。——艾德蒙·沃勒

人一旦失去了靈魂，就會手足無措。——詹森

人應該充實的不是保險箱，而是靈魂。——塞內卡

在衣著上你可以不修邊幅，但切不可讓靈魂沾染上污點。——馬克·吐溫

能在這個世界上保持靈魂純潔的人，無論到哪裡，他的靈魂都不會受到污染。——亞當·史密

健壯的身體無法使染疾的思想複元，但善良的靈魂卻能憑藉自己的美德使身體保持在最佳的健康狀態。——愛默生

靈魂需要的東西很少，而肉體需要的東西卻很多。——赫伯特

區區人體內蘊藏著偉大的靈魂。——約翰·雷

具有非凡靈感的人才能成為偉人。——西塞羅

一旦靈感生，無處不幽靜。——愛默生

理智是人生唯一的仲裁，是神祕迷宮裡的唯一提示。——理查·伯頓

理智用於律己，憐憫用於諒人；前者是法律，後者是特權。——德萊頓

冷靜、質疑是理智的筋骨。——漢彌爾頓

對於一個有理性的人來說，順應自然與遵循理智是一致的。——奧勒利烏斯 (Marcus Aurelius)

要細心傾聽理智的意見，不然，你將受到她的訓斥。——赫伯特

人沒有足夠的力量去絕對服從理智。——拉羅希福可

我們必須用理智築起抵禦一切敵人的堡壘。——普盧塔克

在詭計與輕信的夾縫中，理智的聲音被窒息了。——埃·伯克

靠理智活著的人一定會忍飢挨餓。——克羅寧

在頭腦深處的密室中，居住著一位首席法官老爺。他有著至高無上的權力，我們全都稱他為「理智」。——邱吉爾

沒有理智，便一事無成。——塞內卡

人們每違背一次理智，就會受到理智的一次懲罰。——霍布斯

沒有理智的支配，任何事物都不會持久。——昆圖斯 (Quintus Ennius)

如果你不聽從理智，她就會來懲罰你。——富蘭克林

讓我們首先遵循理智吧，它是可靠的嚮導。它毫不隱瞞地警告我們它是脆弱的，並向我們說明它的局限性。——佛朗士（Anatole France）

理應始終引導人類前進的理智很少為我們引路；而感情與脆弱卻總是篡奪其位，代替它來指揮。——切斯特菲爾德

人的精神可分為三個部分，即智力、理智與感情。智力與感情其他動物也有，而理智則為人類所獨占。理智是不朽的，而其他的一切都會滅亡。——畢達哥拉斯

今天的理智是昨日的衝動。——奧維德

理智所不容的，感情有可能遷就。——富勒

只要清醒的「理智」之光還在閃動，「想像」的美麗霜花便會消融。——羅傑斯

一個飽經風霜而又明智的人，定能雄飛於明天的早晨。——柯勒律治

有一個最明智的說法，「真正的聰明就是不要不懂裝懂。」——西塞羅

要勇於變得明智些。——賀拉斯

明智的人使自己適應世界；而不明智的人則堅持要世界適應自己，所以人類進步靠的是不明智的人。——蕭伯納

夫人小而聰了，大未必奇。——范曄

見黃雀而忘深阱，智者所不為。——司馬光

去小智而大智明。——《莊子》

明者遠見於未萌，智者避免於無形，禍固多藏於隱微，而發於人之所忽。——申涵煜

耳司聽，聽必順聞，聞審謂之聰。——管仲

運籌帷幄之中，決勝千里之外。——司馬遷

智者不失人，亦不失言。——《論語》

聚古今之議論，以生我之議論；取天下之聰明，以生我之聰明。——方中通

行為往往勝於雄辯，愚人的眼睛是比他們的耳朵聰明得多的。——莎士比亞

不是所有的人都因為懶惰而愚蠢，人家也會聰明的，只不過沒有時間。——高爾基

聰明人的特點有三：一是勸別人做的事自己去做，二是絕不去做違背自然界的事，三是容忍周圍人們的弱點。—— 列夫·托爾斯泰

榮譽和財富，若沒有聰明才智，是很不牢靠的財產。—— 德謨克利特

聰明人並不一味追求快樂，而是竭力避免不愉快。—— 亞里斯多德

靈感是一個不喜歡拜訪懶漢的客人。—— 車爾尼雪夫斯基

所謂靈感，不過是頑強地勞動而獲得的獎賞。—— 列賓

聰明人有時也很匆忙，但是絕不倉促從事。—— 切斯特菲爾德

聰明的資質、內在的幹勁、勤奮的工作態度和堅韌不拔的精神，這些都是研究成功所需的其他條件。—— 貝弗里奇

任何人都不可能每分鐘都是明智的。—— 小普林尼

聰明睿智的特點就在於，只需看到和聽到一點就能長久地考慮和更多地理解。—— 布魯諾

確信自己是很聰明的人，往往就是缺少智慧或者根本沒有智慧的人。—— 拉布呂耶爾

聰明適用於一切，卻不能滿足一切。—— 阿米爾

不為自己沒有的東西而悲傷，而為自己擁有的東西而喜悅，這才是聰明人。—— 愛比克泰德

聰明人是不受命運支配的。—— 布朗托姆

聰明人遇到機會就能交上好運。—— 富勒

和聰明人在一起，自己也會變得聰明起來。—— 米南德

是非拒諫，自以為是，之謂下愚。—— 陳確

所謂愚不肖，只是自是。—— 陳確

聖人畏微，而愚人畏明。—— 管仲

聖人千慮，必有一失；愚人千慮，必有一得。——《晏子春秋》

仁陷於愚，固君子之所不與也。—— 馬中錫

慧黠而過，乃是真痴。—— 蒲松齡

近賢則聰，近愚則聵。—— 皮日休

人生至愚是惡聞己過，人生至惡是善談人過。—— 申居鄖

強不知以為知，此乃大愚。—— 金蘭生

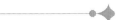

將涉千里，殺騏驥而策蹇驢，可悲之甚也。——司馬光

大愚者，終身不靈。——《莊子》

不服一人，與逢人便服者，皆妄人。——申涵光

悖者之患，固以不悖者為悖。——劉向

趙括徒能讀父書，文斌殞命又何愚。——施耐庵

困天下之智者，不在智而在愚。——關尹子

愚者惑於小利而忘其大害。——劉安

反裘而負薪，愛其毛，而不知其皮盡也。——桓寬

大智興邦，不過集眾思；大愚誤國，只為好自用。——金蘭生

愚昧是個很大的敵人。——陳毅

愚蠢是要受報復的。小愚蠢受小報復，大愚蠢受大報復。——秦牧

缺乏智慧的靈魂是僵死的靈魂，若以學問來加以充實，它就能恢復生氣，猶如雨水澆灌荒蕪的土地一樣。——伊斯巴哈尼（Abu al-Faraj al-Isfahani）

不信有時是傻子的毛病，而輕信則是聰明人的缺點。聰明人對廣闊的可能看得很遠；傻子則幾乎只把實際存在的東西看作可能的。——狄德羅

最大的無聊則是為了無聊費盡辛勞。——莎士比亞

做一個真正的傻瓜是要有頭腦的。——麥克唐納

愚夫給他人忠告，而自己卻毫無防備。——菲洛勞斯

傻瓜的愚蠢往往是聰明人的礪石。——莎士比亞

傻瓜很像那些雖然貧困但卻認為自己富裕的人們。——沃夫納格

愚人有時也會提出有益的忠告。——格利烏斯（Aulus Gellius）

譏笑傻瓜，自己也難免成為傻瓜。——富勒

嘲弄一個為人所不齒的傻瓜，猶如譏笑一隻死蒼蠅，是不應該的。——哈利法克斯（Edward Frederick Lindley Wood）

一個人有點傻氣還是必要的，這並不意味著這個人就是傻瓜。——蒙田

再崇高的靈魂也難免混雜有愚蠢的成分。——亞里斯多德

人人都有糊塗的時候。——赫伯特

智者從愚者那裡得到的好處要比愚者從智者那裡得到的多。因為，智者能引愚者的過錯為戒，而愚者卻仿效不了智者的成功之道。——老加圖（Marcus Porcius Cato）

智者善於從他人的錯誤中汲取教訓，而愚者卻難以汲取自身的教訓。——富蘭克林

傻瓜對自己家的了解勝過聰明人對別人家的了解。——賽凡提斯

愚者也常常給智者以啟迪。——喬叟

任何傻瓜都能駕船航行，唯有聰明人才知道如何走捷徑。——康拉德

聰明人總是相互嫉妒，傻瓜之間才相安無事。——康格里夫（William Congreve）

耍小聰明的人是十足的傻瓜。——多恩

裝傻裝得好也是要靠才情的。——莎士比亞

智者聰明過度，就會被人當成傻瓜。——愛默生

智者從敵人那裡汲取的長處，要比愚者從友人那裡汲取的長處多。——富蘭克林

在誕生和死亡這兩條起止線上，蠢人和聰明人都是一樣的，所不同的就是他們的人生歷程不一樣。——富勒

愚者與智者都是無害的，只有半智半愚的人才最可怕。——歌德

蠢人相互爭鬥，智者團結一致。——赫伯特

勇於做一個傻瓜，是一個人向智慧邁出的第一步。——哈尼克

一個人要想在這個世界上取得成功，就必須具有愚人之表，智者之心。——孟德斯鳩

啊，上帝！誰自以為聰明，誰就是個大傻瓜。——伏爾泰

智者以探索自然為幸福，愚人以蒙昧無知而自得。——波普

那些想在愚人中間充作智者的人們，在智者中間卻是愚人。——昆體良

一個傻瓜一小時提出的問題，聰明人七年也回答不完。——約翰·雷

幾個聰明人勝過一大群傻瓜。——

拉斯金

愚蠢的人面臨著危險的追逐，聰明的人卻抵禦著各種進攻。——塞內卡

傻子自以為聰明，但聰明人知道他自己是個傻瓜。——莎士比亞

二十個智者加起來很容易變成一個傻瓜。——斯彭德

智者在考慮什麼，愚者是猜不到的。——斯溫伯恩 (Algernon Charles)

假如你從未做過傻瓜，那麼你也一定不會成為智者。——薩克雷

傻瓜好動，聰明人好坐。——約翰·雷

愚昧人若靜默不言，也可算為智慧。——《舊約全書·箴言》

自稱為聰明，反成了愚拙。——《新約全書》

要照愚昧人的愚妄話回答他，免得他自以為有智慧。——《舊約全書·箴言》

越早從愚蠢中明白過來越好。——沙爾龍

人在年輕的時候就能意識到自己的蠢愚之處，是幸運的。——理查遜

一個生活中不幹蠢事的人，並非像他自己認為的那樣聰明。——拉羅希福可

人類共同的詛咒——無知和愚蠢。——莎士比亞

沒有終身都做蠢事的人，也沒有一輩子都不做蠢事的人。——赫伯特

限制人類智慧的常常是世間的愚蠢。——霍姆斯

智慧之翼最堅硬的羽毛就是牢記過去的愚蠢。——柯勒律治

在愚蠢無益的笑聲中，智慧只聽到其中的一半喝彩。——艾略特

萬事皆愚勝過自作聰明。——法國諺語

愚蠢可能會爬向智慧，而智慧卻絕不會退至愚蠢。——塞內卡

有時應該把理智拋在一旁，用裝愚的方法扮作荒唐。——米南德

假如貧困是罪惡之母，那麼無知便是罪惡之父。——拉布呂耶爾

無知不是無辜，而是有罪。——白朗寧

無知的真正特點是：虛榮、驕矜和傲慢。——巴特勒

無禮是無知的私生子。——巴特勒

無知與迷信之間從來就有著一種密切甚至確定無疑的關聯。——詹姆斯·庫珀 (James Fenimore Cooper)

世界上有兩件事—— 愛情和咳嗽—— 瞞不住人，但我認為除此之外還有件事也瞞不住人，這就是無知。當一個人不得不有所事事而不是搖頭示意時，他的無知就會暴露無遺。——艾略特

頭腦無知，行為必然荒唐。——弗勞德

無知和自負是連袂同行的密友。——《塔木德》

在無知的人們當中，一切事情都是因為有險才樂趣倍增。——塞內卡

什麼都不懂的人什麼也不會懷疑。——赫伯特

一無所知者聽信一切。——查爾斯·司布真

寧可不出生，也不做無知的人。——海伍德

一個什麼也不知道的人，他的生活是最甜蜜的。——索福克里斯

不知道自己的無知是無知者的通病。——阿爾科特

再也沒有比輕率更像無知的了。——王爾德

第五章　立身·做人·處世

男兒立身須自強。—— 李頎

自暴者，不可與有言也；自棄者，不可與有為也。——《孟子》

昂昂獨負青雲志，下看金玉不如泥。—— 李渤

窮且益堅，不墜青雲之志。—— 王勃

學者，不患才之不贍，而患志之不立。—— 徐幹

自立自重，不可跟人腳跡，學人言語。—— 陸九淵

凡人拔俗自立。須要在胸中有把柄，不得在外面顯露。—— 紀大奎

為聖賢者，各有自強自立之道，故能獨立不懼，確乎不拔。—— 曾國藩

天下事，總要自立，要自強，要反求諸己。—— 胡林翼

危急之際，莫靠他人，專靠自己，乃是穩著。—— 曾國藩

君記取：封侯事在，功名不信由天。—— 陸游

我有一言應記取，文章得失不由天。—— 魯迅

命運，不過是失敗者無聊的自慰，懦怯者的解嘲，人們的前途只能靠自己的意志、自己的努力來決定。—— 茅盾

在情感上培養「信心」或叫自信也是很重要的。一個人有自信心，才會去學，才能學好。如果認為自己太笨，什麼都不行，那他怎麼也學不好。—— 劉佛年

現今趨勢轉向了自我發展和成就。也就是說，人們在攀登事業之塔的過程中，比以往更依靠自信來取勝，相信自己完全有能力透過努力實現目的。—— 龔康年

從來就沒有什麼救世主，什麼上帝、聖皇和清官；勞動者全靠自己救自己。—— 歐仁·鮑狄埃（Eugène Pottier）

人多不足以依賴，要生存只有靠自己。—— 拿破崙

人人都有可驚人的潛力，要相信你自己的力量與青春。要不斷的告訴自己：「萬事全靠自己」。—— 紀德（Andre Gide）

我寧願靠自己的力量，打開我的前途，而不願求有力者垂青。—— 雨果

我們除了由自己掌握命運之星外，別無他法。—— 梅特林克（Maurice Polydore Marie Bernard Maeterlinck）

對於命運的變化無常，我們慨嘆得太多了。發不了財的，升不了官的，都要埋怨命運不好。然而，仔細想想吧！過失還在於你自己。——克雷洛夫

一個人的幸運的造成主要還是在他自己手裡。所以詩人說：「人人都可以成為自己的幸運的建築師。」——培根

自己是自己命運的創造者。——謝德林（Mikhail Evgrafovich Saltykov-Shchedrin）

人都認為，自己的一生要自己來引導，但在心靈深處，卻任憑命運去擺布。——歌德

你們應該培養對自己，對自己的力量的信心；而這種信心是靠克服障礙、培養意志和「鍛鍊」意志而獲得。——高爾基

我勸告所有的人都要想到自己的翅膀，要向上高飛。有時看來完全缺乏意志力、一事無成的小人物，可是一旦時機來到，他突然建樹了偉大的功績。這就是他的翅膀的作用，翅膀的力量。——托爾斯泰

人生真正的歡樂是意識到你自己是一個能人，能有所作為，而不是一個渺小的、自私自利的小人物。——蕭伯納

首先對自己的創造能力抱有信心，這是開發創造力的第一步。——桑名一央

要冷靜地考慮自己的才能，選擇適合本性的工作。——松下幸之助

只有滿懷自信的人，才能在任何地方都懷有自信沉浸在生活中，並實現自己的意志。——高爾基

自謙則人愈服，自誇則人必疑我，恭可以平人之怒，氣我貪必至啟人之爭端，是皆存乎我者也。——曾國藩

成人之美，君子貴焉。——陽固

善走須得途，邪徑不可行。——顧圖河

何為而正？致誠則正。何為而勇？蹈正則勇。孟賁之材，必動則回，臨義不疑，嗚呼勇哉。——司馬光

人之所惡，唯孤、寡、不穀。而王公以為稱。故，物或損之而益，或益之而損。人之所教，我亦教之：「強梁者不得其死」，吾將以為教父。——任繼愈

老者安之，朋友信之，少者懷之。——孔子

天下有道，以道殉身，天下無道，以身殉道；未聞以道殉乎人者

也。——孟子

歲不寒，無以知松柏；事不難，無以知君子。——荀子

在上位不陵下，在下位不援上，正己而不求於人則無怨。上不怨天，下不尤人。故君子居易以俟命，小人行險以僥幸。——《禮記》

臨財毋苟得，臨難毋苟免。——《禮記》

君子和而不同，小人同而不和。——孔子

生有益於人，死不害於人。——《十三經注疏》

在小事情上也應該感到自己是個頂天立地的人，要學會做到這一點。——高爾基

人既不僅僅是物質，也不僅僅是精神。——席勒

人的良知是謙遜的，它甚至把羞愧當作樂事。而理性則是驕傲的，如果理性被迫感到反悔，那就會陷入絕望。——歌德

人不是可以注入任何液體的空瓶。——皮薩列夫

人的理性粉碎了迷信，而人的感情也將摧毀利己主義。——海涅

卑鄙和高傲的動機只會滿足愚人、武夫、人類的侵略者和掠奪者的貪欲，人們應該放棄這種動機，不要讓這些誘人的飲料再麻醉那些自命不凡之徒！——聖西門（Henri de Saint-Simon）

最困難的職業就是怎樣為人。——荷西．馬蒂（Jose Marti）

做一個謙虛的人是好的，但不要做一個冷漠無情的人。——伏爾泰

冷漠無情就是最大的殘忍。——威爾遜

無先己私而後天下之慮，無重外物而忘天爵之貴；無以耳目之娛，而為腹心之蠹；無苟一時之安，而招終身之累難。——方孝孺

歷史是過去的陳跡，國民性可改造於將來。——魯迅

怒氣就像一匹烈性的馬，如果由它的性子，就會使它自己筋疲力盡。——莎士比亞

巨象的腿是為步行用的，不是為屈膝用的。——莎士比亞

在做藝術家之前，先要做一個人。——羅丹

多聞，擇其善者而從之，多見而識之。——《論語》

聖人不凝滯於物，而能與世推移。——屈原

處逸樂而欲不放，居貧苦而志不倦。——王充

夫賢士之處世也，譬若錐之處囊中，其末立現。——司馬遷

思其艱以圖其易。——孔子

聖人不期循古，不法常可，論世之事，因為之備。——韓非子

天下大根本，人心而已。——李元度

處世忌太潔，聖人貴藏輝。——李白

分得兩頭輕與重，世間何事不擔當。——陳衍

山河易改，本性難移。——武漢臣

男兒有淚不輕彈，只因未到傷心處。——李開先

處世以譏訕為第一病痛。——呂坤

處世間事，眾人皆見得非，而我獨見得是，亦須緩緩調停，不可直遂。——申涵煜

大丈夫行事，論是非，不論利害；論順逆，不論成敗；論萬世，不論一生。——黃宗羲

有情不管別離久，情在相逢終有期。——晏幾道

物以稀為貴，情因老來慈。——白居易

人生有情淚沾臆，江水江花豈終極？——杜甫

人生盡說多情誤，情到深時天忍負。——劉福姚

人海闊，無日不風波。——姚燧

凡人們的言論、思想、行為，倘若自己以為不錯的，就願意天下的別人、自己的朋友都這樣做。——魯迅

人們因為不愛聽壞消息，往往會連帶憎恨那報告壞消息的人。——莎士比亞

每個人是智慧和詩意、偉大和卑賤、痛苦和庸俗的取之不盡的泉源。——高爾基

凡是屬於一個人的東西，即使他把它扔掉也無法與它脫離關係。——歌德

人也不能高於自己並超乎人性，因為他只能用自己的眼去看，用自己的手去抓。——蒙田

不要把痰吐在井裡，哪天你口渴的時候，也要到井邊喝水的。——克

雷洛夫

發現別人的缺點有時比察覺自己的要容易些。——伊索

本性流露永遠勝過豪言壯語。——萊辛

不要相信對任何人什麼都相信的人。——萊辛

不是因為屋子而尊敬主人，而是因為主人才尊敬屋子。——西塞羅

靈魂與肉體結合的方式全然不可思議，為人所無法想像，然而這種結合就成為人。——奧古斯丁

人天生是個純潔而精緻的生靈。——塞涅卡

地球上一切美麗的東西都來源於太陽，而一切美好的東西都來源於人。——普利什文（Mikhail Mikhailovich Prishvin）

凡是不能發表自己心思的人，就像一座雕像；凡是一味多嘴，其實並不懂得自己所說的是什麼的人，就像一隻鸚鵡。——康米紐斯

施諸己而不願，亦勿施於人。——《禮記》

君子有三患；未聞之，患不得聞；既得聞之，患不得學；既得學之，患不得行。——《孔子家語》

君子易知而難狎，易懼而難脅，畏患而不避義死，欲利而不為所非。——《荀子》

大直若屈，大巧若拙，大辯若訥。——《老子》

內外相應，言行相稱。——《孟子》

是非已明，而賞罰次之。——《莊子》

君子以言有物，而行有恆。——《易經》

得其所利，必慮其所害；樂其所成，必顧其所敗。——劉向

得官不欣，失位不恨。——王充

無傳不經之談，無聽毀譽之語。——羊祜

是非久自見，不可掩也。——司馬光

超載者沉其舟，欲勝者殺其身。——葛洪

是非之心，智之端也。——《韓非子》

凡人之論，心欲小而志欲大，智欲員而行欲方。——《淮南子》

勿恃功能，勿失忠信。——諸葛亮

人以品為重，若存一點卑污黷貨之心，便非頂天立地漢。——史典

聖學之要，只在慎獨。——陳確

見人之為善，我必愛之；見人之為不善，我必惡之。——陳弘謀

柔之戒也以弱，剛之戒也以躁。——郭嵩燾

說人之短，乃護己之短。——魏裔介

惡言不出口，惡聲不入耳。——《鄧析子》

瓜田不納履，李下不正冠。——郭茂倩

寡門不入宿，臥甑不取塵，避嫌也。——馬總

君子遇失意，為人必有所進；小人遇失意，為人必有所退。——惲敬

人可以有德，而不可恃其德；可以有才，而不可恃其才。——方孝孺

是非來入耳，不聽自然無。——《金瓶梅》

盛喜中勿許人物，盛怒中勿答人書。——金蘭生

使人有面前之譽，不若使人無背後之毀。——金蘭生

聰明者戒太察，剛強者戒太暴，溫良者戒無斷。——金蘭生

是非之聲，無翼而飛；損益之名，無脛而走。——白居易

目不淫於炫耀之色，耳不亂於阿諛之辭。——魏徵

人生心口宜相副。——李咸用

類君子之有道，入暗室而不欺。——駱賓王

有欲則不剛，剛者不屈於欲。——楊時

多忿害物，多欲害己，多逸害性，多憂害志。——崔敦禮

所守者道義，所行者忠信，所惜者名節。——歐陽修

氣忌盛，心忌滿，才忌露。——呂坤

凡人作虧心事，一事則神縮一寸。——王士禛

「利」之一字，是學問人品一片試金石。——申居鄖

凡作人貴直，而作文貴曲。——袁枚

人皆狎我，必我無骨；人皆畏我，必我無養。——申涵光

唯盡知己之所短，而後能去人之短；唯不恃己之所長，而後能收人之長。——魏源

人生各有所樂兮，予獨好修以為恒。——屈原

盛衰各有時，立身苦不早。——蕭統

志於道，據於德，依於仁，游於藝。——孔子

心平氣和此四字，非涵養不能，做功夫只在個定火，火定則百物兼照，萬事得理。——呂坤

質勝文則野，文勝質則史。文質彬彬，然後君子。——孔子

人之遇患難，須平心易氣以處之，厭心一生，必至於怨天尤人，此乃見學力不可不勉。——吳與弼

君子有五政，而終之以樂。一日愛，二日義，三日序，四日勤，五日慎，六日東，淫靡之聲也；不勤之樂，惰慢之聲也；不慎之樂，放僻之聲也。——薛應旗

言貴切，而不貴訐；議貴盡，而不貴爭；跡貴明，而不貴暴；名貴與，而不貴取。——薛應旗

子貢曰：「君子亦有惡乎？」子曰：「有惡：惡稱人之惡者，惡居下流而訕上者，惡勇而無禮者，惡果敢而窒者。」——《論語譯注》

言人之不善，當如厲患何？——孟子

無為其所不為，無欲其所不欲，如此而已矣。——孟子

好名之人能讓千乘之國，苟非其人，簞食豆羹見於色。——孟子

無稽之言，不見之行，不聞之謀，君子慎之。——荀子

不就義，不違害，不強交，不苟絕，唯有道者能之。——王通

懷既往而不咎，指將來而駿奔。——王勃

聞一善言，見一善事，行之惟恐不及；聞一惡言，見一惡事，遠之惟恐不速。——馬總《意林》

鑄鏡須青銅，青銅易磨拭。結交遠小人，小人難姑息。鑄鏡圖鑑微，結交圖相依。凡銅不可照，小人多是非。——孟郊

行己莫如恭，自責莫如厚，接眾莫如弘，用心莫如直，進道莫如勇，受益莫如擇友，好學莫如改過。——李翱

觀書者當觀其意，慕賢者當慕其心。循跡而求，雖博寡要，信矣。——劉禹錫

毀人者，自毀之。譽人者，自譽

之。夫毀人者，人亦毀之，不日自毀乎？譽人者，人亦譽之，不日自譽乎？——皮日休

譽人者，人譽之；謗人者，人謗之。是以君子能罪己，斯罪人也；不報怨，斯報怨也。——譚峭

善操理者不能有全功，善處身者不能無過失，雖堯、舜、禹、湯之聖，文、武、成、康之至明，尚猶思逆耳之言，求苦口之藥，何況後人之不逮哉！——薛居正

孟子日：「獨樂樂，不如與人樂樂；與少樂樂，不如與眾樂樂」此王公大人之樂，非貧賤者所及也。孔子日：「飯疏食飲水，曲肱而枕之，樂亦在其中矣。」顏子一簞食一瓢飲，不改其樂，此聖賢之樂，非愚者所及也。若夫鷦鷯巢林，不過一枝；鼴鼠飲河，不過滿腹，各盡其分而安之，此乃愚叟之所樂也。——司馬光

君子之自行也，敬人而不必見敬，愛人而不必見愛。敬愛人者，己也；見敬愛者，人也。君子必在己者，不必在人者也。必在己，無不遇矣。——張雙棣

知己日明，自勝日強。——王符

古之有道者，內不失真，而外不殊俗，夫如此，故全也。——王通

古人有言，禦寒莫要重裘，上謗莫如自修，修之至極，何謗不息。——張九齡

古之君子，其責己也重以周，其待人也輕以約。——馬通伯

正己然後可以正物，自治然後可以治人。——岳飛

持養之說，言之，則一言可盡；行之，則終身不窮。——黎靖德

多言不如寡言，寡言不如不言；和緩而言，則有條理，而人不厭；可以交，可以毋交，交多濫。——盛如梓

人不自重，斯召侮矣；不自強，斯召辱矣。自重自強，而侮辱猶是焉，其斯為無妄之災也已。——薛應旗

人一生大罪過，只是「自在自私」四字。——呂坤

日夜痛自檢點且不暇，豈有工夫檢點他人？責人密，自治疏，可不戒哉！——張伯行

知不知，上；不知知，病。夫唯病病，是以不病。聖人不病，以其病病，是以不病。——任繼愈

君子求諸己，小人求諸人。——孔子

已矣乎，吾未見能見其過而內自訟者也。——孔子

君子有九思：視思明，聽思聰，色思溫，貌思恭，言思忠，事思敬，疑思問，忿思難，見得思義。——孔子

德之不修，學之不講，聞義不能徙，不善不能改，是吾憂也。——孔子

論篤是與，君子者乎？色莊者乎？——孔子

弟子入則孝，出則悌，謹而信，汎愛眾，而親仁。行有餘力則以學文。——孔子

巧言、令色、足恭，左丘明恥之，丘亦恥之。匿怨而友其人，左丘明恥之，丘亦恥之。——孔子

吾日三省吾身——為人謀而不忠乎？與朋友交而不信乎？傳不習乎？——曾子

君子所以異於人者，以存其心也。君子以仁存心，以禮存心，仁者愛人，有禮者敬人。愛人者，人恒愛之；敬人者，人恒敬之。——孟子

我知言，我善養吾浩然之氣。——孟子

賢者以其昭昭使人昭昭，今以其昏昏使人昭昭。——孟子

口惠而實不至，怨災及其身。是故君子與其有諾責也，寧有己怨。——孔子

人們的苦痛是不容易相通的。——魯迅

全為實利打算，換言之，就是只要便宜。充其極端，做人全無感情，全無義氣，全無趣味，而人就變成枯燥、死板、冷酷、無情的一種動物。這就不是「生活」，而僅是一種「存生」了。——豐子愷

我對一切人和事，都取和平的態度，把吃虧當作當然的。但是，在做人上，我有一定的宗旨與基本法則，什麼事都可將就，而不能超過自己畫好的界限。——老舍

各人的生性裡都有一種一旦公開說了出來，就必然會招到反感的東西。——歌德

熱情不過是一種強化了的好的或者壞的特質而已。——歌德

人的天性雖然是隱而不露的，但卻很難被壓抑，更很少能完全根絕。即使勉強施以壓抑，只會使它在壓力消除後更加猛烈。——培根

人走進喧嘩的群眾裡去，為的是要

淹沒他自己的沉默的呼號。—— 泰戈爾

在你一切見解與深思方面，以及在你舉止與其他事情方面都一樣，要保持穩健與含蓄。—— 蒙田

情感淡薄使人平庸。—— 狄德羅

人將逐漸使外部自然界完全受自己節制，人將按照自己需要的程度把世上的一切改造得適合自己的要求。—— 車爾尼雪夫斯基

做一個傑出的人，光有一個合乎邏輯的頭腦是不夠的，還要有一種強烈的氣質。—— 司湯達

真有血氣的人，既不曲意求人重視，又不怕忍受忽視。—— 拜倫

要和氣對待弱者，要把欺凌弱者看作丟人的事，弱者的報復常常十分厲害，所以不要妄自尊大，不要以為威力就是一切。—— 克雷洛夫

閒人往往不到忙人那裡拜訪；蒼蠅不往滾燙的瓦盆那裡飛。—— 富蘭克林

教養中寄寓著極大的嚮往 —— 對美好和光明的嚮往。它甚至還有一個更大的嚮往 —— 使美好和光明戰勝一切的嚮往。—— 阿諾德

教養就是習慣於從最美好的事物中得到滿足，而且知道為什麼。—— 范戴克 (Virgil van Dijk)

文化修養的目的在於增強和提高鑑賞那些最高尚、最深奥的事物的真和美的能力。—— 約瑟夫・博伊斯 (Joseph Beuys)

人的思想是可塑的；一個人如果每天觀賞一幅好畫，閱讀某部佳作中的一頁，聆聽一支妙曲，就會變成一個有文化修養的人 —— 一個新人。—— 拉斯金

一個人只要有耐心進行文化方面的修養，就絕不致於蠻橫得不可教化。—— 賀拉斯

如果透過修養達不到提高鑑賞力的目的，「修養」兩字也就毫無意義了。—— 博伊斯

人們太容易滿足於那些極普通的東西，他們的精神和感覺又太容易停留在對美好事物的印象上。所以每個人都應該想方設法地學習，以豐富頭腦裡感覺這些事物的功能。鑑於此，每個人至少每天應該聽一首歌曲，讀一首好詩，看一幅好畫，如果可能，再講一些通情達理的話。—— 歌德

修養的本質如同人的性格，最終還是歸結到道德情操這個問題上。—— 愛默生

要想有教養，就要去了解世界都在談論和思索的最美好的東西。——阿諾德

有文化教養的人能在美好的事物中發現美好的含義。這是因為這些美好的事物裡蘊藏著希望。——王爾德

所謂良好教養，它們在幾乎所有國家中乃至於一個地區裡，都不盡相同；每一個明辨事理的人都會模仿他所在之地的良好教養，並與之看齊。——切斯特菲爾德

我不願選擇眾人所希求的東西，因為我不願隨波逐流，與庸俗的群眾為伍。——莎士比亞

與其被人在表面上恭維而背地裡鄙棄，那麼還是像這樣自己知道為舉世所不容的好。——莎士比亞

性相近也，習相遠也。——《論語》

每個人都有自己的人格。——富蘭克林

每個人都有三種特性，一種是他顯露出來的，一種是他所具備的，另一種則是他自以為擁有的。——卡爾

個性的造就由嬰兒時代開始，一直持續到老死。——羅斯福

良好的個性勝於卓越的才智。——愛迪生

欲望加以訓練便是個性的背景。——洛克

個性的形成決定在兩件事上，精神狀態及我們花費時間的方法。——赫伯特

個性既不堅，更非不變，它不斷在活動、變化，正如我們的肉體，偶爾也會罹疾。——喬治·艾略特

要知道一個人真實的個性，只需觀察他認為無人發現時的所作所為。——麥克萊

技藝可造出一套衣服，天性可以造出一個人。——休謨

人的天性不是長出秀草就是長出雜草，非此則彼，非彼則此，因此，必見機為秀草澆水，勤除雜草。——培根

最冷靜的性情常含有燃燒的精神，一如由最硬的打火石敲擊出來的火。——哈茲立特

天性的影響力大於教育。——伏爾泰

個性的完整是不需要尺度的。——卡繆

個性像白紙，一經污染，便永不能再如以前的潔白。——黑格爾

任何事物如果和我們本性相協調的便是善。——斯賓諾沙（Baruch Spinoza）

習性難移——那些企圖改變他自己的生活方式的人常覺徒勞無功。——賓尼

一個國家的幸福與否在於其國民的個性而非其政府的形式。——哈利伯頓

好脾氣就像晴天，到處流放著光亮。——辛尼

我們的性格是我們行為的結果。——亞里斯多德

你不能憑著夢想形成自己的個性；你一定要千錘百煉為自己構成個性。——佛洛伊德

我們且不說：每一個人是他自己運氣的工程師；但讓我們說：每一個人都是他自己個性的工程師。——布爾特曼（Rudolf Bultmann）

天下神仙何處有？神仙只向人間免。——張炎

世態人多幻，人情雪易消。——呂從慶

世俗有險易，時運有盛衰。——繁欽

人世間真是難處的地方，說一個人「不通世故」，固然不是好話，但說他「深於世故」也不是好話。——魯迅

如果一個人總是讓自己把這個世界看成像他的對手所描繪的那麼糟，那他一定會成為一個可憐蟲。——歌德

如果我們的面貌並不相像，我們就不能區別人與獸；而如果它們並不相異，我們又不能把一個人同另一個人區別開來。——蒙田

蚊蚋不管飛到哪裡都不顯眼，可是鷹鷲飛來，就吸引了所有的視線。——莎士比亞

襤褸的衣衫遮不住小小的過失；披上錦袍裘服，便可以隱匿一切。——莎士比亞

太行之路能摧車，若比人心是坦途。巫峽之水能覆舟，若比人心是安流。——白居易

順吾意而言者，小人也，急遠之。——魏裔介

大海波濤淺，小人方寸深。——杜荀鶴

長恨人心不如水，等閒平地起波瀾。——劉禹錫

百人譽之不加密，百人毀之不加

疏。——蘇洵

世人結交須黃金，黃金不多交不深。——張謂

以責人之心責己，則寡過；以恕己之心恕人，則全交。——杜甫

一毫之善，與人方便。一毫之惡，勸君莫作。——呂岩

高節人相重，虛心世所知。——張九齡

他貧不可笑，他弱不可欺。——王梵志

不親富貴，不疏貧賤，只要心堅。——呂岩

要精明地處世，但不要那種世俗的精明。——誇爾斯

人似秋鴻無定位，事如飛彈須圓熟。——辛棄疾

子貢曰：「貧而無諂，富而無驕，何如？」子曰：「可也。未若貧而樂，富而好禮者也。」——《論語》

不患人之不己知，患不知人也。——孔子

一個人聽朋友的忠告，只有幸福快活。——莎士比亞

聰明人絕不袖手閒坐，嗟嘆他們的不幸；他們總是立刻防禦當前的福患。——莎士比亞

我們的內心在反映著這個外部世界：它是幅繽紛的畫卷，是張帶色的圖表，是一本裝幀精美的祈禱書，誰真正地去細看，誰就能從中發現那壯觀的美，然後走進樂園。——諾伊斯（Robert Norton Noyce）

世界的真正的謎，不是它的「無形」，而是它的「有形」。——王爾德

世界是個車輪，它自己會正常運轉。——迪斯雷里

這個存在著的世界不是一場夢，也不應該若無其事地把它看成是一場夢，更不是什麼疾病。這世界就是我們足下的土地，就是養育我們的母親。——愛默生

世界是個梯子，有人往上攀援，有人拾階而下。——富勒

世界是本精美的書，但對讀不懂它的人來說，卻絲毫沒有用處。——哥爾多尼

世界啊！你是片荒野，每棵樹上都懸掛著淚珠。——胡德

最開始，世界造出來是給野獸們居住的，但人類卻在研究和思考

它。——布朗托姆

世界就是一株蕁麻，你輕輕地碰它一下，它就會扎你；你要是把它用力一握，它便軟了。——梅瑞狄斯

世界是面鏡子，照出每個人的臉。你要是對它皺皺眉，它也會失望地看你；你如果朝它笑，它的笑容就是你最好的夥伴。——薩克雷

世界是由形形色色的人組成的。——傑洛德

世界對於思索的人來說，是一齣喜劇，而對那些感受的人，則是一齣悲劇。——霍勒斯·沃波爾（Horace Walpole）

世界至多是家客棧，我們是來去匆匆的路人。——豪厄爾（Howell Cobb）

世界屬於那些和世界一起思索，一起行動，並且觸摸到它的脈搏的人。——威廉·拉爾夫·英奇

世界從不遷就任何人。——蘭姆

誰要是幻想離開世界他照樣能做成事，那他就是欺騙自己；但誰要是異想天開，覺得世界離開他便失靈了，那他更是在欺騙自己。——拉羅希福可

人類生息的世界的形成，主要取決於人類對它的觀察方式。——叔本華

這個世界的協調存在於不協調之中。——塞內卡

世界上的事沒有一件不是利弊共存的。——圭恰迪尼（Francesco Guicciardini）

依我看，世界不過是個舞臺，人們都戴著面具在扮演自己的角色。——迪巴爾塔斯（Guillaume Du Bartas）

畢達哥拉斯說，世界就像一個舞臺，多少人都在扮演著他們自己的角色；而哲學家則是旁觀者，他的任務就是去了解各民族生活的習俗，去分辨好與壞。——愛德華茲

世界是一座劇院，地球是一個舞臺，演戲的都是上帝和自然創造的演員。——海伍德

有那麼一個很小的世界，它是舞臺；有那麼一個很大的舞臺，它叫做世界。——戈德堡

整個世界都在演戲，人人都得恰如其分地扮演角色。——蒙田

你們把世界這本偉大的書認真讀一讀吧！讀一遍，再讀一遍，把它銘記在心裡，採納它的風格，然後將它變成你自己的東西。——切斯特菲爾德

世界並不是因為塗上色彩，裝扮修飾一番後才顯得美的，而是從一

開始就是美的；上帝並沒有造出什麼美的東西，而是美創造了世界。——愛默生

我們周圍的世界的確燦爛輝煌，但更加輝煌的是我們心中的世界，在那裡，有歌聲蕩漾的土地，在那裡，有詩人的故鄉。——朗費羅

這世界像天外的世界一樣，到處充滿了美。如果我們各盡其責，這世界就會充滿愛。——梅塞納斯(Gaius Cilnius Maecenas)

世界上充滿了詩章——空氣和它的靈魂共同生活；大海隨著它的音樂旋律起舞。——珀西瓦里(Percival)

縱然從縫隙中窺探這世界，它也絕不會失去一絲一毫的美。——梭羅

我深思熟慮後得出這樣一個結論——這個世界是陌生的地方，然而卻給人歡樂。——貝內特(Arnold Bennett)

對世界的認識只能在世界的事務中獲得，在斗室裡是得不到的。——切斯特菲爾德

世界就是這樣。應該了解它，鄙視它，熱愛它。在這世上，你應該高興地沿著你自己的道路，向著最遠大的目標前進。——卡萊爾

世界上，以通曉世故為基礎的不諳世故是一件頭等大好事；而以不通世故為基礎的不諳世故則是不可取的。——威廉·拉爾夫·英

一個人越啜飲世故的烈酒，就越沉醉於世故之中。——培根

我需要這世界上的人情世故，我喜歡這世界的生活方式。——白朗寧

世界最終所聽從的只是那些既藐視它又服務於它的人們。——小巴特勒

有志者，四海之內皆可為家。——博蒙特(Francis Beaumont)與弗萊切(John Fletcher)

愛國家愛得最深的人，才是最好的世界主義者。——丁尼生

處處為家者無處是家。——馬休爾

事前定，則不困。——《禮記》

事已敗矣，乃重太息，其雲益乎！——《荀子》

事有不可知者，有不可不知者；有不可忘者，有不可不忘者。——劉向

事不豫辨，不可以應率。——桓寬

安寧勿懈墮，有事不迫遽。——仲長統

事未至而預圖，則處之常有餘；事既至而後計，則應之常不足。——辛棄疾

事有大小，有先後。察其小，忽其大，失其所後，後其所先，皆不可以適治。——程灝

事必要其所終，慮必防其所至。——呂坤

事無全遂，物不兩興。——徐禎稷

事至於過當便是偽。——王豫

事之可否，當以理裁之，一使性，便壞事。——申居鄖

輕重生權衡，非權衡生輕重。善言心者，必有驗於事矣。——魏源

切莫為力量所不能為之事！——陸世儀

臨事貴守，當機貴斷，兆謀貴密。——申涵煜

人能每事即始慮終，則必無悔吝之及。——錢琦

別擔心無事可做，一個有能力做好自己事情的人絕不會找不到工作。——湯馬斯·傑弗遜

找不到事做的人，不管是誰都有一種別人所無法理解的痛苦。——蕭伯納

為重要的事而煩惱是胸襟狹隘的表現。——詹森

一件事完成之後，隨之而來的是它的收益，它將一直為自己旋轉的車輪加油。——威廉·古柏

如果每一個都管好自己的事情，地球會比現在轉得更快。——卡羅爾

要管理好自己的事，否則就要被它們牽著跑。——富蘭克林

我想起一位聰明的朋友常常這樣說：「人人都管的事實際上沒有人管。」——沃爾頓

一千件事情要用一千種方法去處理。——奧維德

有多少錢就辦多少事，有多大的布就做多大的衣服。——博蒙特與弗萊切

要做的事情何其多，而已經做完的事情卻又那麼少。——羅德斯

豐功偉績都是從點點滴滴做起的。——培根

我們發現，大事情都是由小事情組成的。——白朗寧

大事的成功往往取決於一個小小的問題。——赫伯特

影響巨大的事件往往發於芥末之事。——李維

小漏洞一多，船就難逃滅頂之災。——富勒

細浪沖刷一千年，任何堅石都能被擊穿。——丁尼生

滴水匯成浩瀚的汪洋，細沙鋪成舒適的海灘；分秒雖不起眼，卻組成了永恆的時間。

只有小人才對小事有興趣。——迪斯雷里

一些細微的事情常能使下等人感到驕傲。——莎士比亞

整天只知道為瑣碎小事忙碌的人，必定成不了大器。——拉羅希福可

無所事事的人總覺得自己在忙。——莫里埃 (Moliere)

誰都不如無所事事者忙碌。——法國諺語

無所事事者諸事不攬，因而也一事無成。——博馬舍 (Pierre Beaumarchais)

最無聊的莫過於無所事事的生活。——丁尼生

無論是用腦還是用力，我絕不停止勞動；因為撒旦會使無所事事之手做出邪惡的勾當。——以撒·華茲 (Isaac Watts)

終日無所事事是一種難熬的生活。——威廉·古柏

第六章　友誼・知己・社交

人情曷似春山好。山色不隨春老。——王之道

共輿而馳，同舟而濟，輿傾舟覆，忠實共之。——范曄

天涯何處無芳草。——蘇軾

獨學而無友，則孤陋而寡聞。蓋須切磋，相起明也。——葛洪

寶鏡曾墜水，不磨豈自明！苦節居貧賤，所知賴友生。——張籍

朋友之情，實在是一切人情的基礎。「朋，同類也。」並育於大地上的人，都是同類的朋友，共為大自然的兒女。——豐子愷

鳥尚求其群，人豈無同儕。——沈欽圻

友誼！你是靈魂的神祕膠漆；你是生活的甜點，社會的連接！——羅·布雷爾

友誼不是別的，而是一種以善意和愛心去連接世上一切神俗事物的和諧。——西塞羅

友誼是一棵可以庇蔭的樹。——柯勒律治

充分理解，這是法語裡「友誼」一詞的定義。——愛默生

名望是頭戴燦爛金冠，但卻沒有香味的葵花。

友誼則是富於氣息，片片花瓣都飄溢著醉人芬芳的玫瑰。——霍姆斯

沒有自由就不會有友誼。友誼熱愛自由的空氣，它不願意被關閉在狹小的圍牆之內。——彭威廉

美德和友誼是最可貴的；實際上，友誼就是美德的一部分。——波普

友誼無需拘謹，但也不能不講文明。——哈利法克斯

友誼是理性的紐帶。——理查德·謝立丹（Richard Brinsley Sheridan）

友誼是心靈的結合。——伏爾泰

從生活中奪去友誼好似從天上摘下太陽，因為這友誼是我們從永生的眾神那裡得到的最大幸福。——西塞羅

人們結成友誼的原因很多，有出於自然的，也有出於契約的，有出於自身利益的，也有出於共同志趣的。——泰勒

友誼面前無重擔。——蓋伊

我反對為吹噓時髦而又世俗的同盟關係而濫用「友誼」這個名稱。——愛默生

集市上買不到友誼。——富勒

我不願意把我們之間的友誼比作鐵鍊；因為鐵鍊也許會被雨水銹蝕，或被倒下來的樹砸斷。——彭威廉

金質禮品會斷送友誼。因為贈禮者也許的確會忘記自己的慨舉，但受禮者卻永遠會感此厚恩。——威·史密斯

贏得友誼要靠智慧，保持友誼要靠美德，這兩者是同等重要的。——威廉·佩恩(William Penn)

勢利小人是以能否從中得到好處來估價友誼的。——奧維德

懂得自愛，才能得到他人的友誼。——富勒

為了某種目的而開始的友誼是絕不會持久的。阿爾弗雷德·考爾斯(Alfred Cowles)

得不到友誼的人將是終身可憐的孤獨者。沒有友情的社會則只是一片繁華的沙漠。——培根

合意的朋友千金難買。——蒙田

世間最美好的東西，莫過於有幾個頭腦和心地都很正直的嚴正的朋友。——愛因斯坦

談到名聲、榮譽、快樂、財富這些東西，如果同友情相比，它們都是塵土。——達爾文

朋友是寶貴的，但敵人也可能是有用的；朋友會告訴我，我可以做什麼，敵人將教育我，我應該怎樣做。——席勒

雲把水倒在河的水杯裡，它們自己卻藏在遠山之中。——泰戈爾

無論是多情的詩句，漂亮的文章，還是閒暇的歡樂，什麼都不能代替無比親密的友情。——普希金

凡拋棄友誼的人，即使因為受害者的懦弱，逃過了他的懲罰，但他總不能免於神明的報復。——伊索

在智慧提供給整個人生一切幸福之中，以獲得友誼為最重要。——伊壁鳩魯(Epicurus)

連一個高尚朋友都沒有的人，是不值得活的。——德謨克利特

摯友如異體同心。——亞里斯多德

世界上沒有比友誼更美好、更令人愉快的東西了；沒有友誼，世界彷彿失去了太陽。——西塞羅

不知名的朋友也是朋友。——萊辛

兄弟可能不是朋友，但朋友常常如兄弟。——富蘭克林

鳥需巢，蛛需網，人需友情。——布萊克

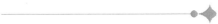

一切善的終點與頂峰，生命最後的明星，都是友愛。——埃德溫·馬卡姆(Edwin Markham)

自由只有透過友愛才得以保全。——雨果

聰明人都明白這樣一個真理：幫助自己的唯一方法就是去幫助別人。——阿爾伯特·哈伯德

除了一個真心的朋友之外沒有一樣藥劑是可以通心的。——培根

友誼真是一樣最神聖的東西，不光是值得特別推崇，而且值得永遠讚揚。——薄伽丘

唯一的可以經久的幸福，在於我們互相了解，互相友愛，智慧、友愛，這是照明我們的黑夜的唯一光亮。——羅曼·羅蘭

朋友完全可以稱為大自然的傑作。——愛默生

忠誠的朋友是生命的良藥。——《逸經·不經之書》

聖賢是思想的先聲，朋友是心靈的希望。——愛默生

朋友是另一個我。——芝諾(Zeno of Elea)

父親是財源，兄弟是安慰，而朋友既是財源，又是安慰。——富蘭克林

遠在天涯的朋友使世界變得如此廣袤；是他們織成了地球的經緯。——梭羅

忠誠的朋友是千金難買的。——塔西佗

朋友應比國王更重要。——伏爾泰

常和朋友在一起能使我們不致於變得粗魯。——沃波爾

不是真正的朋友，再重的禮品也敲不開心扉。——培根

對年輕人來說，朋友是提醒他們不犯錯誤的謀士；對老年人來說，朋友是補充他們衰竭的體力、照顧他們生活困難的助手；對成年人來說，朋友是輔佐他們完成宏偉事業的臂膀。——亞里斯多德

交易場上的朋友勝過櫃子裡的錢款。——富勒

哪裡有朋友，哪裡就有財富。——普勞圖斯

生時無好友等於死後無人送終。——赫伯特

沒有知己，誰也不願意留在這個世界上，即使其他的東西他應有盡有。——亞里斯多德

令人費解的是，一個人往往能夠說出他有多少隻羊，卻道不清他有幾位朋友，他把朋友的價值看得多輕啊！——蘇格拉底

失去朋友如同失去生命。——培根

拿破崙說：我結交奉承者，我從來沒有想到結交朋友。於是他在一個布滿亂石的小島，孤獨地度過其餘生。——巴頓 (George Smith Patton,)

舉目無一知友，見人抬不了頭。——瑞典諺語

你不可能富裕到不要朋友。——巴西諺語

良友在旁，地獄變天堂。——德國諺語

腰纏萬金，不如有個以命相許的朋友。——牙買加諺語

一百個親戚不如一個知友。——德國諺語

良友等於最近的親戚。——英國諺語

良伴同行，途不知遠。——英國諺語

時常出入的朋友，是家宅的裝飾。——伏爾泰

世界上用得最普遍的名詞是朋友，但是最難得的也是朋友。——法國諺語

忠實的朋友是菩薩的化身。——拿破崙

一般之人者，希望得金錢有之，希望得名譽有之。得一好友，實較以上數者為優。——蘇格拉底

回憶學生時代的友誼會產生一種不可思議的魅力；這種魅力能使人心地善良，甚至可以影響那些無情者的神經系統。——迪斯雷里

最難忍受的孤獨莫過於缺少真正的友誼。——培根

你的友誼常常給我帶來心靈的痛苦：打著友誼的旗號招搖撞騙最能掩人耳目，這是騙子的慣用伎倆。——奧維德

其曲彌高，其和彌寡。——宋玉

士之相知，溫不增華，寒不改葉，能四時而不衰，曆夷險而益固。——諸葛亮

神交，非外言可間。——陳壽

苟得其心萬里猶近，苟失其心同衾為遠。——徐幹

鐘子期死，伯牙終身不復鼓琴。——班固

貧賤之知不可忘，糟糠之妻不下堂。——范曄

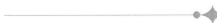

音實難知，知實難逢。——劉勰

百年心知同，誰限河南北？——姚合

山河不足重，重在遇知己。——鮑溶

人生貴相知，何用金與錢？——李白

莫愁前路無知己，天下誰人不識君？——高適

丈夫會應有知己。——張謂

坐中無知音，安得有神詳。——孟雲卿

與君遠相知，不道雲海深。——王昌齡

人生樂在相知心。——王安石

生不願封萬戶侯，但願一識韓荊州。——李白

四海有知己，何地不為家。——白樸

知己那須分貴賤，窮途容易感心情。——袁枚

芳蘭之芬烈者，清風之功也；屈士起於丘園者，知己之助也。——葛洪

悲莫悲兮生別離，樂莫樂兮新相知。——屈原

同聲自相應，同心自相知。——傅玄

海內存知己，天涯若比鄰。無為在岐路，兒女共沾巾。——王勃

相知無遠近，萬里尚為鄰。——張九齡

長劍許烈士，寸心報知己。——李東陽

相知同一己，豈惟弟與兄。——李白

合意客來心不厭，知音人聽話偏長。——馮夢龍

今古惟稱知己少，驅山塞海事無難。——俞大猷

惟當同心人，可與論金鐵。——顧圖河

不是交同蘭氣味，為何話出一人心？——孔尚任

人生所貴在知己，四海相逢骨肉親。——李賀

人生相遇貴相知，孰謂世間無伯樂。——李賀

相知何必舊，傾蓋定前言。——陶淵明

同心不減骨肉親。——杜甫

酒肉弟兄千個有，落難之中無一人。——馮夢龍

酒逢知己千杯少，話不投機半句多。——吳璿

度盡劫波兄弟在，相逢一笑泯恩愁。——魯迅

死生容易事，所痛為知音。——方以智

利劍不在掌，結友何須多。——曹植

一雙冷眼看世人，滿腔熱血酬知己。——袁枚

相知兩相得，一顧輕千金。——李白

忠貞不渝的至交是件踏破鐵鞋無覓處的稀世之珍。——普盧塔克

真正的朋友是這樣一種人：他們襟懷坦蕩，為人正直，有求必應，勇於冒險；他們能夠忍受一切，勇敢地犧牲一切，對朋友永不變心。——彭威廉

真正的朋友永遠不會變心。——麥克唐納

最親近的朋友往往就是鑄成大錯的冤家。——梅塞納斯

說我們好話的不一定都是知音。——約翰·克拉克（John Clark）

真正的知己看上去比騙子還要冷漠。——賀拉斯

能對你開懷直言的人，便是你的摯友。——詹森

惡人無知己。——德萊頓

為朋友死不難，難在找一個值得為他死的朋友。——霍姆茲

道不同，不相為謀。——《論語·衛靈公》

有朋自遠方來，不亦樂乎？——《論語·學而》

投我以木瓜，報之以瓊琚。匪報也，永以為好也。——《詩經·衛風·木瓜》

投我以桃，報之以李。——《詩經·大雅·抑》

共君一席話，勝讀十年書。——朱熹

相逢何必曾相識。——白居易

不見古人下居者，千金只為買鄉鄰。——馮夢龍

萬人叢中一握手，使我衣袖三年香。——龔自珍

相逢且同樂，何必舊相知。——白居易

落地為兄弟，何必骨肉親。——陶淵明

若知四海皆兄弟，何處相逢非故人。——陳剛中

在漫漫的旅程中，像火，互相燃燒；像燈，彼此照亮。——雁翼

能臨緩急敦風誼，不向炎涼逐世情。——曾鞏

有些人愛的是與自己相似的人，並且去尋求這種人；還有些人愛的是與自己相反的人，並且步其後塵。——歌德

人與人之間最大的信任就是關於進言的信任。——培根

大的社交活動是那些已停止工作、再也沒有重要事情可做的人參加的。——威爾遜

我在社交活動中的做法就是對人和顏悅色。我認為這一點對所有的人都是適用的。——狄更斯

平等相待是社交的起碼條件；誰自視太高、盛氣凌人，誰就無異於自認是社交場上的下流之輩。——約瑟夫·艾迪生 (Joseph Addison)

人類的產生就是為了社會交往。——布萊克斯通 (William Blackstone)

可與言而不與之言，失人；不可與言而與之言，失言。知者不失人，亦不失言。——《論語》

社交猶如空氣，人離不了它，但光靠它來維持生命也是不夠的。——桑塔亞那

交際是人生的一大樂趣。——史密斯

交往是一種循環往復的遊戲。——愛默生

人是需要交際的動物。——塞內卡

自從世界上出現人類以來，相互交往就一直存在。——伏爾泰

人類在相互交往中尋求安慰、價值和保護。——培根

日常生活中的交往是令人生厭的。——華茲華斯

知識使人變得文雅，而交際能使人變得完善。——富勒

總的來說，在人與人的交往中，禮儀越周到越保險，運氣也越好。——卡萊爾

理性和語言是人類交往過程中的紐帶。——西塞羅

社會交往可以陶冶人的情操。——沃波爾

社交的作用在於；與偉人在一起也容易使自己成為偉人。——愛默生

讓賢士和智者結交，他們就會相互學習長處。——湯馬斯·傑弗遜

人再深居簡出也難免與人交往。——迪斯雷里

如果說是社交教會了我們怎樣生活，那麼該是孤獨教會我們怎樣去死了。——拜倫

培養性格離不開社交活動；發揮想像則需要獨處的環境。——洛厄爾

與世隔絕是不切實際的做法，與人交往是在所難免的。——愛默生

孤獨有時是最好的交際，短暫的索居能使交際更甜蜜。——米爾頓

孤獨常常是最好的交際。——貝納姆

一個從未有過交際的人，會把出於一般形式的禮貌而作的允諾當做親切殷勤的標誌加以接受，當他感到失望時，他又會抱怨那是虛偽。——席勒

講話氣勢洶洶，未必就是言之有理。——薩迪

不是血肉的關聯，而是情感和精神的相通，使一個人有權利去援助另一個人。——柴可夫斯基

親善產生幸福，文明帶來和諧。——雨果

不愛任何人的人，據我看是也不能為任何人所愛的。——德謨克利特

常常對別人不誠懇的人，最後對自己也不會誠懇。——拉羅希福可

幫助惡人的人，到時候會懊悔。——費德羅

幽默是生活波濤中的救生圈。——拉布

同明相照，同類相求。——司馬遷

交不信，非吾友也。——劉向

交之道，猶素之白也，染之以朱則赤，染之以藍則青。——譙子

勸君今日後，結客結任安，主人賓客去，獨住在門闌。——白居易

跟著好人學好人，跟著師婆跳假神。——李光庭

冰炭不同器。——《韓非子》

吾聞詳交者不失人，而泛結者多後悔。故曩哲先擇而後交，不先交而後擇也。——葛洪

夫朋友也者，必取乎直諒、多聞、

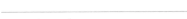

拾遺、斥謬，生無請言，死無託辭，終始一契，寒暑不渝者。——葛洪

君子慎所擇，休與毒獸伍。——張廷玉

名節至大，不可妄交非類。——魏裔介

交淺而言深者愚也。——范曄

結交須擇善，非識莫與心。——陳尚君

與君子游，如日之長，加益不自知也；與小人遊，如履薄冰，幾何而不行陷乎。——曾子

鳥同翼者而聚居，獸同足者而俱行。——劉向

巢林宜擇木，結友使心曉。——謝惠連

人若近賢良，譬如紙一張，以紙包蘭麝，因香而得香。人若近邪友，譬如一枝柳，以柳貫魚鱉，因臭而得臭。——金蘭生

始交不慎，後必成仇。——申居鄖

匹夫不可以不慎取友。友者，所以相友也。——荀子

交朋必擇勝己者，講貫切磋，益也。——何坦

少年識事淺，不知交道難。——駱賓王

非宅是蔔，惟鄰是蔔。——左丘明

人以類聚，物以群分。——《易經》

不知其人視其友。——荀子

蓬生麻中，不扶自直；白沙在泥，與之皆黑。——司馬遷

觀其交遊，則其賢不肖可察也。——《管子》

暴虎馮河，死而無悔者，吾不與也。——《論語》

不明爾德，時無背無側。——《詩經》

居必擇地，行必依賢。——皮日休

淺近輕浮莫與交，地卑只解生荊棘。——貫休

近朱者赤，近墨者黑。——傅玄

善人同處，則日聞嘉訓；惡人從游，則日生邪情。——范曄

墳庳則水縱，友邪則己僻。——徐幹

難酬之恩休受，難久之友休交。——金蘭生

結交須擇善，非識莫與心。若知管鮑志，還共不分重。——陳尚君

近河之地溼，而近山之土燥。——魏徵

人中有獸心，幾人能真識？——孟郊

雞與雞並食，鸞與鸞同枝。——李白

乃知擇交難，須有知人明。——白居易

不思而立言，不知而定交，吾其懼也。——皮日休

結交若失人，中道生謗言。——孟郊

貴而忘賤者不久。——張商英

絲色隨染異，擇交士所貴。——陳與義

寡言擇交，可以無悔吝，可以免憂辱。——林逋

凡免我厄者，皆平日可畏人也；擠我於險者，皆平日可喜人也。——蘇軾

結交貴乎謹始。——黃宗羲

畫虎畫皮難畫骨，知人知面不知心。——關漢卿

涇渭自分清共濁，薰蕕不混臭和香。——馮夢龍

求友須在良，得良終相善。——孟郊

君子忌苟合，擇交如求師。——賈島

分器不分書，聊以惠群愚。分田不分屋，聊以示同居。——湯顯祖

世人漫結交，其後每多悔。——吳嘉紀

釣魚須釣海上鼇，結交須結扶風豪。——袁枚

受人之恩，絕口不言，稍不如意，怨恨不已，此等人豈可為友？——申居鄖

事事順吾意而言者，此小人也，急宜遠之。——王豫

欲知子弟成何品，但看何人共往來。——石天基

狐與我遊，必我邪也。——蒲松齡

石依於竹，竹依於石；弱草靡花，夾雜不得。——鄭板橋

稚氣能找到真朋友，但也能上人家的當，受害。——魯迅

選擇朋友應該像選擇閱讀的書籍一樣，一要謹慎，二要控制數量。——豪厄爾

擇友應該慎之又慎，一旦交上了朋友，就不要輕易拋棄。——梭倫

選擇朋友要謹慎，更換朋友更要謹慎。——富蘭克林

每個涉世未深的人都必須懂得：衡量朋友的真正標準是行為而不是言語；那些表面上說盡好話的人實際上離這個標準正遠著呢。——喬治·華盛頓

交朋友不是為了聽人恭維。在真理面前絕不退縮的剛正才是我們應該稱讚的品格，而助長虛榮的親密只會損害友誼。——強尼

誰要是選擇吝嗇鬼做朋友或信賴自私和怯懦者的虛假友誼，誰就有被誤解的可能。——布朗托姆

與有權勢的人交朋友是靠不住的。——菲洛勞斯

危險莫過於無知之友。——諺語

重要的不在於你是誰生的，而在於你跟誰交朋友。——賽凡提斯

找到朋友的唯一辦法是自己成為別人的朋友。——愛默生

尋找朋友的人，是理應找到朋友的；沒有朋友的人，說明他從未尋找過。——萊辛

很多顯得像朋友的人其實不是朋友，而很多是朋友的倒並不顯得像朋友。——德謨克利特

比之處在一群愚蠢而討厭的伴侶中，倒還不如獨自一人更好些。——蒙田

你不要把那樣的人當做朋友，假如他在你幸運時表示好感。只有那樣的人才算朋友，假如他能解救你的危難。——薩迪·設拉茲（Saadi Shirazi）

與惡人交，如日之影，按時遞減；與好人交，如黃昏之影，不斷增大，以至生命之日殞落。——赫德

什麼樣的人，交什麼樣的朋友。——尤里比底斯

以好人為友者自己也能成為好人。——賽凡提斯

一個人在想些什麼，可以從他的朋友那裡打聽到。——洛厄爾

知其友便知其人。——拉丁諺語

告訴我你常和什麼人來往，我就能說出你是什麼樣的人。——賽凡提斯

有些人對你恭維不離口，可全都不是患難朋友。——莎士比亞

一個不是我們有所求的朋友才是真正的朋友。——赫巴德

對誰都是朋友，實質對誰都不是朋友。——亞里斯多德

朋友有如鳳毛麟角，因為人有千差萬別。——喬瑟夫·魯賓 (Joseph Ruben)

與惡人交往，就被惡風所化。——英國俗語

每個人都可以和他結交的人，不會是一個真正的好朋友。——傅勒 (Francois Furet)

交乃意氣合，道因風雅存。——李白

士志於道，而恥惡衣惡食者，未足與議也。——《論語》

友直、友諒、友多聞，益矣；友便辟、友善柔、友便佞，損矣。——《論語》

非我而當者，吾師也；是我而當者，吾友也。——《荀子》

須知勝友真良藥，莫作尋常旅聚看。——瞿式耜

唯賢者必與賢於己者處。——呂不韋

何方圓之能周兮，夫孰異道而相安？——屈原

蘭艾不同香，自然難為和。——孟郊

上交不諂，下交不瀆。——《易經》

君子之接如水，小人之接如醴。——《禮記》

愛人者，人恒愛之；敬人者，人恒敬之。——孟子

衣莫若新，人莫若故。——晏子

交一個讀書破萬卷邪士，不如交一個不識一字端人。——金蘭生

種樹須擇地，惡土變木根。結交若失人，中道生謗言。——孟郊

交不信，非吾友也。——《說苑》

朋友不信，則交易絕。——武則天

以勢交者，勢傾則絕；以利交者，利窮則散。——王通

不強交，不苟絕。——王通

結交淡若水，履道直如弦。——杜淹

同聲相應，同氣相求。——《易經》

大凡敦厚忠信，能攻吾過者，益友也，其諂媚輕薄，傲慢褻狎，導人為惡者，損友也。——朱熹

尚靜師高道，甘貧絕俗交。——林逋

同病相憐，同憂相救。——《吳越春

秋·闔閭內傳》

丈夫結交須結貧，貧者結交交始親。——高適

黃金雖多有盡時，結交一成無竭期。——高適

采葵莫傷根，結交莫羞貧。——吳均

不羨一囊錢，唯重心襟會。——徐謙

君子如春風，可愛不可竭；小人如酒顏，但得暫時熱。——顧圖河

淡交終不破，孤達晚相宜。——鄭穀

交乃意氣合，道因風雅存。——李白

小人不可交，交亦勿輕絕。交之禍機伏，絕之禍焰烈。——張實居

君子交有義，不必常相從。天地有明理，遠近無異同。——郭遐叔

黃金銷鑠素絲變，一貴一賤交情見。——駱賓王

多為勢利朋，少有歲寒操。——李咸用

惡人相遠離，善者近相知。縱使天無雨，陰雲自潤衣。——王梵志

談笑有鴻儒，往來無白丁。——劉禹錫

近賢則聰，近愚則聵。——皮日休

交友者，識人不可不真，疑心不可不去，小嫌不可不略。——魏禧

須知勝友真良藥，莫作尋常旅聚看。——瞿式耜

君子擇友，莫惡於易與，莫善於勝己。——王夫之

門內有君子，門外君子至。——馮夢龍

交不為利，仕不謀祿。——嵇康

朋而不心，面朋也；友而不心，面友也。——楊雄

勢利之交，古人羞之。——班固

天道無親，常與善人。——司馬遷

損友敬而遠，益友宜相親。——方孝孺

勢利之交，難以經遠。——陸機

斯賢達之素交，曆萬古而一遇。——劉峻

君子與君子以同道為朋，小人與小人以同利為朋。——歐陽修

非直諒多聞之人，不能得直諒多聞

之友。——申居鄖

好便宜者不可與共財，多狐疑者不可與共事。——申涵光

難行是諍友，當面敢批評。——陳毅

我朋友的朋友也是我的朋友。——法國諺語。

與一個有智慧的人交朋友，比與一千個自私愚蠢的人交朋友價值大得多。——德謨克利特

把友誼歸結為利益的人，我以為是把友誼中最寶貴的東西勾銷了。——西塞羅

真正的志同道合者不可能長久地爭吵，他們總會重新言好的。——歌德

一步一步來是做生意的訣竅，但不是交朋友的訣竅；做生意時沒有友誼，交朋友時也不應做生意。——萊辛

單單一個有智慧的人的友誼，要比所有的愚蠢的人的友誼還更有價值。——德謨克利特

在歡樂時，朋友們會認識我們；在患難時，我們會認識朋友。——柯林斯

憐憫你的人不是朋友，幫助你的人才是朋友。——富勒

結交朋友，不是為了道義，就是為了利益。道義之交是純潔的；利益之交，有時雖然給人小恩惠，其目的總是以利為主的。——阿拉伯寓言

君子以文會友，以友輔仁。——《論語》

友也者，友其德也。——《孟子》

忠信者，交之慶也。——《管子》

交不忠兮怨長。——屈原

語朋友邪，應有切磋。——司馬光

交親而不比。——《荀子》

士有妒友，則賢交不親。——《荀子》

與朋友交，言而有信。——子夏

枉士無正友。——張商英

君子交有義，不必常相從。——郭遐叔

巢林宜擇木，結友使心曉。——謝惠連

獨在異鄉為異客，每逢佳節倍思親。——王維

多士之林，不扶自直。——楊炯

交疏自古戒言深，肝膽徒傾致鑠

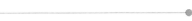

金。——司空圖

唯當金石交，可以聖達淪。——孟郊

不求立名聲，所貴去瑕疵。各願遺子孫，永為後世資。——王建

鵝毛贈千里，所重以其人；鴨腳雖百個，得之誠可珍。——歐陽修

神交，非言可間。——陳壽

君子淡如水，歲久情愈真。小人口如蜜，轉眼如仇人。——方孝孺

平日若無真義氣，臨時休說死生交。——施耐庵

為水不入海，安得浮天波？為木不在山，安得橫日柯？兩來君子傍，始覺精義多。——孟郊

博弈之交不終日，飲食之交不終月，勢利之交不終年，唯道義之交可以終身。——金蘭生

有情不管別離久，情在相逢終有期。——晏幾道

但願人長久，千里共嬋娟。——蘇軾

君子因譽而情疏，因諍而友密。——崔敦禮

智可以砥，行可以為輔弼者，人友也。——韓嬰

味甘終易壞，歲晚還知，君於之交淡如水。——辛棄疾

人最不可輕易疑人。——陳宏謀

與人相處之道，第一要謙下誠實。——陳宏謀

一竹一蘭一石，有節有香有骨。滿堂君子之人，四時清風拂之。——鄭板橋

古交如真金，百煉色不回。——貫休

合意友來情不厭，知心人至話投機。——馮夢龍

善與人交，歲寒無易。——楊炯

道義相砥，過失相規，畏友也；緩急可共，死生可托，密友也；甘言如飴，遊戲征逐，昵友也；利則相攘，患則相傾，賊友也。——蘇浚

衣冠不正，朋友之過。——崔灝

人有德於我，惟恐人知；我有德於人，惟恐人不知，此等人豈可與為友？——申居鄖

凡弈棋與勝己者對，則日進；與不如己者對，則日退。——申涵光

我自諱過，安得有直友；我自喜

諛，安得無佞人。——申居鄖

若人能攻我之病，我又能受人之攻，非義友邪？——海瑞

人伴賢良智轉高。——秦簡夫

與朋友交，只取其長，不計其短。——李惺

生死如浮雲，素交山不移。——方式濟

啊！人生最大的慰藉是什麼——在蒙受屈辱的時日，世界上，哪怕是千里之外有能理解你的人。——林希

沉默容易使人跟朋友疏遠，熱烈的敘說和自白則使人們互相接近。——巴金

朋友也是說好話的多，所以真肯提你缺點的人倒是你難得的好友。——蓋叫天

不要靠饋贈來獲得一個朋友。你需貢獻你摯情的愛，學習怎樣用正當的方法來贏得一個人的心。——蘇格拉底

用了狡計去害友人的人，自己將陷於危險埋伏之中。——伊索

有的人想的是他們朋友的缺點，這是不會有所得的。我經常注意的是我敵人的優點，並且發現這樣做大有好處。——歌德

不要從你自己的袋裡掏出勳績借給你的朋友，這是污辱他的。——泰戈爾

真正的友誼是誠摯的和大膽的。——席勒

人與人的相互關係中對人生的幸福最重要的莫過於真實、誠意和廉潔。——富蘭克林

酒肴即使稀少，只要主人好客，也一樣可以盡歡。——莎士比亞

不信任朋友比受朋友欺騙更令人遺憾。——拉羅希福可

不求名利的朋友很少會起妒心。——哈利法克斯

最能保人心神之健康的預防藥就是朋友的忠言和規諫。——培根

朋友出於善意的錯誤是應該加以同情的，不應加以嘲笑。——莫泊桑

論人之過，常厚其心，不可徒泥於跡。取人之善，惟據其跡，不必深求其心。——王鏡水

朋友的眼睛是一面明鏡。——富蘭克林

破裂的友誼雖能恢復，但卻再也達

不到親密無間的程度了。——富勒

破裂後重又恢復的友誼，比始終不渝的友誼更需要關心和愛護。——拉羅希福可

一生中交上一個摯友，也就可以稱得上分外有福了。——富勒

一生中交一個朋友謂之足，交兩個朋友謂之多，交三個朋友謂之難得。——亞當斯

在確保終身幸福的所有努力中，最重要的是結識朋友。——伊壁鳩魯

我像熱愛美德、熱愛靈魂和我的上帝那樣，熱愛我的朋友。——布朗托姆

誰伸出援助我的手，而不是僅僅對我表示同情，誰就是我的朋友。——富勒

哪有朋友之間通融幾塊錢也要斤斤計較地計算利息的道理？——莎士比亞

人們有了很多次交往之後才能結為朋友。——西塞羅

不要對每一個泛泛的新知濫施你的交情。——莎士比亞

把對朋友的責備埋於心底，讓對朋友的讚揚響徹雲霄。——普布里烏斯·西魯斯

自己能做的事不要去麻煩朋友。——昆圖斯

為朋友提供方便也即為自己做好事。——伊拉斯謨（Desiderius Erasmus）

對共同的朋友的評論是為友誼增添甘露和粘合劑。——赫茲利特

如果我的朋友是一隻眼，我就看他們的側面。——儒貝爾

增進友誼的最大努力就是要讓朋友看見他們自己的弱點，而不是向他們暴露我們的不足。——拉羅希福可

那些寧為一句戲言而失去朋友的人必然成為餓殍。——富勒

人與人之間一旦建立起友情，就必須以誠相見；但在友情建立之前，還得多一個心眼。——塞內卡

沒有比因為自己的朋友忠厚老實，而把難以接受的事實真相強加於他的人更不友好的了。——鮑沃爾-利頓

信任是友誼的重要空氣，這種空氣減少多少，友誼也會相應消失多少。——喬瑟夫·魯賓

沒有信任，便沒有友誼。——伊壁鳩魯

友誼最致命的病患是逐步冷淡，或是嫌怨的不斷增加，這些嫌怨不是小得不足掛齒，就是多得無法排除。——詹森

友誼就是平等。——畢達哥拉斯

友誼是兩者之間的公平交易。——高德史密斯

友誼是一種生長緩慢的植物，它只有嫁接在彼此熟識、互相敬愛的枝幹上才會枝繁葉茂。——切斯特菲爾德

友誼是精神的默契，心靈的相通，美德的結合。——彭威廉

真正的友誼產生於共同的愛憎之中。——撒路斯提烏斯

要想贏得友誼，就要用友誼去交換。——威爾遜

友誼永遠是美德的輔佐，不是罪惡的助手。——西塞羅

真正的朋友不把友誼掛在口上，他們並不為了友誼而互相要求一點什麼，而是彼此為了對方做一切辦得到的事。——別林斯基

一生都沒有滿足過朋友要求的人，不能算是一個成功的人。——梭羅

誰若想在困厄時得到援助，就應在平日待人以寬。——薩迪

對於無關緊要的事，不要和朋友斤斤計較；把細微末節的小事，當成天大的事，是因為我們堅持成見的緣故。——叔本華

朋友之間交際如栽培植物，不可不時常澆水。——德國諺語

寧可被友欺，不可欺友。——歌德

一個人從另一個人的評言中所得來的光明，比從他自己的理解力、判斷力所得出的光明更是淨純粹。——培根

批評不能使我灰心。相反的，它將告訴我：我是處在朋友中間，朋友們能夠幫助我拖我的重載。——奧斯特洛夫斯基

以贈品收買朋友，則他也可能被他人收買。——莎士比亞

良友不忘盡其義務。——拜倫

一個朋友總不致於只值一張鈔票的代價吧？我不願出賣。——蕭伯納

當你的朋友向你傾吐胸臆的時候，你不要怕說出心中的「否」，也不要瞞住你心中的「可」。——吉普林

欲朋友之交日深，有三要件：一當朋友的面應尊重他，二對他人

則稱讚他，三遇必要的時候幫助他。——義大利諺語

忠告是朋友的最好禮物。——阿拉伯諺語

甚至不願聽朋友說真話的人，是真正不可救藥的人。——西塞羅

以財交者，財盡而交絕；以色交者，華落而愛渝。——劉向

愛而不知其惡，憎而遂忘其善。——吳兢

惡人相遠離，善者近相知。縱使天無雨，陰雲自潤衣。——陳尚君

本以勢力交，勢盡交情止。——崔膺

多為勢利朋，少有歲寒操。——李咸用

一死一生，乃知交情；一貧一富，乃知交態。——劉向

以權利合者，權利盡而交疏。——司馬遷

以勢交者，勢傾則絕；以利交者，利窮則散。——王通

友如作畫須求淡，山似論文不喜平。——翁朗夫

君有奇才我不貧。——鄭板橋

從外貌來看，人最高貴，狗最低賤。但聖人一致認為：重義的狗勝於不義的人。——薩迪

道遠知驥，世偽知賢。——曹植

竹君子，石大人。千歲友，四時春。——鄭板橋

砥行碧山石，結交青松枝。碧山無轉易，青松難傾移。——孟郊

鏡破不改光，蘭死不改香。始知君子心，交久道益彰。——孟郊

結交莫學三春桃，因風吐豔隨風飄。結交莫學十七月，昨日團欒今日缺。——夏九敘

木葉下時驚歲晚，人情閱盡見交難。——李東陽

掘井須到流，結交須到頭。——賈島

病多知藥性，客久見人心。——戴叔倫

人生結交在終始，莫為升沉中路分。——賀蘭進明

藕絲牽不斷，誰信朱顏換？莫厭十分斟，酒深情更深。——李之儀

老的樹最好燒，老的馬最好騎，老的書最好讀，老的酒最好喝，老的朋友最可信賴。——萊特

相知在急難，獨好亦何益。——李白

歲寒松柏見交情。——元好問

窮達付天命，生死見交情。——徐沖淵

在幸運上不與人同享的，在災難中不會是忠實的友人。——伊索

知道危險而不說的人，是敵人。——歌德

坎坷的道路上可以看出毛驢的耐力，患難的生活中可以看出友誼的忠誠。——米南德

幸福的時候需要忠誠的友誼，患難的時刻尤其需要。——塞內卡

疾風知勁草，板蕩識誠臣。——司馬光

正如真金要在烈火中識別一樣，友誼必須在逆境裡經受考驗。——奧維德

戰場上的勇敢、憤怒時的智慧和危難中的友誼，這三樣東西只有在以上這三種特定的情況下，才能顯示出它們自身的價值。——愛默生

順境中交朋友只需費一舉手之勞；在困厄時尋找友誼簡直比登天還難。——愛比克泰德

在患難中結下的友誼是世界上最寶貴的東西。——普勞圖斯

仁愛的話，仁愛的諾言，嘴上說起來是容易的，只有在患難的時候，才能看見朋友的真心。——克雷洛夫

應該在朋友正是困難的時候給予幫助，不可在事情已經無望之後再說閒話。——伊索

患難中方能找到忠實的朋友。——昆圖斯

替朋友受難，應該當仁不讓。——愛德華茲

順境招來朋友，逆境考驗朋友。——普布里烏斯·西魯斯

情況的緊迫可以識別朋友，發現敵人。——愛比克泰德

在他人需要時，要做黑暗中有力的手。——布萊克

當陽光照射到你身上，朋友便出現在你眼前。朋友是一個藉以測量你財富溫度的寒暑表。——布萊辛頓

因為有利可圖才與你結為朋友的人，也會因為有利可圖而與你絕交。——塞內卡

當我們從富翁淪為窮光蛋時，困境會告訴我們誰是知己，誰是勢利的

小人。——德萊頓

患難相助的朋友，才是真正的朋友。——約翰·雷

這群人中的有些人是我財富的朋友，而不是我的朋友。——奧維德

在你有權利和名望的時候，卑鄙的人是不敢抬起嫉妒的眼睛看你一眼的，然而，到了你一落千丈的時候，顯示最大的毒辣的就是他們。——克雷洛夫

朋友間必須是患難相濟，那才能說得上真正友誼。——莎士比亞

交心如到老，會面未為遲。——李頻

相逢不用早，論交宜晚歲。——陳師道

重新而忘故，君子所尤譏。——徐幹

貧遊不可忘，久交念敦敬。——鮑照

病知新事少，老別故交難。——崔塗

始信淡交宜久遠，與君轉老轉相親。——白居易

請君試問東流水，別意與之誰短長？——李白

嗜好可以變換，但朋友不可更易。——伏爾泰

與朋友分別的時候，不要憂傷，因為他最可愛之點，當他不在時愈見清晰，正如登山者在平原望山峰，也加倍地分明。——吉普林

老朋友是一面最好的鏡子。——赫伯特

怎能忘記舊日朋友，心中能不懷想，舊日朋友豈能相忘，友誼地久天長。——彭斯

一個人在其人生道路上如果不注意結識新交，就會很快感到孤單。——詹森

友誼是無翼的愛情。——拜倫

能夠保持牢固的友誼和持久的愛情，是心地善良和意志堅強的兩大證明。——赫茲利特

這是一條友誼的規律：一旦疑心從前門走進，愛情就會從後門溜走。——豪厄爾

友誼如同愛情，儘管它可以因短暫的分離而得到加深，但卻會被久別摧殘。——詹森

在友誼中，我們只看見那些可能不利於我們朋友的弱點。在愛情中，我們只注意那些會使我們自己遭受

痛苦的不足。—— 拉布呂耶爾

友誼要象愛情一樣才溫暖人心，愛情要像友誼一樣才牢不可破。—— 湯瑪斯．摩爾

友誼是一擲千金的大富賈，愛情是一毛不拔的鐵公雞。—— 盧梭

什麼是愛情？兩個靈魂，一個身體；什麼是友誼？兩個身體，一個靈魂。—— 喬瑟夫．魯賓

是友人，必然相愛；是戀人，未必永遠和睦。所以友誼總是給人帶來幸福，而愛情卻常常帶來痛苦。—— 塞內卡

君子與君子以同道為朋，小人與小人以同利為朋。—— 歐陽修

譬猶禽魚之結侶，冰炭之同器，欲其久合，安可得哉！—— 葛洪

幫助朋友，以保持友誼。寬恕敵人，為爭取感化。—— 富蘭克林

誰害怕樹敵，誰就得不到真正的朋友。—— 赫茲利特

從不樹敵的人也不會有知己。—— 丁尼生

敵人可禦，朋友難防。—— 以撒 (Isaac)

一旦背叛了自己最親密的朋友，尚許可以在最兇惡的敵人那裡求得容身之地。—— 諾爾斯

一位可愛的朋友勝過十個令人仰慕的敵人。—— 麥克唐納

如果你從來沒有把祕密告訴過你的朋友，當他變為你的敵人時，也不會有什麼可惱的了。—— 米南德

對待朋友要想到他日後可能會變成你的敵人。—— 普布里烏斯．西魯斯

敵人用憤怒的禱告使我們產生不必要的恐懼，朋友則以友愛和善意將我們寵壞。—— 塞內卡

懦怯的朋友在叛離之後，會成為最兇殘的仇敵。—— 斯賓塞

一個敵人造成的傷害，超過十個朋友帶來的恩惠。—— 斯威夫特

人一生中結交的朋友再多，也還有嫌不夠的時候；但是如果他只有一個仇人，而不是更多，他將是很幸運的。—— 鮑沃爾 - 利頓

敵友合作才能刺傷你的心：敵人誹滂你，朋友向你傳遞誹謗的資訊。—— 馬克．吐溫

要這樣生活：使你的朋友不致成為敵人，而使你的仇人卻成為朋友。—— 畢達哥拉斯

仇恨終將泯滅，友誼萬古長青。——西塞羅

憤怒的友誼往往比冷靜的仇恨更糟。——埃·伯克

第七章　自愛・自信・自強

人必其自敬也，然後人敬者。——楊雄

聖人自知而不自見也，自愛而不自貴也。——《老子》

不自重者致辱，不自畏者招禍。——申涵煜

人不自愛，則無所不為；過於自愛，則一無所為。——呂坤

自立自重，不可隨人腳跟，學人言語。——陸象山

勸君高枕且自愛，勸君濁醪且自酤。——李攀龍

不可自暴自棄自屈。——陸象山

人不可以自棄，荒田尚有一熟稻也。——王有光

人不自重，斯召侮矣；不自強，斯召辱矣。——薛應旗

鳳凰不共雞爭食，莫怪先生懶折腰。——胡曾

無論何國何人，大都承認「愛己」是一件應該的事。這便是保存生命的要義，也就是繼續生命的根基。——魯迅

尊重別人，別人才尊重自己。——夏衍

要取得進展，首先不要自卑，不要自餒，不要被「極限」的成見所拘束。一句話：首先得拿出闖關的勇氣來！——岑桑

倘不自愛，又怎能擔當得起別人的愛呢？——唐弢

不認識他自己的人的尊嚴，就更不會尊重他人的人的尊嚴。——席勒

你知道你為什麼把他看得很高嗎？因為你連他的木屐也算在內了。——塞涅卡

當自我不被考慮到時，便沒有驕傲或謙卑的餘地。——休謨

最盲目的服從乃是奴隸們所僅存的唯一美德。——盧梭

人應尊敬他自己，並應自視能配得上最高尚的東西。——黑格爾

對於不知足的人，沒有一把椅子是舒服的。——富蘭克林

自卑雖是與驕傲相對，但實際卻與驕傲最為接近。——斯賓諾莎

自愛是我們必須珍藏的工具。——伏爾泰

愛自己的人是沒有情敵的。——西塞羅

自愛比戀愛更加狂熱。——盧梭

自愛比盲目更傲慢：它不是要我們隱瞞自己的短處，而是勸我們逃避他人的指責。——詹森

自愛者方能為人所愛。——蒙田

被觸犯了的自愛是絕對不會原諒人的。——維澤

出處全在人，路亦無通塞。——聶夷中

舉世人生何所依，不求自己更求誰。——呂岩

求人不如求己。——鄭板橋

莫言花重船應沒，自解淩波不畏沉。——楊師道

人生萬事須自為，跬步江山即寥廓。——范梈

苟不求助，何能舉？——《荀子》

天下皆知取之為取，而不知與之為取。——范曄

苟縱心於物外，安知榮辱之所如。——張衡

自能成羽翼，何必仰雲梯。——王勃

「因循」兩字，誤盡一生，鼓舞精神，方破此弊。——申居鄖

淫慢則不能勵精，險躁則不能治性。——諸葛亮

以不息為體，以日新為通。——劉禹錫

最好你們能獨立處理事情，這將使你們獲得自信心。——恩格斯

一個人，即使駕著的是一隻脆弱的小舟，但只要舵掌握在他的手中，他就不會任憑波濤的擺布，而有選擇方向的主見。——歌德

那些把燈背在背上的人，把他們的影子投到了自己的前面。——泰戈爾

從來就沒有什麼救世主，也沒有神仙皇帝。——歐仁·鮑狄埃

沒有人援助我們，只能自己幫助自己。——馬雅可夫斯基

山不礙路，路自通山。——吳承恩

是的，「條條大路通羅馬」；但是，必須你的心裡有一個羅馬。——力揚

生材會有用，天地豈無心。——呂衡州

努力圖樹立，庶幾終有成。——歐陽修

遠路不須愁日暮，老年終自望河清。——顧炎武

一蜂至微，亦能遊觀乎天地；一蝦至微，亦能放肆乎大海。——關令尹

天變不足畏，祖宗不足法，人言不足恤。——《宋史》

天生我材必有用。——李白

欲信人必先自信，欲知人必先自知。——呂不韋

如果不相信自己，不相信自己的力量，除了幻想和神話外，什麼也創造不出來。——高爾基

每個人都應該堅持走他為自己開闢的道路，不被權威所嚇倒，不受行時的觀點所牽制，也不被時尚所迷惑。——歌德

自信是成功的第一祕訣。——愛默生

社會猶如一條船，每個人都要有掌舵的準備。——易卜生

第一個教大學的，必定是從沒有上過大學的人。——羅蒙諾索夫

子規夜半猶啼血，不信東風喚不回。——王令

自信是一種感覺，有了這種感覺，人們才能懷著堅定的信心和希望，開始偉大而又光榮的事業。——西塞羅

只相信自己正確者，通常是那些有所成就的人。——赫胥黎

世人的承諾多半是空洞虛偽的。要相信自己，並做一些有意義的工作，這樣才是安全可靠的。——米開朗基羅

充分自信、完全自給的人是最幸福的。——西塞羅

對自己都不信任，還會信什麼真理？——莎士比亞

動搖一個人的自信心是容易的——十分容易的，以此來摧毀人的精神是魔鬼的勾當。——蕭伯納

過分自信的人將會使自己處於脆弱而動搖的地位。——斯賓塞

自己以為站得穩的，需要謹慎，免得跌倒。——《新約全書·哥林多前書》

社交場上的信心比機智更加重要。——拉羅希福可

本領加信心是一支戰無不勝的軍隊。——赫伯特

缺乏信心並不是因為出現了困難，而出現困難倒是因為缺乏信心。——塞內卡

我們每做一件事都應該既小心謹慎，又充滿信心。——愛比克泰德

君子不患人之不己知，患不自知

也。——陳確

行天下而後知天下之大也，我不可以自恃；行天下而後知天下之小也，我亦不可以自餒。——申涵光

不患莫己知，求為可知也。——《論語》

未有不能自足而能足人者也，未有不能自治而能治人者也。——桓寬

自以為至足，乃是自暴自棄。——黃宗羲

好說己長便是短，自知己短便是長。——申居鄖

己自知而後知人。——《鬼穀子》

人有過失，己必知之；已有過失，豈不自知？——林逋

明莫大於自見，聰莫大於自聞。——徐幹

自知者不怨人。——《荀子·榮辱》

自知者英，自勝者雄。——王通

汝不知夫螳螂乎？怒其臂以當車轍，不知其不勝任也。——《莊子·人間世》

尺有所短，寸有所長。物有所不足，智有所不明。——《楚辭·卜居》

知人者智，自知者明。——《老子》

假如你不能成為山巔的青松，那就做峽谷裡的灌木——但要做溪流邊最優良的灌木。——馬洛奇（Douglas Malloch）

人應該了解自己，不要讓上帝來審視你；人類研究最適當的課題就是人類本身。——波普

一個人假如大家都對他十分了解，而他自己對自己卻至死仍一無所知，那麼，這死亡就像千斤重擔壓在他身上。——塞內卡

缺乏自知之明是最愚昧的。——盧梭

假如你要了解自己，那就請觀察他人如何行動；假如你要了解他人，那就請窺視自己的心靈。——席勒

你如何看待自己遠比他人如何看待你重要得多。——塞內卡

了解自己是自我寬慰的傳統形式，逃避責任是浪漫的做法。——桑塔亞那

不要以自己的見解為尺度來衡量自己，而要讓是非的準繩明智地判斷自己的曲直。——布朗托姆

意識到了自己的無知就是向知識邁進了一大步。——迪斯雷里

自知者絕不是愚人，他們已站在智

慧之門的門檻上。——哈維洛克·艾理斯 (Henry Havelock Ellis)

知道自己知道什麼，也知道自己不知道什麼，這就是真正的知識。——梭羅

我們的全部學問就是了解自己。——波普

自知會使你擯除虛榮心。——賽凡提斯

自願把自己的缺點錯誤公布於眾，是極為罕見的睿智的英雄行為。——桑塔亞那

我不知道的我就承認我不知道。——柏拉圖

一般說來，多講自己的過失比誇大自己的功勞要有益得多。——卡萊爾

人應該了解自己，而了解自己也是世界上最難的課題。——賽凡提斯

認為自己白璧無瑕，這是人的一種天性。——溫伯特

自知的人是最聰明的。——喬叟

在我不能明辨是非的領域，也就不存在我的權力。——歌德

人只能是他自己，而不可想像超出他能力範圍。——蒙田

蜜蜂從花中啜蜜，離開時「營營」地道謝。

浮華的蝴蝶卻相信花是應該向它道謝的。——泰戈爾

最困難的事情是認識自己。——泰勒斯

不研究自身，就絕不能深刻了解別人。——車爾尼雪夫斯基

自以為是其一切的主人的人，反而比其他一切更是奴隸。——盧梭

我在日常生活中嚴守著一個美好的原則：「貴在自知之明。」我是素以此來鞭策自己的。——安格爾

以為沒有別人自己什麼都行的人，是非常錯誤的；以為沒有自己別人什麼都不行的人，那就更加錯誤。——拉羅希福可

人生乃是一面鏡子。在鏡子裡認識自己，我要稱之為頭等大事，哪怕隨後就離開人世。——尼采

周於利者凶年不能殺，周於德者邪世不能亂。——孟子

天行健，君子以自強不息。——《周易》

富貴由身致，誰教不自強。——韓愈

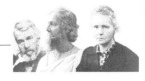

眼前多少難甘事，自占男兒當自強。——李咸用

強迫自己比別人長得更直、更快——於是根，就必須扎得更深。——葉文福

勝人者有力，自勝者強。——《老子》

孤莫孤於自恃。——張商英

括而羽之，鏃而砥礪之，其入不益深乎？——劉向

失晨之雞，思補更鳴。——曹操

上不怨天，下不尤人。——《禮記》

聖人不曾高，眾人不曾低。——李贄

若皆與世沉浮，不自樹立，雖不為當時所怪，亦必無後世之傳也。——韓愈

人一能之，己百之；人十能之，己千之。——《禮記》

人一己百，雖柔必強。——何坦

恢宏志士之氣，不宜妄自菲薄。——諸葛亮

士當求進於己，而不可求進於人也。——張養浩

識乎微之為著者強。——劉向

君看金盡失顏色，壯士灰心不丈夫。——馬臻

君子敬其在己者，而不慕其在天者，是以日進也。——《荀子》

人有毀我謗我者，攻之固宜其德，安之亦養其量。——申涵煜

乃知人巧處，亦天工所到，所以才智人，不肯自棄暴。——趙翼

寧能我食，不食於人，複食於人，是食其身。——皮日休

若使人人禱則遂，造物應須日千變。——蘇軾

但令毛羽在，何處不翻飛。——呂衡州

惰者發奮以躁勤，懦者自強以齊壯，成之不日。——王維

凡人之情，窮則思變。——司馬光

反本修邇，君子之道也。——劉向

獨悟自根本，不從他處起。——王安石

怨人不如自怨，求諸人不如求諸己得也。——劉安

有志誠可樂，及時宜自強。——歐陽修

丈夫貴獨立，各自精神強。肯如轅

下駒，低頭傍門牆。——袁枚

悟以往之不諫，知來者之可追。——陶淵明

往者不可諫，來者猶可追。——《論語·微之》

惟日孜孜，不敢逸豫。——孔子

且滅嗔中火，休磨笑裡刀。——白居易

蘭湯浴身垢，懺悔淨心靈。——蕭衍

律己宜帶秋風，處事宜帶春風。——張潮

節制就是用理智的頭腦有力地支配情慾，和其他邪惡的意念衝動，使之適可而止。——西塞羅

節制地享樂就是理智地享樂。——盧梭

不要忘記一個人在發怒時吐露的真言。——比徹

憤怒可以磨礪勇氣。——克拉克

憤怒是一種靈魂的衝動。——富勒

再軟弱的手也可以從憤怒中獲取力量。——奧維德

「憤怒」一旦與「愚蠢」攜手並進，「後悔」就會接踵而來。——富蘭克林

我們在盛怒之下打出去的每一拳，最終必定落到我們自己身上。——彭威廉

明智地克制自己就是有力量的表現。——洛厄爾

能主宰自己的人要比別人高尚三倍。——弗萊切

能把握住自己的人很快就能控制別人。——富勒

人的自製猶如火車的制動閘。當你發現方向錯了，用它是有益的；如果方向正確，用了它卻是有害的。——羅素

自尊，自知，自製，只有這三者才能把生活引向最尊貴的王國。——丁尼生

人雖然不能成為萬國之王，但應成為自身的主宰。——沃頓

力量屬於那些能夠克制自己的人。——聖賈斯特

有一種勝利和失敗——最輝煌的勝利和最悲慘的失敗——不是掌握在別人手中，而是操縱在自己手裡。——柏拉圖

一受了拂逆，就不能控制自己的性

子，那時候他心裡想到什麼便要說出口來。——莎士比亞

我以為，克制自己欲望的人比戰勝敵人的人更勇敢，因為征服自我是最艱難的。——亞里斯多德

征服自我的人是最了不起的勝利者。——比徹

誰在凱旋中征服了自己，誰就贏得了兩次勝利。——普布里烏斯·西魯斯

征服自己的感情和憤怒，就能征服一切。——奧維德

自重是第二信仰，是約束萬惡之本。——培根

一個自重的人恰似身著盔甲，任何東西都無法將它戳穿。——朗費羅

自重是一個人可穿著的最華貴的衣飾，它能激起人們最高尚的情感。——塞繆爾·斯邁爾斯

建立在正義與正確之上的自尊往往是最有裨益的。——米爾頓

因自尊心受損而萌發的怒氣是冥頑的，直到最終也減退不了半分。——桑塔亞那

尊重是一切恭維中最複雜、最間接、最優雅的一種。——威廉·申斯通(William Shenstone)

能尊重他人幾乎同值得他人尊重一樣珍貴。——儒貝爾

受人敬重者永遠被人緬懷。——荷馬

第八章　待人‧接物‧為人

立身之道，非求備於人也。——林通

鄧林千里，不能無偏枯之木。——葛洪

人非堯舜，誰能盡善。——李白

周公不求備於一人。——司馬光

與人不求備，檢身若不及。——孔子

水至清則無魚，人至察則無徒。——班固

君子無以貌取人。——葛洪

取其一，不責其二；即其新，不究其舊。——韓愈

勿以小惡棄人大美，勿以小怨忘人大恩。——申居鄖

倘要完全的人，天下配活的人也就有限。——魯迅

勿以身貴而賤人。——姜子牙

夫唯弗居，是以不去。——《老子》

入境而問禁，入國而問俗，入門而問諱。——《禮記》

入其國者從其俗，入其家者避其諱。——劉安

人之有禮，猶魚之有水矣。——葛洪

君子不失足於人，不失色於人，不失口於人。——《禮記·表記》

禮人不答，反其敬。——《孟子·離婁上》

禮尚往來。往而不來，非禮也；來而不往，亦非禮也。——《禮記·曲禮上》

多行無禮，必自及也。——左丘明

凡眾人聚會處，說話最要檢點，恐犯人忌。——申居鄖

崇讓則人不爭。——馬融

讓得祥，爭得殃。——金植

讓禮一寸，得禮一尺。——曹操

不敬他人，是自不敬也。——劉昫

士無禮，不可以得賢。——劉安

樂同與人，敬慎著於己。——白居易

情慾信，辭欲巧。——《禮記·表記》

輕財重氣，卑躬厚士。——姚思廉

慢人親者，不敬其親者也。——陳壽

侮人者，自侮也。——王辟

恭者不侮人，儉者不奪人。——《孟

子・離婁上》

恭則不侮，寬則得眾，信則人任焉。——《論語・陽貨》

君子有主善之心，而無勝人之色。——韓嬰

使人懼不若使人愛，使人愛不若使人敬。——李惺

不尤人則德益弘，能克己則學益進。——蒲松齡

人之患在好為人師。——《孟子・離婁下》

居處恭，執事敬，與人忠。——《論語・子路》

恭則物服，愨則有成，平則物化。——《文中子・禮樂篇》

大行不顧細謹，大禮不辭小讓。——司馬遷

婦女在場就是良好禮貌的因素。——歌德

一個人的禮貌就是一面照出他的肖像的鏡子。——歌德

禮貌是兒童與青年應該小心養成習慣的第一件大事。——洛克

禮貌使有禮貌的人喜悅，也使那些受人以禮貌相待的人們喜悅。——孟德斯鳩

禮貌經常可以替代最高貴的感情。——梅里美（Prosper Mérimee）

禮貌是後天造就的好秉性，它彌補了天性之不足，最後演變成一種近似真美德的習慣。——傑弗遜

禮貌是博愛的花朵。不講禮貌的人談不上有博愛思想。——儒貝爾

說起禮節禮貌，我覺得該稱它們為瑣事中的善行。——小威廉・皮特（William Pitt the Younger）

真正的禮貌就是克己，就是千方百計地使周圍的人都像自己一樣平心靜氣。——波普

禮貌之於人性如同熱量之於蠟燭。——叔本華

禮貌是一個人在自己的真實思想中進行選擇的藝術。——史蒂文生

講禮貌對人並無損害。——義大利諺語

有理走遍天下。——賽凡提斯

開門迎客卻又怠慢他，這樣你什麼也得不到。——培根

彬彬有禮並不破費錢財。——赫伯特

當你思考準備說什麼的時候，就做

出一副彬彬有禮的樣子，因為這樣可以贏得時間。——卡羅爾

懷著善意的人是不難於表達他對人的禮貌的。——盧梭

有兩種和平的暴力，那就是法律和禮貌。——歌德

彬彬有禮的風度，主要是自我克制的表現。——愛默生

尊敬別人，才能讓人尊敬。——笛卡兒

在缺乏教養的人身上，勇敢就會成為粗暴，學識就會成為迂腐，機智就會成為逗趣，質樸就會成為粗魯，溫厚就會成為諂媚。——洛克

對人不尊敬的人，首先就是對自己不尊敬。——陀思妥也夫斯基

只有尊敬別人的人，才有權受人尊敬。——蘇霍姆林斯基

所謂以禮待人，即用你喜歡別人對待你的方式對待別人。——切斯特菲爾德

禮貌出自內心，其根源是內在的，然而，如果禮貌的形式被取消，它的精神與實質亦隨之消失。——約翰·霍爾

我寧可忘掉虧欠自己的而不願意虧欠別人的。——貝多芬

做導師的人自己便應有良好的教養，隨人、隨時、隨地都有適當的舉止和禮貌。——洛克

生活裡最重要的是有禮貌，它比最高的智慧，比一切學識都重要。——赫爾岑

傲慢是不會死去的；頂有禮貌的人，只要一看見您，也就會傲慢起來。——莎士比亞

同於我者，何必可愛；異於我者，何必可憎。——馬總

愛我者之言恕，恕故匿非，憎我者之言刻，刻必當罪。——陳確

飽而知人之飢，溫而知人之寒，逸而知人之勞。——《晏子春秋·內篇諫上》

見人做不義事，須勸止之；知而不勸，勸而不力，使人過遂成，亦我之咎也。——申涵光

好而知其惡，惡而知其美。——孔子

好不度過，惡不去善。——左丘明

貴遠而賤近者，常人之用情也。——葛洪

寵位不足以尊我，而卑賤不足以卑己。——王榮

不面譽以求親，不愉悅以苟合。——魏徵

處貴不忘舊。——張說

誠之所感，觸處皆通。——吳處厚

不諂上而慢下，不厭故而敬新。——王符

善疑人者，人亦疑之；好防人者，人亦防之。——劉基

善氣迎人，親如弟兄；惡氣迎人，害於戈兵。——《管子‧心術》

愛人者，人恒愛之；敬人者，人恒敬之。——《孟子‧離婁下》

竭誠，則吳越為一體；傲物，則骨肉為行路。——魏徵

傲人不如者，必淺人，疑人不省者，必小人。——申居鄖

以信待人，不信思信；不信待人，信思不信。——傅玄

以實待人，非唯益人，益己尤大。——郭嵩燾

不誠於前而曰誠於後，眾必疑而不信矣。——司馬光

推人以誠，則不言而信矣。——王通

雖不過信於人，亦斷不過疑於人。——李惺

苟邀則不順，苟允則不誠。——司馬光

容納直言，虛己待物。——房玄齡

諾而寡信，寧無諾；予而喜奪，寧無予。——彭汝讓

人有不及，可以情恕。——劉義慶

君子之愛人也以德，細人之愛人也以姑息。——孔子

人情不能不有過差，宜可闕略。——鄭樵

人褊急，我愛之以寬容，人險仄，我待之以坦蕩。——金蘭生

人善我，我亦善之，人不善之，我則引之，進退而已耳。——韓嬰

君子尊賢而容眾，嘉善而矜不能。——韓嬰

人好剛，我以柔勝之；人用木，我以誠感之；人使氣，我以理屈之。——金蘭生

將欲論人短長，先顧自己何若。——申涵光

樂言己之長者不知己，樂言人之短者不知人。——劉基

彼之理是，我之理非，我讓之；彼

之理非，我之理是，我容之。——金蘭生

毀人者失其直，譽人者失其實，近於鄉原之人哉。——皮日休

事後而議人得失，吹毛索垢，不肯絲毫放寬，試思己當其局，未必能效彼萬一。——金蘭生

或譽人，而適足以敗之；或毀人，而乃反以成之。——劉安

聖人一視而同仁，篤近而舉遠。——韓愈

善者親之，以治吾不善；不善者親之，以成吾善。——崔敦禮

君子莫大乎與人為善。——《孟子·公孫醜上》

聖人恒善救人，而無棄人。——《老子》

和以處眾，寬以接下，恕以待人，君子人也。——林逋

處難處之事愈宜寬，處難處之人愈宜厚。——金蘭生

度量如海涵春育，應接如流水流雲。——金蘭生

拳頭上走得馬，臂膊上立得人。——李文蔚

君子忍人所不能忍，容人所不能容，處人所不能處。——《觀微子》

勿恃己善，不服人仁。勿矜己藝，不敬人文。——皮日休

以言人不善為至戒。——周子

道人善，即是善；人知人，愈思勉。——李毓秀

處其厚，不居其薄；處其實，不居其華。——老子

不傲才以驕人，不以寵而作威。——諸葛亮

治之志，後勢富，君子誠之好以待。處之敦固，有深藏之能遠思。——荀子

大抵接人處事，於見得他人不是，極怒之時，能投身易地以處，則意氣頓平。——曾國藩

處事讓一步為高，退步即進步的張本；待人寬一分是福，利人實利己的根基。——洪自誠

舉事以為人者，眾助之；舉事以自為者，眾去之。——劉安

非分之想莫萌，無益之事莫作。——李兆洛

臨事機貴於冷淡，不計功名，不患得失。——胡林翼

人須在世上磨練，方立得住，方能靜亦定，動亦定。——王守仁

人之遇患難，須平心易氣以處之。——黃宗羲

任難任之事，要有力而無氣。處難處之人，要有知而無言。——呂坤

必盡去虛偽，忠厚純一，然後可善其事。——許衡

凡事皆貴專心，有所專宗而博觀他途擴其識，亦無不可。無所專宗而見異思遷，此眩彼奪，則大不可。——曾國藩

當大事，要心神定，心氣足。——呂坤

不實心，不成事；不虛心，不知事。——賀時泰

凡與人交，不可求一時親密，人之易見喜者，必易見怒，唯尊禮致敬，不見好，亦不招尤，所謂淡而可久是也。——陳道

君子不責人所不及，不強人所不能，不苦人所不好。——王通

不責小人過，不發人隱私，不念人舊惡，三者可以養德，可以遠害。——洪自誠

凡事豫則立，不豫則廢。——《中庸》

但凡做一件事，就要當一件事。若是苟且疏忽，定不成一件事。——呂坤

臨事有三難。能見，一也；見而能行，二也；當行必果決，三也。——張詠

處事深遠，見近於迂矣。——司馬光

成大事在膽。——韓琦

處天下事，非至虛至平，不得其理。——張居正

動則思理，行則思義。——左丘明

待人不可以任已意，要悉人之情；處事不可任己意，要悉事之理。——呂坤

處事只問道理如何，隨而應之，無往不中。——陳錄

和氣致祥，乖氣致異。——班固

高峰秦岳萬山叢，大海威德在能容。——陳毅

真正的同情，在憂愁的時候，不在快樂的期間。——冰心

抗爭的生活使你幹練，苦悶的煎熬使你醇化；這是時代要造成青年為能負擔歷史使命的兩件法寶。——茅盾

無事時，宜澄然。有事時，宜斬然。得意時，宜淡然。失意時，宜泰然。—— 陶覺

我們無論做什麼事情，只要問心無愧，憑真理去做，就是犧牲了，還是很榮耀。—— 孫中山

求學不為虛名，只求學以致用。待人不在圓滑，但求無愧於心。—— 李樹人

修己待人之道，總以誠字為主。修己不誠，則萬物無成，一生唯偽。待人不誠，則親屬皆成敵國，言行皆是糞土。中庸所謂不誠無物也。—— 陶覺

如果我們自身毫無缺點的話，就不會以如此大的興趣去注意別人的缺點。—— 拉羅希福可

愛挑剔的人總是得不到滿足，永遠也不會幸福。—— 拉封丹

喜歡斥責別人的人，不是交朋友的料。—— 德謨克利特

與人共其樂者，人必共其憂。與人共其安者，人必解其危。—— 詹姆斯

在生氣的時候，不管怎樣總要留下退步的餘地，絕不可以做出無法挽回的事來。—— 愛默生

有非常之膽識，才可做非常之事業。—— 富蘭克林

輕小事者，無成大事之能耐。—— 荷蘭諺語

對待人應做到，幫助他們成為他們能夠做到的。—— 歌德

對一個人的不公就是對所有的人的威脅。—— 孟德斯鳩

以為人人都正直，那是愚蠢的；認為根本沒有正直的人，尤其愚蠢。—— 約翰 · 亞當斯 (John Adams)

要作公正的明智的忠告 —— 對別人，是容易的，但要使自己公正而明智卻很困難。—— 愛因斯坦

不可以律己之律律人。—— 張養浩

辱人以不堪必反辱，傷人以已甚必反傷。—— 金蘭生

事出於意外，雖智者亦窮，不可苛責也。—— 呂坤

君子不以己所能者病人，不以人所不能者愧人。—— 孔子

不排毀以取進，不刻人以自入。—— 魏徵

聖人不以智輕俗。—— 陳壽

不乘人於利，不迫人於險。—— 劉向

好稱人惡，人亦道其惡；好憎人者，亦為人所憎。——劉向

禮節來自教育。——狄奧尼西奧斯 (Dionysius the Elder)

禮節比法律更重要，它那高雅的特性為自己築起了一道無法攻克的防護牆。——愛默生

入鄉隨俗是取得成功最可靠的方法。——蕭伯納

禮儀周全能寧人息事。——儒貝爾

恭而無禮則勞，慎而無禮則葸，勇而無禮則亂，直而無禮則絞。——《論語》

貌美而無清明之心，無異發亮的玻璃眼珠，難辨世事的真假。——布拉斯

好儀表便是推薦函。——富勒

態度是你與人見面時，最先給人的一個印象，它的重要不言而喻。——富蘭克林

人的舉止應該像他們的衣服，不要太窄或設計太特異，必須不拘束或妨礙行動。——培根

除真摯的心靈外，再沒有高貴的儀容。——拉斯金 (John Ruskin)

風度是我們天性的微小衝動。——席勒

誰送我微薄的禮物，誰就等於給我增添了生活的勇氣。——赫伯特

不要挑剔禮品的優劣。——耶柔米 (Jerome)

送禮人的地位決定禮物的價值。——奧維德

如果送禮者受到鄙夷，那麼禮物也一定受到蔑視。——德萊頓

當你接受禮物時，既要看禮物又要看送禮物的是何人。——塞內卡

今天的送禮人，如果明天高興，又可變成取走禮物的人。——賀拉斯

誰得到禮物誰便得到神佑，至於禮物到了誰手上則無關宏旨。——佩特羅尼烏斯

互惠互贈造就了友誼。——約翰·雷

贈送禮物和接受禮物同樣需要頭腦。——賽凡提斯

最珍貴的禮物恐怕要算不期望也不接受別人回贈的禮物了。——朗費羅

偉大的禮物只能送給偉大的人物。——約翰·雷

禮物能感化神靈，能感化顯赫的國王。——柏拉圖

據說就連神靈也能被禮物感化。——尤里比底斯

禮物能擊碎頑石。——賽凡提斯

及時送禮可以挽回許多損失。——富勒

適時送出的薄禮能幫你省去購買厚禮所需的大筆開銷。——赫伯特

我送多少禮要根據你能回贈多少來決定。——俾斯麥 (Otto von Bismarck)

惡人的禮物總帶有幾分惡意。——赫伯特

惡人的禮物帶不來任何好處。——尤里比底斯

習俗就是對一切都司空見慣。——奧索尼烏斯

習俗先於一切法律，自然勝過——切藝術。——丹尼爾

習俗是法律外的法律。——拉丁諺語

習俗是萬物的主宰。——凱撒

習俗是愛情的天敵。——鮑沃爾-利頓

不通情理的習俗只不過是古人的過失。——富勒

習俗是聰明人的瘟疫，傻瓜的偶像。——約翰·雷

人們的習俗像樹上的葉子一樣變化著，有些凋謝了，有些生長了。——但丁

人的習俗是千差萬別的；不同的人有不同的做法。然而所有的人都希望保持自己獨特的方式方法。——普盧塔克

習俗是征服不了天性的。——西塞羅

習俗也許不如法律來得明智，然而它們向來比法律更受人歡迎。——迪斯雷里

我們對違背習俗的事情要比對違背自然的事情更加敏感。——普盧塔克

舊的習俗裡往往寓有深刻的含義。——席勒

世界各地的根深蒂固的習俗，都是人類進步的障礙。——慕勒

人們都是憑天性思考，按規則說話，照習俗辦事。——培根

一塊可口的蛋糕，與其留著，不如切開吃掉；壞的習俗也一樣，與其留著，不如破除。——約翰·雷

別提習俗不習俗的——它是懦夫的藉口。——邱吉爾

從各方面對習俗質疑，是每一個思想水準較高的人的必然發展階

段。——愛默生

習俗的權威是無邊的。——普布里烏斯·西魯斯

習俗使我們順從一切。——伯克

人性所厭惡的，習俗卻偏偏將它們展現在人們面前。——洛克

長期形成的習俗不是輕易可以破除的；誰試圖改變自己的生活方式，結果往往徒勞無益。——詹森

當我們還在搖籃裡的時候，習俗便已來到我們身邊，直到我們跨進墓地它才依依離去。——英格索

人的行為和舉止無不受習俗的制約。——皮浪（Pyrrho）

謹慎的人也許能領導一個國家，但使國家盛興或滅亡的卻是富有熱情的人。——鮑沃爾 - 利頓

在人類歷史上，每個偉大的決定性的時刻都是某種熱情的勝利。——愛默生

沒有知識的熱情是無光的火焰。——富勒

沒有知識的熱情和愚蠢毫無二致。——大衛斯

我們在衝動時所做的事，在冷靜時就未必敢應承。——司各特

熱情雖然高傲，雖然喧嘩和狂暴，但卻是軟弱和無知的。——斯威夫特

兩根乾柴能點燃一根綠枝。——富蘭克林

輔車相依，唇亡齒寒。——左丘

忽己之慢，成人之美；毋擔虛譽，無背至理。——貫休

見人之得，如己之得，則美無不克。——《論語》

徑步窄處，須讓一步與人行；滋味濃時，須留三分與人食。——史典

貴人而賤己，先人而後己。——孔子

見利向前，見害向後，同功專美於己，同過委罪於人，此小人恒態，而大丈夫之恥行也。——《仕學正則》

好事須相讓，惡事莫相推。——《全唐詩補逸》

同是天涯淪落人，相逢何必曾相識？——白居易

和羹之美，在於合異；上下之益，在能相濟。——申涵煜

花無葉不妍。——李昉

輔人無苟，扶人無咎。——戴德

路見不平，拔刀相助。——馬致遠

憫濟人窮，雖分文升合，亦是福田。樂與人善，即隻字片言，皆為良藥。——金蘭生

人非人不濟，馬非馬不走。——《曾子》

肯替別人想是第一等學問。——呂坤

人有急難，傾財救之。——李肇

趨人之急，甚於己私。——班固

同舟而濟，則胡越何患乎異心。——《易經·明爻通變》

利可共而不可獨，謀可寡而不可眾。——林逋

為人謀事，必如為己謀事。——陳弘謀

君子陷人危，必同其難。——司馬光

民陷水火，如己陷水火。——張養浩

後己先人，臨財思惠。——陶潛

每有患急，先人後己。——陳壽

見利思義，見危授命。——《論語·憲問》

溪水對於它為之效勞的磨坊主人是友好的；它樂於從水車的輪上傾瀉而下；漠然地悄悄流過山谷，於它又有什麼好處。——歌德

當母親從嬰兒口中拿開右乳的時候，他就啼哭，但他立刻又從左乳得到了安慰。——泰戈爾

鼓勵自己的最好的辦法，就是鼓勵別人。——馬克·吐溫

世界上能為別人減輕負擔的都不是庸庸碌碌之徒。——狄更斯

如果你對別人的苦難無動於衷，那麼你就不配稱為人。——薩迪

最好的滿足就是滿足別人。——拉布呂耶爾

緊急的時候得到幫助是寶貴的，然而並不是人人都會給予及時的說明。——克雷洛夫

不能正其身，如正人何？——《論語·子路》

若誠不盡於己而望盡於人，眾必怠而不從矣。——司馬光

己先有過，何以正人之過乎！——陳確

其身正，不令而行，其身不正，雖令不從。——《論語·子路》

未聞枉己而能正人者也。——劉安

自律不嚴，何以服眾？——張養浩

動必三省，言必再思。——白居易

聞人之謗當自修，聞人之譽當自懼。——胡居仁

見人惡，即內省，有則改，無加警。——李毓秀

多聞其過，不欲聞其善。——劉向

白日所為，夜來省已，是惡當驚，是善當喜。——陳弘謀

夙夜事勤肅，言行思悔尤。——范質

短不可護，護短終短，長不可矜，矜則不長。——聶大年

見善如不及，見不善如探湯。——《論語 · 季氏》

見善思齊，足以揚名不朽，聞過能改，庶得免乎大過。——吳兢

見利爭讓，聞義爭為，有不善爭改。——王通

上策莫如自治。——杜牧

稍知自省，便覺一己克治不盡，哪有餘力責人。——申居鄖

好談己長，只是淺。——申居鄖

反聽之謂聰，內視之謂明，自勝之謂強。——司馬遷

常看得自家未必是，他人未必非，便有長進。——呂坤

勉汝言須記，聞人善即師。——杜荀鶴

君子博學而日參省乎己，則知明而行無過矣。——《荀子 · 勸學》

非莫非於飾非，過莫過於文過。——貫休

攻吾過，毋議人非。——陳確

過而不文，犯而不校，有功而不伐。——《文中子 · 天地篇》

歸咎於身，刻己自責。——班固

躬自厚而薄責於人。——《論語 · 衛靈公》

欲勝人者先自勝，欲論人者先自論，欲知人者先自知。——金蘭生

律己足以服人，量寬足以得人，身先足以率人。——林逋

其責人也詳，其待己也廉。詳，故人難於為善；廉，故自取也少。——韓愈

修己而不責人。——左丘明

以責人之心責己，則寡過。——林逋

盡己而不以尤人，求身而不以責下。——吳兢

己所不欲，豈可嫁禍於人。——李

延壽

人能反己，則四通八達皆坦途也。——呂涇野

無道人之短，無說己之長。——崔瑗

人不可以自恕，亦不可令人恕我。——李惺

勿以人負我而隳為善之心。——申涵光

患身之不善，不患人之不己知。——蕭繹

君子以細行律身，不以細行取人。——魏源

身不善之患，毋患人莫己知。——《管子·小稱》

喜聞人過，不若喜聞己過；樂道己善，何如樂道人善。——金蘭生

最忌於眾中稱說己長，及述他人如何讚譽於己。——魏禧

樹天下之怨者，惟其重己而輕人也。——劉基

「聰明」兩字不可以自許，「慷慨」兩字不可以望人。——李惺

責己重而責人輕。——蔡元培

如果你要別人盡義務而又不給他以權利，就應該付給豐厚的報酬。——歌德

自己能做的事，不要去麻煩別人。——列夫·托爾斯泰

第九章　誠實・真實・求實

君子誠以為貴。——孔子

知之曰知之，不知曰不知，內不以自誣，外不以自欺。——荀子

高論而相欺，不若忠論而誠實。——王符

不如鄙性好誠實，退無所譏進不諛。——劉過

實言實行實心，無不孚人之理。——呂坤

人之貴樸訥誠篤。——蒲松齡

致理興化，必在推誠。——司馬光

不知道並不可怕和有害。任何人都不可能什麼都知道，可怕的和有害的是不知道而假裝知道。——列夫·托爾斯泰

你能在所有的時候欺騙某些人，也能在某些時候欺騙所有的人，但你不能在所有的時候欺騙所有的人。——林肯

不知道絕不是禍害，有害的只是迷惑，迷惑的人往往不是因為他不知道，而是因為他認為自己知道。——盧梭

生命不可能從謊言中開出燦爛的鮮花。——海涅

除非你的話能安慰人，否則最好保持沉默；寧可因為說真話負罪，也不要說假話開脫。——薩迪

誠實和勤勉，應該成為你永久的伴侶。——富蘭克林

一個人不誠實，就沒有人相信他的話。——伊索

若將除害馬，慎勿信蒼蠅。——高適

偉大人格的素質，重要的是個誠字。——魯迅

誠實比腐敗會贏得更多的好處。——莎士比亞

忠誠是一種美德，它甚至會使受奴役本身變得崇高。——梅森

忠誠是人們心目中最神聖的美德。——塞內卡

一個人幸運時需要忠誠，在逆境中更需要忠誠。——塞內卡

你若想證實你的堅貞，首先須證實你的忠誠。——米爾頓

老實人從來不吃虧。——克拉克

誠實的人從不為自己的誠實而感到後悔。——富勒

在腦子裡一閃而過的謊言並不傷人，傷人的是那些發自心底的謊

言。——培根

與其說謊，不如受騙。——哈伯特

沒有什麼手段比說謊更下賤，更可憐，更卑鄙了。——傑弗遜

編造謊言的人的第一次謊不只是自殺行為，而且還是對人類社會的健康的傷害。——愛默生

沒有勇氣說真話的人才說假話。——喬·米勒 (Joe Miller)

慣於撒謊的人即使講了真話，也不會有人相信。這是一種報應。——《塔木德》

人什麼都可以聽，但不能什麼都信。——菲洛勞斯

我最討厭的就是說謊的人，正像我討厭說假話的人或者不老實的人一樣。——莎士比亞

說謊是一種超越性的行為。——薩特

搗鬼有術，也有效，然而有限，所以以此成大事者，古來無有。——魯迅

誠實是格言的第一章。——傑弗遜

讚美好事是好的，但對壞事加以讚美則是一個騙子和奸詐人的行為。——德謨克利特

虛偽的人為智者所輕蔑，愚者所嘆服，阿諛者所崇拜，而為自己的虛榮所奴役。——培根

說謊話的人聽得到的，就只是即使說了真話也沒有人相信。——伊索

虛偽永遠不能借它生長在權力中而變成真實。——泰戈爾

誠實是最好的政策。——富蘭克林

當信用消失的時候，肉體就沒有生命了。——大仲馬

一兩重的真誠，其值等於一噸重的聰明。——德國諺語

坦白是誠實與勇敢的產物。——馬克·吐溫

君子養心莫善於誠。——《荀子·修身》

多言而不當，不如其寡也。——《管子》

兩心不可以得一人，一心可得百人。——劉安

巧偽不如拙誠。——顏之推

見其誠心而金石為之開。——韓嬰

開心見誠，無所隱伏。——范曄

精誠所加，金石為開。——王充

誠無垢，思無辱。——劉向

石以堅為性，君勿輕素誠。——鮑照

誠信者，即其心易知。——武則天

誠無不動者，修身則身正，治事則事理。——楊時

多虛不如少實。——陳敷

神莫神於至誠。——張商英

大丈夫舉事，當赤心相示，浮言誇辭，吾甚厭之。——朱元璋

世間好看事盡有，好聽話極多，惟求一真字難得。——申居鄖

鄙夫較量愚智間，何如一意求精誠？——龔自珍

至誠則金石為開。——劉歆

假使一個人還有是非之心，倒不如直說的好；否則，雖然吞吞吐吐，明眼人也會看出他暗中「偏袒」那一方，所表白的不過是自己的陰險和卑劣。——魯迅

有了真誠，才會有虛心，有了虛心，才肯丟開自己去了解別人，也才能放下虛偽的自尊心去了解自己。——傅雷

質樸卻比巧妙的言辭更能打動我的心。——莎士比亞

詩人之所以成為詩人，就在於努力使自己的靈魂擺脫一切與虛偽世界相像的東西。——席勒

誠懇。不欺騙人，思想要純潔公正，說話也要如此。——富蘭克林

齊鬥堆金，難買丹誠一寸真。——晏幾道

信言不美，美言不信。——《老子》

無須始終如一，但要真誠坦蕩。——霍姆斯

失去了真誠等於失去了活力。——博維

唯有真誠識真誠。——卡萊爾

當今世界的所有惡劣特質中，不真誠是最危險的。——弗勞德

要想證明一個人的真誠，就看他是否把自己奉獻給了一個信仰。——洛厄爾

肺腑之言是最能打動人心的。——愛默生

熱情和生命是流自內心的泉源，我並不希望只在外表上獲得它們。——柯勒律治

許多誓不一定可以表示真誠，真心的誓只要一個就夠了。——莎士比亞

君子誠之為貴。——《禮記·中庸》

君子成人之美，不成人之惡。——《論語·顏淵》

一片冰心在玉壺。——王昌齡

欲當大事，須是篤實。——魏裔介

人之貴樸訥誠篤。——蒲松齡

以誠感人者，人亦誠而應。——程頤

見其誠心，石為之開。——《韓詩外傳》

誠之所感，觸處皆通。——吳處厚

真者，精誠之至也，不精不誠，不能動人。——《莊子·漁夫》

誠其意者，毋自欺也。——《禮記·大學》

車無輗而不行，人無信而不立。——孔子

國寶於民，民寶於信。——司馬光

唯天下至誠，為能經綸天下之大經，立天下之大本。——子思

忠誠所感金石開，勉建功名垂竹帛。——陸游

鵝毛贈千里，所重以其人。——歐陽修

真實就是美，與真實對立的就是醜。——普羅提諾（Plotinus）

真誠是處世行事的最好方法。——懷特利

世界未有比真誠人更為可貴的。——西塞羅

虛偽的真誠，比魔鬼更可怕。——泰戈爾

生命不可能從謊言中開出燦爛的鮮花。——海涅

您必須保持誠實人的立場。這時常是冒險的，這需要有勇氣。——奧斯特洛夫斯基

我們必須使世人能夠誠實，我們才能誠實地對我們的孩子說：誠實才是上策。——蕭伯納

君子不唱流言。——戴德

公生明，偏生暗。——《荀子·不苟》

長短不飾，以情自竭，若是則可謂直士矣。——《荀子·不苟》

厚者不毀人以自益也，仁者不危人以要名。——劉向

公則天下平矣，平得於公。——呂不韋

無偏無党，王道蕩蕩。——孔子

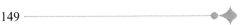

千人之諾諾，不如一士之諤諤。——司馬遷

夫志正則眾邪不生。——陳壽

守正以逆眾意，執法而違私志。——桓範

開誠心，布公道。——陳壽

祿當其功，則有勞者勸，無勞者慕。——桓範

平康正直，夫如是故全。——王通

立身存篤信，景行勝將金。——《全唐詩補遺》

感激有公議，曲私非所議。——王維

理國要道在於公平正直。——吳兢

寄言立身者，孤直當如此。——白居易

安能摧眉折腰事權貴，使我不得開心顏。——李白

百尺無寸枝，一生自孤直。——宋之問

松柏本孤直，難為桃李顏。——李白

君子敬以直內，養以方外。——《易經》

莫行心上過不去的事，莫萌事上行不去之心。——孫奇逢

直言，國之良藥，直言之人，國之良醫。——唐甄

必理直而後其壯，理足而後氣強。——左宗棠

血氣之怒不可有，理義之怒不可無。——黃宗羲

善之中又有替焉，至善之中，又有至善焉。——陳確

質以忠信為美，德以好學為極。——王夫之

原濁者流不清，行不信者名心耗。——墨子

一點浩然氣，千里快哉風。——蘇軾

斷木喙雖長，不啄柏與松，松柏木堅直，中心無蠹蟲。——梅堯臣

是氣所磅礴，凜烈萬古存。當其貫日月，生死安足論。——文天祥

能用天下之目為己目，其目無所不觀矣。——邵堯夫

人之生也直，心直則身直，可立地參天。——王文祿

身不正，不足以服，言不誠，不足

以動。——徐禎稷

寧直見伐，不為曲全，寧渴而死，不飲盜泉。——王廷陳

但教方寸無諸惡，狼虎叢中也立身。——馮道

能無私於一人，故萬物至而制之，萬物至而命之。——《尉僚子》

寧可正而不足，不可邪而有餘。——《憎廣》

乍向草中耿介死，不求黃金籠下生。——李白

使人畏威，不若使人畏義。——方孝孺

世治則以義衛身，世亂則以身衛義。——劉安

好人常直道，不順世間逆。——孟郊

雖矯情而獲百利兮，複不如正心而歸一善。——董仲舒

常慕正直人，生死不相離。——王建

處身孤且直，遭時坦而平。——盧照鄰

愛直莫愛誇，愛疾莫愛斜。——元稹

堅心如鐵石，不諂亦不欺。——孟郊

為絲若不直，焉得琴上聲。——邵謁

正色摧強禦，剛腸疾喔咿。——白居易

物以曲全，人以直生。——陸雲

不愧於人，不畏於天。——《詩經・小雅・何人斯》

以為人人都正直，那是愚蠢的；認為根本沒有正直的人，尤其愚蠢。——約翰・亞當斯

不能真正恨惡的人，也就不能真正愛善。——羅曼・羅蘭

磊磊落落，日月皎然。——房玄齡

忠心耿耿，自能名垂不朽。——李淑珍

凡人有生必有死，死見先生面不慚，才是堂堂好男子！——唐寅

君子之有道，入暗室而不欺。——駱賓王

平生所為，未嘗有不可對人言者。——司馬光

君子之言，寡而實；小人之言，多而虛。——劉向

忠信廉潔，立身之本，非釣名之具也。——林逋

忠信，所以進德也。——《易經》

不寶金玉，而忠信以為寶。——《禮記》

君子之言，信而有征。——左丘明

百種奸偽，不如一實。——傅玄

夫可與為始，可與為終者，其惟信乎！——武則天

功成理定何神速？貴在推心置人腹。——白居易

真實是人生的命脈，是一切價值的根基。——德萊塞

無有優於誠實的智慧。——費希特(Johann Gottlieb Fichte)

純潔的良心比任何東西都可貴。——霍桑

寧可因為真話負罪，不可靠了假話開脫。——薩迪

不論是別人在跟前或者自己單獨的時候，都不要做一點卑劣的事情，最重要的是自尊。——畢達哥拉斯

少年以正道為百行之基。——勞倫斯

百事坦直，卑鄙之人就遠遠走避。——布雷克

世上沒有比正直更豐富的遺產。——莎士比亞

以正直而得到利益者，真利益也。——英國俗語

正直與真實乃致富之大功臣也。——亞歷山大

坦白是使人心地輕鬆的妙藥。——裴斯泰洛齊

道德是永存的，而財富每天在更換主人。——普魯塔克 (Plutarchus)

正直者乃上帝最尊貴的作品。——諺語

正直是至高的良謀佳策。——賽凡提斯

正直的生活維持最久。——德國諺語

人應該與正直、快樂結交。——司各脫

給人幸福的不是身體上的好處，也不是財富，而是正直和謹慎。——德謨克利特

公正，一定會打倒那些說假話和作假證的人。——赫拉克利特

無論你出身高貴或者低賤，都無關宏旨。但你必須有做人之道。——歌德

如果惡意的猜忌遮蓋不了你的倩影，那麼許多心靈的王國都將屬於你一人。——莎士比亞

不管時代的潮流和社會的風尚怎樣，人總可以憑著自己高貴的特質，超脫時代和社會，走自己正確的道路。——愛因斯坦

行不公正的人，比遭受這不公正行為的人更不幸。——德謨克利特

公正，不做不利於人的事，不要忘記履行對人有益而又是你應盡的義務。——富蘭克林

坦率地說出自己的心裡話不僅是一種道德上的責任，而且還是一件令人快慰的事。——王爾德

我們的奮鬥目標，不是長壽，而是活得正直。——塞內卡

怎麼想就怎麼講，不要躲躲藏藏。——荷馬

坦率是天生的氣質。——儒貝爾

坦率是最聰明的。——迪斯雷里

思想上的純真無邪和行使權力時的坦誠公正，是兩種高貴的特質。——斯塔爾

你瞧！虛假的熱情邁著大步出發了，然而，最後贏得賽跑的卻是坦率。——德萊頓

講話要大膽，要直率，要讓魔鬼感到羞愧。——弗萊切

敢想的東西就不要羞於出口。——蒙田

坦率待人，別人就會坦率待你。——愛默生

過於坦率和慷慨只能導致毀滅。——塔西佗

膽由忠作伴，心因道為鄰。——張說

真者，精誠之至也，不精不誠，不能動人。——《莊子·漁父》

猛虎不怯敵，烈士無虛言。——李咸用

鶴不日浴而白，烏不日黔而黑。——《莊子·天遠》

人心惡假貴重真。——白居易

是真難滅，是假易除。——施耐庵

歸真反璞，則終身不辱。——劉向

一般的幻滅的悲哀，我以為不在假，而在以假為真。——魯迅

我們在夜裡固皆知道有晝，在船上固皆知道有陸，但只是「知道」而已，不是「實感」。——豐子愷

太陽既不會誇大，也不會縮小，有什麼就照出什麼，是什麼樣子就照出什麼樣子。——高爾基

只要是「真實」的，也就一定是「自然」的，是好的。——裴多菲

真實與樸實是天才的寶貴特質。——史坦尼斯拉夫斯基（Konstantin Sergeyevich Stanislavsky）

本性流露永遠勝過豪言壯語。——萊辛

真正的蒙昧主義並不去阻止傳播真實的、明白的和有用的事物，而是使假的東西到處流行。——歌德

真實之中有偉大，偉大之中有真實。——雨果

對別人，該尊重他們的言辭所講，對我，應珍惜我無聲地「說」真話的思想。——莎士比亞

真實是一切事物的生命；虛假與荒誕——不管它怎樣稱呼自己，都是註定要滅亡的。——卡萊爾

事實就是事實；事實是嚇不倒的。——白朗寧

事實像將要打架鬥毆的頑童，是不容爭辯的。——彭斯

有許多事實是任何言語都無法描摹和敘述的。——赫胥黎

現在我缺少的東西就是事實。在生活中唯有事實是必不可少的。——狄更斯

事實並不因為被忽視而不復存在。——赫胥黎

思想可以再現，信仰可以長留心間，而事實卻一去不復返。——歌德

我讚美事實，有人卻說我捏造事實。——奧維德

在一個國家或一個時代裡，鐵一般的事實最多只能影響半數人，而被神祕的東西牽著鼻子走的人卻難計其數。——聖約翰

鐵一般的事實是不會給金子般的幻想讓位的。——沃森（Burton DeWitt Watson）

只要事實存在，假面具就會被撕下。——盧克萊修

真實是人所持有的最高級的東西。——喬叟

能夠永保年輕的，世無其例——據我所知，只有樹木與真實例外。——霍姆茲

真實，與其說是常受反對者的議論

所困，不如說是常因贊成者的熱情而苦。——貝恩（Ari Behn）

通往真實之路，既嚴酷又艱險。——密爾頓

「真實」答話精簡，「虛偽」滔滔而辯。——德國諺語

人而無信，不知其可也。——《論語．為政》

言忠信，行篤敬。——《論語．衛靈公》

言必信，行必果。——《論語．子路》

古者言之不出，恥躬之不逮也。——《論語．里仁》

忠自中，而信自身，其為德也深矣。——《國語．晉語》

不寶金玉，而忠信以為寶。——《禮記．儒行》

君子不失口於人，故言足信也。——《禮記．表記》

輕諾必寡信，多易必多難。——《老子》

聖人之諾已也，先論其理義，計其可否，義則諾，不義則已，可則諾，不可則已。——《管子．形勢》

辟言不信，如彼行邁，則靡所臻。——《詩經．小雅》

素信者昌。——孫武

天地之大，四時之化，而猶不能以不信成物，又況於人乎？——呂不韋

人之所助者，信也。——《易經．繫辭上》

能信不為人下。——左丘明

失信不立。——左丘明

言而不信，何以為言？——谷梁赤

片善可嘉，朝聞甘於夕死；一諾猶重，黃金賤於白圭。——駱賓王

人先信而後求能。——劉安

凡出言，信為先，詐與妄，奚可焉。——李毓秀

布令信而不食言。——劉向

立功者患信義不著，不患名位不高。——司馬光

丈夫一言許人，千金不易。——司馬光

以信接人，天下信之；不以信接人，妻子疑之。——楊泉

海岳尚可傾，口諾終不移。——計有功

白圭玷可滅，黃金諾不輕。——陳子昂

百金孰為重，一諾良匪輕。——盧照鄰

非行之難，終之斯難，所言信矣。——吳兢

一語為重萬金輕。——王安石

推誠而不欺，守信而不疑。——林逋

去食去兵，不可去信。——關漢卿

受人之托，終人之事。——高則誠

凡與人言即當其事之可否，可則諾，不可則無諾。——申涵煜

不許諾也就不存在失信和踐約的問題。——伊莉莎白一世

好許諾的人也好忘掉自己的諾言。——富勒

有些人許諾是為了享受食言的樂趣。——赫茲利特

許諾也即負債。——喬叟

向不幸者許下的願往往是不會兌現的。——切斯特菲爾德

承諾——多多地承諾——是做廣告的宏旨所在。——詹森

許願的巨人必然是踐諾的矮子。——海伍德

許願快的人，兌現時總是慢騰騰的。——查爾斯·司布真

我們許諾是出於希望，兌現是出於害怕。——拉羅希福可

要博聽眾言，但不可輕信。——赫里克

輕信別人的人也即騙子。——培根

老實人的唯一缺點就是輕信。——菲利普·西德尼

出於感情而產生的輕信，不會給理智帶來危害。——儒貝爾

那種別人說什麼就信什麼的人，終將一事無成。——佩特羅尼烏斯

輕信者不需具備寬厚的肩膀以承擔後果。——赫伯特

青年人容易輕信，而老年人則容易猜疑。——小威廉·皮特（William Pitt the Younger）

一個人的信用和其錢櫃裡的鈔票是成正比的。——尤維納利斯

老實人的憨相就是一張可靠的還帳契約；所謂信用，就是如此。——愛默生

如果說一張善良的臉是一封推薦信，那麼一顆善良的心便是一張信用狀。——鮑沃爾－利頓

獲取信用是要付出很高代價的。—— 傑洛德

人生在世，如失去信用，就如同行屍走肉。—— 赫伯特

失去了信用的人，就再沒有什麼可以失去的了。—— 普布里烏斯·西魯斯

做一個有信義的人勝似做一個有名氣的人。—— 狄奧多·羅斯福

不要什麼人都相信，因為傻瓜才這樣，但要相信有信用的人，因為這是謹慎的標誌。—— 德謨克利特

由於卑鄙的詐騙行為而臭名昭著的人，即使說真話，也無人相信。—— 菲洛勞斯

相信一切，失望有日；懷疑一切，收穫無期。—— 赫伯特

信則可信，但不可全信。—— 赫伯特

人之所以相信，是因為靈魂的肯定被接受，人之所以懷疑，是因為靈魂的肯定被拒絕。—— 愛默生

誰都不相信的事就無法得到證實。—— 蕭伯納

誰要是相信豺狼的馴良、馬兒的健康、孩子的愛情或是娼妓的盟誓，他就是個瘋子。—— 莎士比亞

寧可被人騙，也不要去騙人；寧可時常被人騙，也不要誰也不相信。—— 詹森

信任可不是靠強迫所能產生的，靠強迫無法贏得別人的信任。—— 韋伯斯特

信任往往可以換來忠誠。—— 富勒

你信任誰，誰就會真心待你；你待別人高尚，別人也會高尚地待你。—— 愛默生

篡權者在世上總是誰也不信任。—— 阿爾菲耶里 (Vittorio Alfieri)

生性好疑的人絕對不可信。—— 泰奧格尼斯 (Theognis of Megara)

彼知矉美，而不知矉之所以美。—— 莊子

水之積也不厚，則其負大舟也無力。—— 莊子

口言之，身必行之。—— 墨子

得隋侯之珠，不若得事之所由。—— 劉安

歌者不期於利聲而貴在中節，論者不期於麗辭而務在事實。—— 桓寬

內無其質而學其文，雖有賢師良友，若畫脂鏤冰，費日損功。—— 桓寬

寒者不思尺璧，而思繼衣。——班固

好大而不為，大不大矣。好高而不為，高不高矣。——楊雄

識時務者，在乎俊傑。——陳壽

說食終不飽，說衣不免寒。——寒山

歸山深淺去，須盡丘壑美。莫學武陵人，暫遊桃源裡。——裴迪

為學從切實處下手，自不落空。——王豫

吾觀上達者，下學每精到。所貴擷其英，而無襲其貌。——程晉芳

事實是毫無情面的東西，它能將宣言打得粉碎。——魯迅

假使尋不出路，我們所要的就是夢，但不要將來的夢，只要目前的夢。——魯迅

追上未來，抓住它的本質，把未來轉變為現在。——車爾尼雪夫斯基

一個有思想的人不會去思考，除了他自己以外誰都不感興趣的無聊問題。——車爾尼雪夫斯基

只有具備真才實學，既了解自己的力量又善於適當而謹慎地使用自己力量的人，才能在世俗事務中獲得成功。——歌德

知道好的東西，要比知道多的東西更重要。——盧梭

知道一些對你有用的東西，要比學到許多對你無用的東西，有用得多。——塞內卡

第十章　理解·寬宏·節制

樂人之樂，人亦樂其樂，憂人之憂，人亦憂其憂。——白居易

思苦自看明月苦，人愁不是月華愁。——戎昱

全世界上至今也沒有一個能夠解答一切問題的聖人。——加里寧

人們不會輕易就達到互相了解，即使有最美好的意願和最善良的目的。——歌德

有兩件事無論怎樣小心處理都不為過：當我們局限於我們自己的專業領域時，便固執；當我們超出我們自己的專業領域時，便無知。——歌德

我們的眼睛看不到自己身後之物。當我們嘲笑鄰人時，實際上常常是在嘲笑我們自己。——蒙田

不要因為你自己沒有胃口而去責備你的食物。——泰戈爾

觀察和理解的樂趣是自然界賜予的最美好的禮物。——愛因斯坦

每個人都不同於他人，每一天他也不同於自身。——蒲伯

我們往往原諒使我們厭煩的人，但不能原諒覺得我們厭煩的人。——拉羅希福可

寧可理解一點，也不要誤解許多。——佛朗士

不理解的東西不屬於我們自己。——歌德

提高理解力有兩個目的：一是豐富自己的知識，二是使我們有能力向別人傳授知識。——洛克

粗俗是因為對生活的藝術缺乏理解。——克萊頓

千鈞之弩不為鼷鼠發機。——陳壽

幽谷無私，有至斯響；洪鐘虛受，無來不應。——王簡棲

江海不與坎井爭其清，雷霆不與蛙蚓鬥其聲。——劉基

有容德乃大。——《尚書·君陳》

人無弘量，但有小謹，不能大立也。——《管子·小謹》

君子有遠慮，小人從邇。——左丘明

萬事難並歡，達生幸可托。——謝靈運

落落南冠且笑歌，肯將壯士竟蹉跎？——張家玉

論大計者，不可惜小費。——司馬光

能用度外人，然後能周大事。——沈括

舉大事者不忌小怨。——司馬光

舉仇且不棄，何必論親疏。——蕭穎士

度量放寬宏，見識休局促。——王世貞

含容終有益，任意是生災。——馮夢龍

願爾逢人權放著，世間萬事忌孤高。——吳承恩

大丈夫能屈能伸。——李寶嘉

其心易盈者，正由其器小乎！——魏源

君子不念舊惡，小人兒自來悔後。——尚仲賢

成大功者，不小苛。——劉向

大其心容天下之物，虛其心受天下之善。——呂坤

耳目之聞見，善用之足以廣其心。——王廷相

達人大觀兮，無物不可。——賈誼

大不如海而欲以納江河，難哉！——劉基

宰相腹中撐得船過。——馮夢龍

心大則百物皆通，心小則百物皆病。——朱熹、呂祖謙

心小則易傷以憂。——《靈樞·本藏》

聞譽我而喜，聞毀我而怒，只是量不足。——呂坤

治學者如果只知道深入探索，還是不夠的，同時，又要求能站得高、看得遠，從大處著眼。——繆鉞

嚴格地說，容忍只應該是一種瞬間的情緒；它應該導向謝意和讚賞。容忍一個人無異於侮辱他。——歌德

不要計較那些幸災樂禍的小人對你不斷增長的榮譽的嫉妒吧！你何必拿你的才智使那些註定被遺忘的名字永世長存呢？——萊辛

和愚蠢的人們又何必較量。——普希金

通常被人稱為有遠見的人，能從一種景象中看出無數的特色和意義，這些對於一個短視的人來說是不存在的。——狄更斯

誰若想在困厄時得到援助，就應在平日待人以寬。——薩迪

我們為了歡樂而生，為了歡樂而戰鬥，為了歡樂而死。因此，永遠不要讓悲哀與我們的名字聯在一起。——伏契克

原諒是容易的，忘卻則是困難的。——普拉頓

正義之神，寬容是我們最完美的所作所為。——華茲華斯

沒有慈悲之心的是禽獸，是野人，是魔鬼。——莎士比亞

寬宏大量會使強者變得更強。——普布里烏斯·西魯斯

寬恕勝於報復；因為，寬恕是溫柔的象徵，而報復是殘暴的標誌。——愛比克泰德

只有上帝說「寬恕」的時候才不意味著征服，而是光榮的桂冠。——普羅克特

寬容要麼對人有益，要麼對人有害。——伯克

輕易寬宥他人的人只會招來禍害。——高乃依（Pierre Corneille）

誰都饒恕與誰都不饒恕同樣殘忍。——塞內卡

慣於冒犯他人的人，是絕對不會有諒人之心的。——赫伯特

把你自己要求得到的每一種人生權利送給其他所有的人。——英格索

人們常常原諒自己所愛的人。——拉羅希福可

事事皆通，也即一竅不通；事事寬容，也即毫無寬容。——烏納穆諾

只有勇敢的人才懂得如何寬容；懦夫絕不會寬容，這不是他的本性。——斯特恩

在必須完成的事情上，應力求團結；在尚有疑問的事情上，應允許自由；在所有事情上，應仁愛寬厚。——梅蘭克森

活人比死人更需要寬容。——阿諾德

人天生就有一種自我遷就的心理。——李維

讓「寬厚」成為你的格言。——艾迪生

理解是為了寬恕，理解一切也就是為了寬恕一切。——斯塔爾

假如受害者能了解你的用心，這就可以肯定他會理解並原諒你。——史蒂文生

「我能夠原諒，但卻忘不了。」這話只是「我不能原諒」的另一種說法。——比徹

記憶與良心過去不同意「寬恕有害」這種說法，將來也絕對不會同意。——哈利法克斯

要求別人寬恕自己過失的人，自己

也應該這樣對待別人，這才是合乎情理的。——賀拉斯

雖然整個社會都建立在互不相讓的基礎上，可是良好的關係卻是建築在寬容相諒的基礎上的。——蕭伯納

我寬恕你，你便原諒我，這是千古不變的道理。——布萊克

寬恕人家所不能寬恕的，是一種高貴的行為。——莎士比亞

容忍是對和自己的習慣、信仰及愛好格格不入的別人的特質、觀點和行為的熱情友好的欣賞。——愛因斯坦

富者能忍保家，貧者能忍免辱。父子能忍慈孝，兄弟能忍義篤。朋友能忍情長。夫婦能忍和睦。——〈六忍歌〉

天將降大任於是人也，必先苦其心志，勞其筋骨，餓其體膚，空乏其身，行拂亂其所為，所以動心忍性，增益其所不能。——孟子

小不忍則亂大謀。——《論語》

君子能忍人所不能忍。——邵雍

大丈夫當容人，勿為人所容。——朱熹

忍所不能忍，容所不能容，惟識量過人者能之。——程頤

百戰百勝，不如一忍。萬言萬當，不如一默。——黃庭堅

一忍可以制百勇，一靜可以制百動。——蘇洵

莫大之禍，起於斯須之不忍。——王安石

必有忍，乃有濟。——《尚書》

孔子之忍飢，顏子之忍貧，閔子之忍寒，淮陰之忍辱，張公之忍居，婁公之忍侮，古之為聖為賢，建功樹業，立身處世，未有不得力於忍也。凡遇不順之境者其法諸。——白居易

必有容，德乃大。必有忍，事乃濟。一毫之拂，即勃然；一事之違，即忿然發；是無涵養之力。——《寶訓》

忍辱所以負重。——陸遜

七情之發，惟發為摢。眾怒之加，惟忍為是。如其不忍，傾敗立至。——陳獻章

凡是當有遠謀，有深識堅忍一時，則保全必多，一時之不忍而終身慚矣！——胡林翼

忿欲兩字，聖賢亦有之；特能少事

不三思，恐忙中有錯。氣能一忍，方知過後無憂。——李世民

恭敬忍讓，是居鄉之良法。——魏環溪

有一分謙退，便有一分受益處；有一分誇張，便有一分挫折來。——胡達源

不與人爭者，常得多利。退一步者，常進百步。——呂本中

處利讓利，處名讓名，澹然恬然，方不與世忤。——呂坤

退讓一步，行安樂法；道三個好，結喜歡緣。——蘇軾

寧讓人，勿使人讓我，甯容人，勿使人容我。——楊維盛

與人共事，要學吃虧。——左宗棠

處世讓一步為高，退步卻是進步的張本。——洪自誠

終身讓步，不枉百步；終身讓畔，不失一段。——朱敬則

忍須臾，便不傷生。——曾國藩

能忍人之所不能忍，乃能為人之所不能為。——胡林翼

人之七情，惟怒難制。制怒之道，惟忍之一字最妙。蓋怒以動成，忍以靜濟；怒主乎張，忍主乎閉。始怒之時，上須忍氣，一忍再忍三忍，總以強制力遏，不使恭達百生；外既不怒，內亦要和，須寬自排遣，胸懷坦蕩，勿留半點鬱抑，庶不傷生。——陶覺

先學耐煩，快休使氣。性躁心粗，一生不濟。——呂近溪

世人歷險應如此，忍耐平夷在後頭。——鄭燮

勝敗兵家事不期，包羞忍恥是男兒。——杜牧

巧言亂德，小不忍，則亂大謀。——《論語·衛靈公》

必有忍，其乃有濟；有容，德乃大。——《尚書·君陳》

受不得屈，做不得事。——申居鄖

我們必須學會忍受我們不能迴避的東西。——蒙田

既然痛苦是快樂的泉源，那又何必因痛苦而傷心？——歌德

凡是無法改變的就忍受，凡是無法拯救的就莊嚴地放棄。——席勒

人類的歷史在很忍耐地等待著被侮辱者的勝利。——泰戈爾

無論是誰，假如喪失忍耐，也就將

喪失靈魂。人千萬不可像蜜蜂那樣，把整個生命拼在對敵手的一螫中。——培根

不慌不忙地走路的人，任何路程都不會是漫長的；耐心地準備上路的人，一定能達到目的地。——拉布呂耶爾

耐心和持久勝過激烈和狂熱。——拉封丹

耐心是一切聰明才智的基礎。——柏拉圖

忍耐是痛苦的，但它的果實是香甜的。——盧梭

有耐心的人才能達到他所希望達到的目的。——富蘭克林

善於等待的人，一切都會及時來到。——巴爾札克

共同的事業，共同的抗爭，可以使人們產生忍受一切的力量。——奧斯特洛夫斯基

歡樂極兮哀情多。——劉徹

人之制情，當如堤防之治水，常恐其漏壞之易。——林逋

填不滿欲海，攻不破愁城。——《功戒全書》

樂往必悲生，泰來由否極。——翟灝

少欲覺身輕。——黃宗羲

赴湯火，蹈白刃，武夫之勇可能也；克己自勝，非君子之大勇，不可能也。——楊時

樂太盛則陽溢，哀太甚則陰損。——班固

怒時光景難看，一發遂不可制，既過思之，殊亦不必；故制怒者當涵養於未怒之先。——申涵光

怒是猛虎，欲是深淵。——金蘭生

樂不可極，樂極生哀，欲不可縱，縱慾成災。——《勸戒全書》

哪怕是自己的一點小小的克制，也會使人變得強而有力。——高爾基

一個人應該於憎惡痛苦與熱愛愉悅之間自我節制。——蒙田

切不可放任自己；必須克制自己；光有赤裸裸的本能是不行的。——歌德

賜給我力量，使我能輕閒地承受歡樂與憂傷。——泰戈爾

脾氣暴躁是人類較為卑劣的天性之一，人要是發脾氣就等於在人類進步的階梯上倒退了一步。——達爾文

火氣甚大，容易引起憤怒的煩擾，是一種惡習而使心靈向著那不正當的事情，那是一時衝動而沒有理性的行動。——皮埃爾·阿柏拉德（Pierre Abelard）

經受痛苦與憂傷越多的人，越是能忍耐。——華茲華斯

不能忍耐的人必將一事無成。——奧勒利烏斯

並非所有的花園裡都生長著「忍耐」這種花。——豪厄爾

我耐著性子工作，這就是說我使出了幾乎全身的勁。——白朗寧

誰都會勸一個在悲哀的重壓下輾轉呻吟的人安心忍耐，可是誰也沒有那樣的修養和勇氣，能夠叫自己忍受同樣的痛苦。——莎士比亞

耐心的人一旦發起怒來，便會大發雷霆。——普布里烏斯·西魯斯

忍耐能戰勝一切命運。——德納姆

無論遇到什麼事，命運終將被忍耐所戰勝。——維吉爾

富有耐性的人是不可征服的。——赫伯特

忍耐是最烈性的酒，它能把巨大的絕望置於死地。——吉羅德

對無法挽回的事要以忍為上策。——塞內卡

必要的忍耐是對付瘋狗的良策。——豪厄爾

忍耐是應付一切麻煩的最好辦法。——普勞圖斯

忍耐是治癒一切病痛的良藥。——賽凡提斯

忍耐是希望的一種藝術。——沃夫納格

忍耐無疑是一種高尚的美德，因為它能擊敗力量所不能戰勝的東西。——喬叟

耐心是高尚的秉性，堅韌是偉大的氣質。——洛厄爾

耐勞比力量更高尚，耐心比美貌更可貴。——拉斯金

忍耐是正義的重要組成部分。——小普林尼

悲哀和沉默是感人的；忍辱負重是難能可貴的。——朗費羅

好脾氣是一個在社交中所能穿著的最佳服飾。——都德（Alphonse Daudet）

忍耐是支持工作的一種資本。——巴爾札克

藝術如果被公認為是生活重要的價值之一的話，應該教導人們容忍的道理。—— 毛姆 (William Somerset Maugham)

你如果想要快樂，就應該把忍耐帶到你家裡去。—— 王爾德

忍耐艱苦，卻有甘美的回報使人忘了痛苦。—— 法國諺語

真正的忍耐，並不使我們免除努力進取的需要，只是一種方法，會顯示給我們看，我們需要些什麼努力，以及怎樣努力。—— 菲爾丁 (Henry Fielding)

忍耐足以征服一切困難。—— 羅馬諺語

人類的偉大，決定於失意時所能忍耐的程度。—— 普盧塔克

忍耐是一切困苦的最佳治療劑。—— 普勞圖斯

一瞬間的忍耐，是長久安樂的泉源。—— 希臘諺語

以禍福得喪付之天，以贊毀予奪付之人，以修身立德付之己。—— 張元汴

待人要豐，自奉要約。責己要厚，責人要薄。—— 呂坤

治怒為難，治懼亦難；克己所以治怒，明理所以治懼。—— 黃宗羲

凡當可敬可喜可怒之事，處事若無事然，這是涵養見其真處。—— 洪承疇

時時守義安命，事事責己恕人，則心境和平，一切牢騷憤激自無所用。—— 陳宏謀

聰明者戒太察，剛者戒太暴，溫良者戒無斷。—— 金纓

出言貴審慎，則無紕繆，行路貴莊重，則不輕佻。兩者亦立身之本。—— 曾國藩

立德之本，莫尚乎正心。—— 傅玄

內省不疚，何恤人言。—— 范曄

欲齊其家者，先修其身。——《禮記·大學》

見賢思齊焉，見不賢而內自省也。——《論語·里仁》

不能正其身，如正人何？——《論語·子路》

不修身而求令名於世者，猶貌甚惡而責妍影於鏡也。—— 顏之推

欲修其身者，先正其心；欲正其心者，先誠其意。—— 韓愈

專責己者，兼可成人之善。——李惺

日省其身，有則改之，無則加勉。——朱熹

登山須正路，飲水須直流。——孟東野

形之正，不求影之直，而影自直。——《意林》

高行微言，所以修身。——黃石公

改過貴勇，既知有過，便當斬鋼截鐵，翻然改圖。——申涵光

過而能改，今猶未晚也。——司馬光

不慎其前，而悔其後，雖悔何及。——劉向

立朝何必無纖過，要在聞而遽改之。——鄭燮

過則無憚改。——《論語·學而》

不遷怒，不貳過。——《論語·雍也》

覺後必改，改後必不復，便是勇長處。——朱袞

修身以不護短為第一長進。——呂坤

已有過，不當諱。——陳弘謀

知而不改，謂之自欺。——陳確

過而不改，是否過矣。——《論語·衛靈公》

過而不改，謂之喪心。——徐幹

令人有過，不喜人規，為護疾而忌醫，寧滅其身而無悟也。——周敦頤

士能寡欲，安於清淡，不為富貴所淫，則其視外物也輕，自然進退不失其正。——何西疇

貴乎剛者以其能勝己，非以其能勝人也。——李西漚

傲不可長，欲不可從。——《禮記》

不要過分的醉心於放任自由，一點也不加以限制的自由，它的害處與危險實在不少。——克雷洛夫

愛好自由是人的天性，但往往過度而陷於放縱。——斯賓諾莎

勿為極端之事，勿增不正之行。——富蘭克林

能使你墮於酗酒、偷盜或卑污的，就是你自己。——法蘭克

不能克服自己的人，便沒有自由。——畢達哥拉斯

想左右天下的人，須先能左右自己。——蘇格拉底

人不能制情慾，則為情慾所

制。—— 賀瑞斯

和自己的心進行抗爭是很難堪的，但這種勝利則標誌著這是深思熟慮的人。—— 德謨克利特

一個志在有大成就的人，他必須如歌德所說，知道限制自己。—— 黑格爾

對可恥的行為的追悔是對生命的拯救。—— 德謨克利特

有了自制力，就不會向人翻臉或是暴露出足以引起不幸的弱點來。—— 萊特

悔恨是歡樂註定要生下的蛋。—— 威廉‧古柏

悔恨在順利時入睡，在逆境中蘇醒。—— 盧梭

悔恨的開始是新生活的前奏。—— 艾略特

悔過才能自新。—— 威廉‧古柏

懺悔是意志薄弱者的美德。—— 德萊頓

悔過自新只不過是被伐倒的大樹上突然長出的樹葉。—— 派特莫爾

對自己的罪過進行懺悔的人已基本上清白。—— 塞內卡

用力懊悔吧！深深地懊悔就是再生。—— 梭羅

心靈總是渴望已經失去了的東西。—— 佩特羅尼烏斯

第十一章　骨氣·勇敢·磨練

氣血之怒不可有，理義之怒不可無。——史典

君看磊落士，不肯易其身。——杜甫

不食嗟來之食。——《禮記·檀弓下》

不飲濁泉水，不息曲木陰。所逢苟非義，糞土千萬金。——白居易

富貴不能淫，貧賤不能移，威武不能屈。——《孟子·滕文公下》

惡木之陰匪陰，盜泉之水匪水。——貫休

千金何足重，所存意氣間。——鮑照

男兒自保黃金膝，除卻梅花不拜人。——丘逢甲

垂聲謝後世，氣節故有常。——阮籍

冰霜正慘淒，終年常端正；豈不罹凝寒？松柏有本性。——劉楨

冰雪林中著此身，不同桃李混芳塵。——王冕

義死不避斧鉞之誅，義窮不受軒冕之榮。——劉向

義之所在，身雖死，無憾悔。——劉向

吾不能為五斗米折腰，拳拳事鄉里小人邪！——房玄齡

丈夫寧可玉碎，不為瓦全。——司馬光

與其無義而有名兮，寧窮處而守高。——屈原

予獨愛蓮之出淤泥而不染。——周敦頤

願竭力以守義兮，雖貧窮而不改。——范曄

安危不貳其志，險易不革其心。——魏徵

白楊為屋材，折則寧折，終不屈撓。——賈思勰

不為難易變節，安危革行也。——桓範

不為窮變節，不為賤易志。——桓寬

不學腰如磬，徒使甑生塵。——劉禹錫

道喪時昏，則忠貞之義彰。——柏元子

但得貞心能不改，縱令移植又何妨。——陳燦霖

良將不怯死而苟免，烈士不毀節以

求生。——陳壽

憐爾結根能自保，不隨寒暑換真心。——李坤

青山是處可埋骨，白髮向人羞折腰。——陸游

見利不虧其義，見死不更其守。——《禮記．儒行》

節士不以辱生。——韓嬰

君子修道立德，不為窮困而改節。——孔子

豈不罹凝寒，松柏有本性。——劉楨

其身可殺而其守不可奪。——魏徵

寧可抱香枝上老，不隨黃葉舞秋風。——朱淑真

君子不為窮變節，不為賤易志。——李豫亨

士窮乃見節義。——韓愈

人之大節一虧，百事塗地。——劉因

飢不從猛虎食，暮不從野雀棲。——郭茂倩

飢不啄腐鼠，渴不飲盜泉。——白居易

黃虀百甕皆前定，助我平生鐵石腸。——于謙

猛石可裂不可卷，義士可殺不可羞。——李朝威

草木秋死，松柏獨在。——劉向

菊殘猶有傲霜枝。——蘇軾

臨大節而不可奪也。——《論語．泰伯》

人無剛骨，安身不牢。——施耐庵

鐵可折，玉可碎，海可枯，不論窮達生死，直節貫殊途。——汪莘

威嚴不足以易於位，重利不足以變其心。——劉向

樹堅不怕風吹動，節操棱棱還自持。——于謙

死猶未肯輸心去，貧亦其能奈我何。——黃宗羲

松色不肯秋，五色不可柔。——孟郊

花開不並百花叢，獨立疏籬趣無窮；寧可枝頭抱香死，何曾吹落北風中？——鄭思肖

不因困頓移初志，肯為貪緣改寸丹？——楊秀清

見利不動，臨死不恐。——劉向

黃金若糞土，肝膽硬如鐵。——石達開

菊殘猶有傲霜枝。——蘇軾

富貴不能淫，威武不能屈。正氣壓邪氣，不變應萬變。——葉挺

堅忍者，有一定之宗旨以標準行為，而不為反對宗旨之外緣所擅擾，故遇有適合宗旨之新知識，必所歡迎。頑固者本無宗旨，徒對於不習慣之革新，而為無意識之反動，苟外力遇其墮性，則一轉而不之返。是故堅忍者必不頑固，而頑固者轉不堅忍也。——蔡元培

站著的農夫要比跪著的紳士高尚得多。——富蘭克林

傲骨如君世已奇，嶙峋更見此支離。——郭敏

帶長劍兮挾秦弓，首身離兮心不懲。——屈原

善執生者，陵行不辟兕虎，入軍不被兵革。——《老子》

膽勁心方，不畏強禦，義正所在，視死猶歸，支解寸斷，不易所守。——葛洪

必使為善者不越月逾時而得其賞，則人勇而有勸焉。——柳宗元

臨大難而不懼，聖人之勇。——李昉

戰雖有陣，而勇為本。——《墨子·修身》

勇士不怯死而滅名。——劉向

白刃交於前，視死若生者，烈士之勇也。——《莊子·秋水》

果者，臨敵不懷生。——吳起

初生之犢不懼虎。——羅貫中

懦，事之賊也！——左丘明

知過之謂智，改過之謂勇。——陳確

懦者能奮，與勇者同力也。——崔敦禮

膽氣以得失而奪也。——呂坤

天下有大勇者，猝然臨之而不驚，無故加之而不怒。——蘇軾

夫慈，故能勇；儉，故能廣。——《老子》

死而不義，非勇也。——左丘明

咆哮者不必勇，淳淡者不必怯。——葛洪

匹夫見辱，拔劍而起，挺身而鬥，此不足為勇也。——蘇軾

見義不為，無勇也。——《論語．為政》

劫以刃而失其志者，非勇也。——韓嬰

知恥近乎勇。——《禮記．中庸》

勇多於仁謂之暴，才多於德謂之妖。——皮日休

君子之學，不為則已，為則必要其成，故常百倍其功，此困而知，勉而行者也，勇之事也。——朱熹

天下成功之速奚恃乎？恃乎人之見義勇為而已。——黃興

見危授命，能致其身。——傅咸

大勇若怯，大智若愚。——蘇軾

懦夫在未死以前，就已經死過好多次，勇士一生只死一次。——莎士比亞

卑怯的人，即使有萬丈的憤火，除弱草外，又能燒掉什麼呢？——魯迅

畏懼敵人徒然沮喪了自己的勇氣，也就是削弱自己的力量，增加敵人的聲勢，等於讓自己的愚蠢攻擊自己。——莎士比亞

奮戰而死，是以死亡摧毀死亡；畏懼而死，卻做了死亡的奴隸。——莎士比亞

血氣之怒不可有，理義之怒不可無。——黃宗羲

勇敢是扶正驅邪之本。——西塞羅

勇敢是一座堡壘。——撒路斯提烏斯

敢於正視現實是有膽量的表現。——愛默生

越勇則膽越大，越怕則膽越小。——普布里烏斯．西魯斯

勇敢征服一切：它甚至能給血肉之軀增添力量。——奧維德

怯於做卑鄙而又毫無價值的事情，不失為一種勇敢；如能忍受別人對你做這樣的事，那也是一種勇敢。——強生

認為痛苦是最大不幸的人，是不可能勇敢的，認為享樂是最大幸福的人，是不可能有節制的。——西塞羅

勇敢是所有美德中最普通最平庸的一種。——梅爾維爾

報復不是勇敢，忍受才是勇敢。——莎士比亞

勇於敢則殺，勇於不敢則活。此兩者，或利或害。——《老子》

人一旦堅定起來，就會無所畏懼。——拜倫

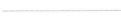

有勇敢的前輩，就有勇敢的後代。——賀拉斯

從未遇到過艱險的人，是不需要什麼膽量的。——拉羅希福可

臨危不怯就等於在戰場上贏得了一半勝利。——普勞圖斯

一個人作戰勇敢並不一定說明他膽壯，他也許會像賤奴那樣害怕死亡的眠床。——波普

機遇偏愛勇敢的人。——忒勒斯

勇敢永遠不會過時。——薩克雷

舞槍弄炮並不難，難的是威武不屈。——湯姆林森

哪裡有真正的勇敢，哪裡就有真正的謙虛。——吉伯特

無私方能無畏。——富蘭克林

勇敢和膽怯一樣，無疑都是有感染力的，但是有些人卻生來不易染。——普倫蒂斯

至於愛惜身家的人，縱使博得勇敢之名，也只是出於僥倖，絕沒有勇敢之實。——莎士比亞

人有了真正的剛毅，才會有忠誠、慷慨、友誼和信義。——布朗

體面而又勇敢的人總能遇到知己。——荷馬

英勇頑強，敢於戰鬥的人即使慘敗，也不會名譽掃地。——巴特勒

消耗點體力算得了什麼？勇敢一定能贏得讚揚。在偉大的事業中，即便是意志的勝利也很了不起。——普洛佩提烏斯

一個什麼事也不做的人是不會取得任何成就的，他不是在行動中失敗，就是大膽地做下去。——喬叟

勇者並不是沒有畏懼心理，說沒有畏懼心理，是愚蠢而荒謬的。所謂勇敢，只不過是勇者以其高尚的靈魂克服了他自己的畏懼心理，勇敢地正視本能所懼的危險。——喬·貝利

誰是不可戰勝的人？那種在任何時候都臨危不懼的人。——愛比克泰德

勇士是從來不乏兵器的。——富勒

勇夫不僅要有膽，而且還要有略。——富勒

人們還發現戰場上最勇敢的人都是平時最謙虛的人。——愛默生

勇敢的人無需嘩眾取寵，也不會因為屈服於武力而半途頹廢。他盡力而為，縱然受挫，也於心無愧。蠻力獸皆有之，而榮光只屬人

類。——德萊頓

要像勇士那樣生活，用英勇的氣概去和災難奮鬥。——賀拉斯

哪裡有勇敢的人，哪裡的戰鬥就最激烈，哪裡就有榮譽。——梭羅

豐厚的報酬等待著勇敢的人們，假如他們中有什麼不朽的種子。——華茲華斯

真正勇敢的人，應該能夠智慧地忍受最難堪的屈辱，不以身外的榮辱介懷，用息事寧人的態度避免無謂的橫禍。——莎士比亞

即使面對厄運，勇士照樣堅持下去；而懦夫和小人只會在恐懼中向絕望屈服。——普洛蒂烏斯·斐穆斯

勇氣是一切天賦中最好的天賦，它先於一切。我們捍衛自由、安全、生命、家園、父母、國家和兒童，都少不了勇氣，有勇氣就有一切，有勇氣的人就是萬幸。——普勞圖斯

勇氣存在於自我恢復的能力之中。——愛默生

我們的勇氣就是我們最好的上帝。——弗萊切

和其他美德一樣，勇氣也是有限度的。——蒙田

真正的勇氣就是在沒有旁人的情況下做一切能在大庭廣眾之下做的事情。——拉羅希福可

災難臨頭時能像男子漢一樣承受沉重的打擊——這就是勇氣。——普勞圖斯

勇氣通往天堂，怯懦通往地獄。——塞內卡

勇氣是一切令人生畏之事的嘲笑者。——塞內卡

勇氣就是對不可避免的死的藐視。——德萊頓

十足的勇氣和全然的膽怯，是兩個罕見的極端。——拉羅希福可

勇氣是一種內在的東西，並不是因為人多勢眾才有的。——德萊頓

要想做一條志不可奪的好漢，就千萬不要去向上帝乞求無災無難的生活，而應乞求有長久耐力的勇氣。——米南德

光有勇氣而無其他美德的人，不會真正受到人們的尊重，一個狠毒而不無信義的人，也不可能會很勇敢。——德萊頓

勇氣有時也會回到被征服者的心中。——維吉爾

對勇氣的最大考驗，就是看一個人能否做到敗而不餒。——英格索

在競爭中拿出勇氣是不足為奇的，這一點連狗都能做到。然而在美好的生命面臨最終失敗時表現出的勇氣則不同，那可是勝利啊！——湯姆林森

有了勇氣便能粉碎厄運。——賽凡提斯

正是在巨大的危難之中，我們才看到巨大的勇氣。——勒尼亞爾

我們最尊重那些勇敢地忍受生活無情打擊的人。因為他們不僅有勇氣，而且還有豪氣。——威斯特

勇氣能掩飾劇烈的畏懼心理。——盧坎（Lucan）

只有依靠勇氣才有希望得到安全。——塔西佗

去！像莊嚴的戰神一樣，在戰場上大顯您的神威，充分表現您的勇氣和必勝的信心。——莎士比亞

世上如果還有真要活下去的人們，就先該敢說、敢笑、敢哭、敢怒、敢罵、敢打，在這可詛咒的地方擊退了可詛咒的時代！——魯迅

戰士是不知道畏縮的，他的腳步很堅定。他看定目標，便一直向前走去。他不怕被絆腳石摔倒，沒有障礙能使他改變心思。——巴金

心中無鬼，處處無鬼；心中有鬼，處處有鬼。——蔡尚思

科學之事，困難最多。如古以來，科學家往往因試驗科學致喪其性命，如南北極及海底探險之類。又如新發明之學理，有與舊傳之說不相容者，往往遭社會之迫害，如哥白尼、伽利略之慘禍。可見研究學問，亦非有勇敢性質不可，而勇敢性質，即可於科學中養成之。大抵勇敢性有二：其一，發明新理之時，排去種種之困難阻礙；其二，即發明之後，敢於持論，不懼世俗之非笑。凡此二端，均由科學所養成。——蔡元培

勇進的風帆，喜歡強勁的風。一旦疾風勁吹，風滿帆篷，船上的人們就會感到一往無前的快樂和愉悅。——劉再複

遇難事如在深山遇虎豹，不能膽怯，要學武松，過得景陽岡，便可到家。——黃賓虹

勇敢和必勝的信念常使戰鬥得以勝利結束。——恩格斯

在勞動和創造的領域裡，不要擔心大膽魯莽和奮不顧身。——高爾基

英勇是精神氣魄的力量，而不是四肢的力量。——蒙田

在每一個藝術家身上都有一顆勇敢的種子。沒有它，就不能設想會有才能。——歌德

一個剛毅勇敢的人，即使受到貪圖享受的最強烈的誘惑，他也不會破壞他的原則。——席勒

有些人往往因為擔心誤入迷途而誤入了迷途。——萊辛

正像歌手或提琴家，他如害怕錯誤的音調，那他在任何時候也不能引起聽眾心中詩意的激動；作家或演說家，如果害怕未經證明和沒有說過的論點，那他就不能說出新的思想和情感。——列夫·托爾斯泰

大膽是取得進步所付出的代價。——雨果

勇敢產生在抗爭中，勇氣是在每天對困難的頑強抵抗中養成。我們青年的箴言就是勇敢、頑強、堅定，就是排除一切障礙。——奧斯特洛夫斯基

英勇精神是嚮往崇高目標的人的財產。——福爾多烏西

一個人的真正的英勇果敢，絕不等於用拳頭制止別人發言。——薩迪

我抓起一支最大的畫筆，雄赳赳氣昂昂地朝我的犧牲品撲了過去。從此以後，我再也不怕畫布了。——邱吉爾

真金在烈火中煉就，勇氣在困難中培養。——塞內卡

人的一生中可能犯的最大錯誤，就是經常擔心犯錯誤。——哈伯德

喜歡讓人害怕的人，說明自己是膽小鬼。——愛默生

總是擔驚受怕的人，我以為就不是一個自由的人。——賀拉斯

一個勇士的成功常常會激勵一代人的勤勉和勇敢。——褚威格（Stefan Zweig）

生死非我虞，但虞辱此身。——闍爾梅

富貴不淫貧賤樂，男兒到此是豪雄。——程顥

虛心竹有低頭葉，傲雪梅無仰面花。——鄭板橋

鳳凰不共雞爭食，莫怪先生懶折腰。——胡曾

寧隨澤畔靈均死，不逐人間乳臭雛。——鄭德輝

白玉雖塵垢，拂試還光輝。——韋

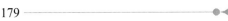

應物

垢塵不汙玉，靈鳳不啄膻。——白居易

看取蓮花淨，方知不染心。——孟浩然

老鶴無衰貌，寒松有本心。——劉長卿

窮冬百草死，幽桂乃芬芳。——韓愈

竹死不變節，花落有全香。——邵謁

天與百尺高，豈為微飆折。——李白

百尺無寸枝，一生自孤直。——宋之問

鏡破不改光，蘭死不改香。——孟郊

直如朱絲繩，清如玉壺冰。——鮑照

寧知霜雪後，獨見松柏心。——江淹

三秋庭綠盡迎霜，唯有荷花守紅死。——溫庭筠

桃李盛時雖寂寞，雪霜多後始青蔥。——李商隱

竹有低頭葉，梅無仰面花。——袁枚

芝蘭出穢壤，芙渠出淤泥。——陸次雲

虎瘦雄心在，人貧志氣存。——萬松老人

月缺不改光，劍折不改剛。——梅堯臣

甯作沉泥玉，無為媚渚蘭。——梅堯臣

寧可枝頭抱香死，何曾吹落此風中。——鄭思肖

不隨妖豔爭春色，獨守孤貞待歲寒。——王禹偁

但令名節不墮地，身外區區安用求。——于謙

縱死猶聞俠骨香。——王維

縱死俠骨香，不慚世上英。——李白

明月在濁流，不改月色清；孤松盤曲徑，不改松性貞。——陸文銘

眾木盡搖落，始見竹色真。——孟郊

立身卓爾青松操，挺志堅然白璧姿。——黃宗嘏

狂瀾倒，獨中流砥柱，屹立崔嵬。——姚勉

從來上智不貴物，淫巧豈敢陳王前。——李夢陽

安能以皓皓之白，而蒙世俗之塵埃乎？——《楚辭·漁父》

生來一諾比黃金，那肯風塵負此心。——顧炎武

勁節剛姿，誰與比，歲寒松柏？——趙希籧

旄盡風霜節，心懸日月光。——楊維楨

棱棱傲骨支天地。——陳確

君誠松柏姿，何患不長春。——薛揚祖

獨愛山中蘭，幽香抱枝死。——范師孔

不論窮達生死，直節貫殊途。——汪萃

內惟省以端操兮，求正氣之所由。——屈原

百年往事丹心裡，千古聲名直道間。——李樸

安能終志塵土下，俯仰隨人如桔槔？——蘇軾

林間傲骨須珍重，不到寒時不肯香！——《芝堂焚余·詠梅花》

荷盡已無擎雨蓋，菊殘猶有傲霜枝。——蘇軾

海枯石爛乾坤滅，無為瓦全寧玉折。——周實

山花落盡山長在，山水空流山自閒。——王安石

葵藿有心終向日，杏桃無力漫隨風。——陳衍

三生不改冰霜操，萬死常留社稷身。——海瑞

真玉燒不熱，寶劍拗不折。——顧況

誰憐直節生來瘦，自許高才志更剛。——王安石

伏清白以死直兮，固前聖之所厚！——屈原

直氣苟有存，死亦何所妨。——孟郊

男兒自有守，可殺不可苟。——梅堯臣

高節人相重，虛心世所知。——張九齡

忠為百世榮，義使令名彰。垂聲謝

後世，氣節故有常。—— 阮籍

難全晚節，不如一丘壑。—— 王義山

為草當做蘭，為木當做松。蘭秋香風遠，松寒不改容。—— 李白

貪泉誓不飲，邪路誓不奔。—— 王建

千金何足重，所存意氣間。—— 鮑照

雖慚老圃秋容淡，且看寒花晚節香。—— 韓琦

蒼龍日暮還行雨，老樹百深春著花。—— 顧炎武

垂頭自惜千金骨，伏櫪仍存萬里心。—— 郝經

鬢衰頭似雪，行步急如風。不怕騎生馬，猶能挽硬弓。—— 張籍

老冉冉其將至兮，恐修名之不立。—— 屈原

憐君頭早白，其志竟不衰。—— 白居易

老驥伏櫪，志在千里，烈士暮年，壯心不已。—— 曹操

亦知貧賤世看醜，恥以勁柏隨蓬科。—— 王士禎

與其辱以生，毋寧飢以死。—— 釋函可

甯為玉碎，不能瓦全。—— 李百藥

源潔則流清，形端則影直。—— 王勃

誰道人生無再少，門前流水尚能西，休將白髮唱黃雞。—— 蘇軾

壯心未與年俱老，死去猶能作鬼雄。—— 陸游

八十將軍能滅虜，白頭吾欲事功名。—— 陸游

老應甘棄世，壯已不如人。—— 沈永令

松姿雖瘦，偏耐雲寒霜晚。—— 辛棄疾

事急而不斷，禍至無日矣。—— 陳壽

事來無取三思，疑中總無一是。—— 申居鄖

當斷不斷，反受其亂。—— 班固

動便是，莫狐疑。—— 鄭愚

大丈夫以斷為先。—— 林逋

義不返顧，計不旋踵。—— 司馬相如

丈夫非無淚，不灑離別間。—— 王勃

丈夫不作兒女別，臨岐涕淚沾衣巾。——高適

是非自相攻，去取在勇斷。——歐陽修

長久地遲疑不決的人，常常找不到最好的答案。——歌德

劍雖利，不厲不斷；材雖美，不學不高。——韓嬰

輪曲輮而就，木直在中繩。堅金礪所利，玉琢器乃成。——歐陽修

荊山之璞雖美，不琢不成其寶。——房玄齡

木受繩則直，金就礪則利。——《荀子·勸學》

鑠金索堅貞，洗玉求明潔。——孟郊

松柏之姿，經霜猶茂。——房玄齡

天寒既至，霜雪既降，吾以是知松柏之茂。——《莊子》

松柏何須羨桃李，請君檢點歲寒枝。——馮夢龍

入火真金色傳鮮。——釋惟白

雪後始知松柏操，事難方見丈夫心。——釋道原

欲表松柏之貞，必明霜雪之厲。——章學誠

松柏隆冬翠，然後知歲寒。——歐陽堅石

花經雨後香微淡，松到秋深色尚蒼。——袁枚

幼稚對於老成，有如孩子對於老人，絕沒有什麼恥辱。——魯迅

起初幼稚，不算恥辱的。因為倘不遭了戕賊，他就會生長，成熟，老成；獨有老衰和腐敗，倒是無可救藥的事！——魯迅

大樹都是由一株株幼苗長成的，雄獅都有它的柔弱如貓的幼稚時代，出類拔萃的東西原也是在平凡的基礎上成長起來的。——秦牧

海是那麼大，那麼深，它包藏了那麼多的沒有人知道過的祕密，它可以教給你許多東西，尤其是在它起浪的時候。——巴金

我們不應該希望別人的生活狼狽不堪，但是萬一某人的生活狼狽不堪，這對他的性格來說，就是一種考驗，而且可以看出他的決心有多大。——歌德

不經巨大的困難，不會有偉大的事業。——伏爾泰

鋼是在烈火裡燃燒，高度冷卻中煉

成的，於是它才變得堅固而無所懼怕。——奧斯特洛夫斯基

心靈若顧慮重重，愛苗就難於生長。——莎士比亞

懦夫永遠樹不起勝利的紀念碑。——歐波利斯

高山絕頂在懦弱者看來是畏途。——布雷爾

膽小鬼看到的只是危險，即便這種危險根本就不存在。——普布里烏斯·西魯斯

在懦夫和猶豫不決者眼裡，任何事情看上去都是不會成功的。——司各特

怯懦者自有撒腿就跑的本事。——富勒

膽小鬼是做不了大官的。——普布里烏斯·西魯斯

膽小鬼從不依靠自己，動輒就逃到其同類那裡去求援。——喬治·克雷布(George Crabbe)

懦夫是從不憐憫他人的。——馬洛里

膽小鬼冷酷無情，而勇士卻樂於助人。——蓋伊

膽小鬼之所以膽小，是因為他有一顆怯懦的心。——塞內卡

可以被人脅迫的人，是不知道如何去死的。——塞內卡

到了熱血沸騰、理智允許的時候還不敢挺身向前的人，就是懦夫；達到了預想的目的後還在冒進的人，就是小人。——海涅

膽小鬼只有在沒有危險的情況下才能嚇唬住人。——歌德

弱有兩種類型：一種是脆，一種是軟。脆則易斷，軟則易彎。——洛厄爾

任何人都有他軟弱的一面。——約翰·雷

人的軟弱常常是達到生活中的目的所必需的。——梅特林克

由於軟弱才做的事情，倘若在做了之後還感到懊悔，那便是更加軟弱。——雪萊

人寧可別人說他們有劣跡和罪惡，而不願聽別人說他們有缺陷和軟弱。——切斯特菲爾德

慣於作假其實只是因軟弱和不動腦筋而促成的狡猾，並不是高超的策略。——培根

弱者生來就得不到上帝的賜福，他們的所有幸福都依賴於他人。——高德史密斯

在過去的所有年代裡，弱者一直受強者的吞食。——斯賓塞

認可軟弱者就是認可膽怯。——伯克

最柔弱的人最容易受幻想的激動。——莎士比亞

恐懼並非永遠是責任的老師。——西塞羅

在我們的社會關係中，一切違反愛與平等的不法行為都會很快受到懲戒。這個懲戒者就是恐懼。——愛默生

畏懼與犯罪有時是一回事。如果行為光明正大，那麼，懼怕就是一種罪過。——德納姆

恐懼是通向一切美德的障礙。——普布里烏斯·西魯斯

誰不經常地克服自己的恐懼心理，誰就領悟不到生活的真諦。——愛默生

對一個人來說，必要的戒懼比忠告更有價值。——愛德格·沃森·豪

抑制邪惡的是恐懼，而不是仁慈。——普布里烏斯·西魯斯

恐懼常常說明靈魂卑鄙。——維吉爾

最具有毀滅性，最不可控制的恐懼就是莫名其妙的恐懼。因為，別的恐懼只是沒有理由而已，而這種恐懼卻是喪失了理智。——塞內卡

受傷的肌體哪怕輕輕一碰，也會引起觸痛；焦慮不安的人哪怕風吹草動，也會頓生惶恐。——奧維德

恐懼常因無知而致。——愛默生

恐懼會驅使人們走向任何一個極端，然而，一個卓越的人物所產生的恐懼卻是一個難以解開的謎。——蕭伯納

恐懼有一百隻眼睛，它們都合起夥來折磨那怦怦跳動的心臟。——華茲華斯

艱苦和死亡並不可怕，可怕的是對這兩者的恐懼。——愛比克泰德

遇事做壞的打算是有益的，其最佳結果就是可以自救。——德雷克斯

恐懼對人的傷害比疾病更嚴重。——赫伯特

在確定真偽之前，恐懼只會給判斷帶來麻煩。——昆圖斯

恐懼使心靈閉目塞聽。——撒路斯提烏斯

雖然我們的恐懼常常是毫無根由的，但它卻會引起真正的痛

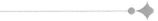

苦。——席勒

在恐懼的重壓下，任何強大的力量都是不能持久的。——西塞羅

對危險的懼怕要比危險本身可怕一萬倍。——笛福

尚未臨頭的危險似乎總是要更大一些。人越接近可怕的事物就越覺得沒有什麼可怕的。——丹尼爾

在極端危險的情況下，畏懼是得不到人們同情的。——凱撒

卑微的人常懷戒懼，一種莫名的、複雜的、不可排遣的戒懼。他最最缺乏的就是安全感。——孟肯

盲目的恐懼有明眼的理智領導，比之憑著盲目的理智毫無恐懼地橫衝直撞，更容易找到一個安全的立足點。——莎士比亞

知道懼怕的人也知道如何安全地行走。——普布里烏斯·西魯斯

一切都安全時，人反倒覺得不安。——維吉爾

勇氣最可怕的敵人就是恐懼本身。——麥克唐納

你要想無所畏懼，就應該堅信：世上的一切東西都是懼怕人的。——塞內卡

恐懼反而會使人勇敢起來。——奧維德

甚至最勇敢的人也會因突如其來的恐怖而驚慌。——塔西倫

畏懼敵人徒然沮喪了自己的勇氣，也就是削弱自己的力量，增加敵人的聲勢，等於讓自己的愚蠢攻擊自己。畏懼並不能免於一死，戰爭的結果大不了也不過一死。奮戰而死，是以死亡摧毀死亡；畏怯而死，卻做了死亡的奴隸。——莎士比亞

啊！不要去讚美他害怕上帝，請告訴我他無所畏懼。——庫珀

製造恐懼的人比恐懼本身更可怕。——克勞德蘭納斯

一個人人都害怕的人並不比一個無所畏懼的人更強大。——席勒

你應該懼怕那懼怕你的人，不管他是蒼蠅還是大象。——薩迪

大家都畏懼的人，等待他的將是身敗名裂。——奧維德

人們憎恨自己所害怕的人。——昆圖斯

疑惑足以敗事，一個人往往因為遇事畏縮的緣故，失去了成功的機會。——莎士比亞

人在疑惑的時候切莫匆忙行事。——布里奇

恐懼可以使天使變成魔鬼，它所看到的永遠不是真實。——莎士比亞

最柔弱的人最容易受幻想的激動。——莎士比亞

第十二章　理論·實踐·言行

辯證法是一種辯駁的精神文化，人類有了辯證法就能學會覺察出事物之間的差別。——歌德

可能有廣采各家之言的哲學家，可是卻沒有採納各家之言的哲學。——歌德

政治理論以及各種普通的哲學學說，總是在它們所屬的那個社會地位的強烈影響下創立起來的，而每一位哲學家往往都是為了當時在他所屬的那個社會上占優勢，而進行抗爭的某一政黨的代表人物。——車爾尼雪夫斯基

強有力的理由產生強有力的行動。——莎士比亞

沒有經過實踐檢驗的理論，不管它多麼漂亮，都會失去分量，不會為人所承認；沒有分量的理論作基礎的實踐一定會遭到失敗。——門得列夫

科學家必須在龐雜的經驗事實中，抓住某些可用精密公式來表示的普遍特徵，由此探求自然界的普遍原理。——愛因斯坦

應該細心地觀察，為的是理解；應該努力地理解，為的是行動。——羅曼·羅蘭

理論是灰色的，生活之樹是常青的。——歌德

能作正確理論的人，也會創造。誰想創造，必須學會理論。——萊辛

只有理論才能激發和發揚發明創造精神。——巴斯德

你想到的東西，不必都說出來，不然是愚蠢的，但是你所說的一切，都應該符合你的思想，否則就是惡意欺騙。——蒙田

明確的語言取決於明確的思想。——福樓拜

產生巨大後果的思想常常是樸素的。——列夫·托爾斯泰

學而不化，非學也。——楊萬里

學而不能行，謂之病。——《莊子·讓王》

雖有佳餚，弗食非知其旨也；雖有至道，弗學，不知其善也。——《禮記·學記》

雖有天下之至味，弗嚼弗知其旨。——董仲舒

耳聞之不如目見之，目見之不如足踐之。——劉向

士雖有學，而行為本焉。——《墨子·修身》

趙任馬服之辯，而有長平之禍。——《韓非子·顯學》

三折肱，知為良醫。。——《左傳·定公十三年》

朝有所聞，則夕行之。——《後漢書·張衡列傳》

學之之博，未若知之之要；知之之要，未若行之之實。——《朱子語類》

行動，則知愈進；知之深，則行愈達。——《朱熹文集·答潘子善》

神農不久疾，則四經之道不垂。——《抱朴子·廣譬》

不目見口問，不能盡知也。——王充

不入虎穴，焉得虎子。——《後漢書·班超列傳》

不涉太行險，誰知斯路難。真偽因事顯，人情難預觀。——歐陽堅石

不聞不若聞之，聞之不若見之，見之不若知之，知之不若行之。——《荀子·儒效》

操千曲而知音，觀千劍而識器。——劉勰

日與水居，則十五而得其道。生不識水，則雖壯，見舟而畏亡。——蘇軾

汝果欲學詩，工夫在詩外。——陸游

知而不行，只是未知。——王陽明

盡天下之學，無有不行而可以言學者。——王守仁

口說不如身逢，耳聞不如目睹。——《資治通鑑·唐紀》

千慮不搏一實。——《象山集·語錄》

力行而後知之真。——王夫之

真知即所以為行，不行不足謂之知。——顧東橋

披五嶽之圖以為知山，不如樵夫之一足。——魏源

能讀不能行，所謂兩足書櫥。——申居鄖

能讀千賦則善賦，能觀千劍則曉劍。——《意林》

精之又精，習與性成。——魏源

不躬行，便如水行得車，陸行得舟，一毫受用不得。——《格言聯璧·學問類》

讀十篇不如做一篇。——唐彪

疏八珍之譜，以為知味，不如庖丁之一啜。——魏源

我希望一般人不要只注意在近身的問題，或地球以外的問題，社會上實際問題也要注意些才好。——魯迅

一個不研究某一行道的人，不可能提出某一行道的問題。——張世英

書到用時方恨少，事非經過不知難。——杜文瀾

科學不能不勞而獲，除了汗流滿面以外，沒有其他獲得的方法。——赫爾岑

書籍雖然具有巨大的意義，但不是受教育的唯一泉源。不僅應該從書本中學習，而且還應該從生活中學習。——克魯普斯卡婭（Nadezhda Krupskaya）

要達到預期的目的，求實精神要比豐富知識更需要。——博馬舍

耳濡目染，不學以能。——《昌黎先生集·清河郡公房公墓碣銘》

為者常成，行者常至。——劉向

人須在事上磨練做工夫，乃有益；若只好靜，遇事便亂。——王豫

不可怙者天，不可畫者人。——楊萬里

凡事做則會，不做則安能會耶？——錢泳

知道某種東西是毒物，這是十分重要的；但是知道了之後，又能在某種場合適當加以運用，使它一變而為妙藥，這卻要比僅僅知道它是毒物的那種認識，更往前一步了。——秦牧

一個人怎樣才能認識自己呢？絕不是透過思考，而是透過實踐。盡力去履行你的職責，那你就會立刻知道你的價值。——歌德

田野是他的書齋，自然是他的讀本。——布林菲爾

不要擔心犯錯，最大的錯誤是自己沒有實踐的經驗。——沃韋納戈

一個人，只有在實踐中運用能力，才能知道自己的能力。——塞內卡

事不目見耳聞，而臆斷其有無，可乎？——蘇軾

察伯樂之圖，求騏驥於市。——《漢書·枚福傳》

傳聞不如親見，視影不如察形。——《後漢書·馬援列傳》

百言百當，不如擇趨而審行也。——《淮南子·人間訓》

論學則觀其身，論政則考其

時。——《遜志齋集．書竿》

但知勤作福，衣食自然豐。——《全唐詩補逸》

播種有不收者矣，而稼穡不可廢。——《抱朴子．廣譬》

得時之禾，長稠長穗。——《呂氏春秋．審時》

事事身體力行，見善必遷，知過必改。——《陳確集．別集．瞽言》

力學而得之，必充廣而行之。——楊時

我們常將眼光收得極近，只在自身，或者放得極遠，到北極，或到天外，而這兩者之間的一圈可是絕不注意的。——魯迅

思想活躍而又懷著務實的目的去進行最現實的任務，就是世界上最有價值的事情。——歌德

求知可以改進人的天性，而實驗又可以改進知識本身，人的天性猶如野生的花草，求知學習好比修剪移栽。實習嘗試則可檢驗修正知識本身的真偽。——培根

凡是我思考過的或閱讀到的一切，都同我已經看到的或者有可能看到的事物有直接的關係。——達爾文

提出可能正確的假說，需要洞察力與想像力；推求假說的推論，需要邏輯本領同時還需要數學本領；檢驗假說的正確性，需要忍耐、毅力與實驗技巧。——丹皮爾(Sir William Cecil Dampier)

實驗的探索方法，加上在十七世紀早期幾十年，人們所討論的定性歸納方法和定量演繹方法，逐漸在一切科學中找到其適當地位並得到應用。——梅森

所有的科學家由切身經歷都知道，使實驗得出正確的結果常常是多麼困難，即使在知道該怎麼做的時候也是如此。因此他說，對於旨在得到資料的實驗，不應過分信任。——貝弗里奇

實驗有兩個目的，彼此往往互不相干：觀察迄今未知或未加釋明的新事實；以及判斷為某一理論提出的假說是否符合大量可觀察到的事實。——杜博斯

今天在實踐中證明的東西，就是過去在想像中存在的東西。——布萊克

光懂得深奧的道理是不夠的，還應該善於運用它。——西塞羅

社會僅僅靠道義的思想是生存不下去的，要生存，還需要符合於這種思想的行動。——巴爾札克

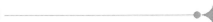

人類用認識去了解事物，用實踐去改變事物；用前者去掌握宇宙，用後者去創造宇宙。——克羅采

幻想裡有優於現實的一面；現實裡也有優於幻想的一面。完滿的幸福將是前者和後者的合一。——列夫·托爾斯泰

言行，君子之所以動天地也，可不慎乎！——《易經》

句句著實不脫空，方是謹言。——薛文清

一言而非，駟馬不能追。——《鄧析子》

節食則無疾，擇言則無禍。——何坦

辭達則止，不貴多言。——朱熹

多言不可與遠謀，多動不可與久處。——王通

內外相應，言行相稱。——韓非子

平生不學口頭禪，腳踏實地性虛天。——王琳

人前做得出的方可說，人前說得出的方可做。——《史典·願體集》

人貴成功，不必文辭。——《鹽鐵論·論儒》

說得便須行得，方名言行無虧。——張伯端

說食終不飽，說衣不免寒。——寒山

知言而不能行，謂之疾；此疾雖有天醫，莫能治也。——仲長統

三寸之舌芒於劍。——《天祿閣外史》

乘興說話最難檢點。——申居鄖

八面九口，長舌為斧。——《易林》

不可乘喜而多言，不可乘快而易事。——王豫

喜時之言多失信；怒時之言多失體。——陳繼儒

功當其事，事當其言，則賞。功不當其事，事不當其言，則罰。——韓非

原濁者流不清，行不信者名必耗。——墨子

言必信，行必果。——孔子

存心光明正大，言論光明正大，行事光明正大，斯之謂君子。——陶覺

一言九鼎重千秋。——陳毅

事實是毫無情面的東西，它能將空言打得粉碎。——魯迅

言論的花兒開得越大，行為的果子結得越小。——冰心

經驗是學費最貴的學校，但它是唯一可以學到東西的學校。——富蘭克林

不管一個人說得多好，你要記住：當他說得太多的時候，終究會說出蠢話來。——大仲馬

人的面孔常常反映他的內心世界，以為思想沒有色彩，那是錯誤的。——雨果

應該細心地觀察，為的是理解；應該努力地理解，為的是行動。——羅曼·羅蘭

做得過頭，不等於達到目的。——巴爾札克

客套話有如隔著面紗接吻。——雨果

你的舌頭就像一匹快馬，牠奔得太快，會把力氣都奔完了。——莎士比亞

知識給人力量，行為給人光澤。——卡萊爾

最簡短的回答是行動。——赫伯特

生活中最有用的東西是自己的經驗。——司各特

內容豐富的言辭就像閃閃發光的珠子，真正的聰明睿智卻是言辭簡短的。——培根

講真話是智慧的表現。——德國諺語

不管我們踩什麼樣的高蹺，沒有自己的腳是不行的。——布埃斯特

把言論變成行動要比把行動變成言論困難得多。——高爾基

想得不清楚，說得也就不清楚，表述含糊不清說明思想混亂不堪。——車爾尼雪夫斯基

既不要相信自己的話，也不要相信別人的話，只相信自己的行動和別人的行動。——列夫·托爾斯泰

語言屬於一個時代，思想屬於許多時代。——卡拉姆津

沒有行動的言論是渺小的和空洞的言論。——狄摩西尼（Demosthenes）

言辭是行動的影子。——德謨克利特

行動是知識的結果。——富勒

表示驚訝，只需一分鐘；要做出驚人的事業，卻要許多年。——愛爾維修

判斷一個人當然不是看他的聲明，而是看他的行為；不是看他自稱如何，而是看他做些什麼和實際是怎

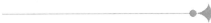

樣一個人。——恩格斯

常常有這樣的人，他不想做他要去做的事，就用漂亮的言辭來加以掩飾。——克魯普斯卡婭

語言雖然使人成為萬物之靈，只說空話也就不比牲畜高明。——薩迪

衡量人，要觀其行而不憑其言。——米尼厄斯

應該熱心地致力於照道德行事，而不要空談道德。——德謨克利特

自然賦予人一片舌頭兩片耳朵，因此人必須是聽是說的兩倍吧！——塞涅卡

宜謹言，謹言之中有平安，忌廢話，廢話之後必後悔。——印度格言

口中從來不說惡話，眼中從來不現怒火的人有福了。——裴斯泰洛齊

要使人信服，一句言語常常比黃金更有效。——德謨克利特

思想上的錯誤會引起語言上的錯誤，言論上的錯誤會引起行動上的錯誤。——皮薩列夫

語言作為工具，對於我們之重要，正如駿馬對於騎士的重要。最好的駿馬適合於最好的騎士，最好的語言適合於最好的思想。——但丁

謹慎的行動要比合理的言論更重要。——西塞羅

說話不考慮，等於射擊不瞄準。——賽凡提斯

如果你考慮兩遍以後再說，那你說得一定比原來好一倍。——佩恩

語言是最危險的武器；刀劍刺的傷口要比語言刺的傷口容易治癒。——卡德隆（Felipe Calderon）

光懂得深奧的道理是不夠的，還應該善於運用它。——西塞羅

要善於辭令，但不要空話連篇，因為空話連篇就是喪失理智。——卡布斯

行動漂亮要比言論漂亮好得多。——斯邁爾斯

說得恰當要比說得漂亮更好。——葛拉西安

由於你不可能做到你所希望做到的一切，因此你就應該做到你能夠做到的一切。——泰倫底烏斯

人比動物高貴的地方就在於他有說話的能力，如果他把這種能力用得不當，就會比動物更低下。——薩迪

要達到預期的目的，求實精神要比

豐富知識更需要。——博馬舍

寧可每次做好一小部分事情，不要做十次而沒有做好。——亞里斯多德

事情好好地做，兩次總能完成。——豪威耳

良好的開端，等於成功的一半。——柏拉圖

要想一下子做完所有事情，等於什麼事情也沒有做。——利希頓堡

多言何益，惟其言之時也。——《墨子》

握其機，半部有以定天下；要之極，一言可以行終身。——《續通鑑》

不是每一種幽默都能使靈魂得到自由。——歌德

奔驥不能及既往之失，千金不能救斯言之玷。故博其施者未若防其微，勤其求者不如寡其辭。——《抱朴子·廣譬》

辟不信，如彼行邁，則摩所臻。——《詩經·小雅》

慎言其餘則寡憂。——《論語·為政》

多言而不當，不如其寡也。——管子

多言可畏，譬之防川。——《三國典論》

話雖來到口邊，三思更好。——梁章鉅

與其溺於人也，甯溺於淵，溺於淵猶可遊也，溺於人不可救也。——沈德潛

言者所以召響也，身者所以致影也。——武則天

行欲先人，言欲後人。——《禮記》

言人之惡，非所以美己；言人之枉，非所以正己；故君子攻其惡，無攻人之惡。——孔子

敏於事而慎於言，就有道而正焉。——《論語》

慎於言者不嘩，慎於事者不伐。——韓嬰

作事必謀始。出言必顧行。——常德

必固持。然諾必重應。見善如己出，見惡如己病。——張思叔

言輕則招憂，行輕則招辜。——揚雄

言欲遜，遜免禍，行欲嚴，嚴遠侮。——范仲淹

出言貴審慎，則無紕繆。行路貴莊

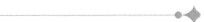

重，則不輕佻。——曾國藩

好辯詔招尤，不若忍默以怡性，逞能以誨妒，不若韜智以示拙。——高攀龍

人於激憤時，言語舉止絕無怨尤憤激之氣，此即是有大學識。其度量過人遠矣。——石成金

處事留有餘地步，發言留有限包涵，切不可做到十分，說到十分。——胡達源

心平氣和則能言。——朱熹

先眾人而為，後眾人而言。——呂坤

多門之室生風，多口之人生禍。——呂坤

過而之言，不可聽信。——《西遊記》

君子交絕猶無惡言。——《抱朴子·交際》

終身為善，一言則敗之。——《孔子家語·顏回》

吐言若覆水，搖舌不可追。——傅玄

舌端之孽，慘乎楚鐵。——劉禹錫

百言百當，不如擇趨而審行也。——《淮南子·人間訓》

卑而言高，能言而不能行者，君子恥之矣。——《鹽鐵論·能言》

侈言無驗，雖麗非經。——左思

高議不可及，不如卑論之有功也。——《說苑·談從》

古者言之不出，恥躬之不逮也。——《論語·里仁》

將言者而不能行，抑行則愧影，寢則愧衾。——《海瑞集·嚴師教戒》

君子以行言，小人以舌言。——孔子

君子後言，小人先言。——《禮記·坊記》

空口說白話，眼飽肚中飢。——《醒世恒言》

立志言為本，修身行乃先。——吳叔達

聽言觀行，知人之良法。——薛文清

尺布之謠塞耳不能聽。——李白

胡為自墜，言虛行偽。——貫休

好言自口，莠言自口。——《詩經·小雅·正月》

好以言欺人者，無口者也。——馮班

都蔗雖甘，杖之必折；巧言雖美，用之必滅。——曹植

巧言如簧，顏之厚矣。——《詩經‧小雅‧巧言》

多言不可與遠謀。——《文中子‧魏相》

不宜言而言佞之徒。——《遜志齋集》

出言不當，反自傷也。——《說苑‧談叢》

出言不當，駟馬不能追也。——《說苑‧談叢》

君子欲訥，吉人寡辭。——姚崇

口實為樞機之發，榮辱之主。——《抱朴子‧疾謬》

口之言也，善敗於是乎興。——《國語‧周語》

口者，心之門戶，智謀皆從之出。——《鬼穀子》

前輩如瓶戒，無言勝有言。——文天祥

知者弗言，言者弗知。——朱國楨

知駟足之難及，保三緘之可守。——謝觀

好稱人惡，人亦道其惡，好憎人者，亦為人所憎。——劉向

鍋頭飯好吃，過頭話難說。——錢大昕

言語之惡，莫大於造誣。——呂坤

風流不在談鋒勝，袖手無言味最長。——黃升

一語為重百金輕。——王安石

百金孰雲重，一諾良非輕。——盧照鄰

言之於口，不若行之於身。——《漁樵對問》

人之為學，心中思想，口中談論，盡有百千義理，不如身上行一理為之實也。——《顏習齋先生言行錄》

聖人之道，入乎耳，存乎心，蘊之為德行，行之為事業。——朱熹

獨有一言，願獻於君者，曰行。——文天祥

學貴乎成，既成矣，將行之也，學而不能成其業，用而不能成其學，則非學矣。——楊時

讀得書來，口會說，筆會做，都不濟事，須是身上行出，才算學問。——《習齋記餘》

君子之學也，入乎耳，著乎心，布乎四體，形乎動靜。——《荀子》

臨淵羨魚，不如退而結網。——《漢書》

多行，少與者怨。——張商英

說得便須行得，方名言行無虧。——張伯端

能言者，未必能行，能行者，未必能官。——劉向

讀書將以窮理，將以致用也。——楊時

君子恥其言而過其行。——孔子

單是說不行，要緊的是做。——魯迅

把言論變成行動要比把行動變成言論困難得多。——高爾基

做你所應做的事情，能有什麼結果則在其次。——赫伯特

口袋裡裝著一瓶麝香的人，不會到十字街頭去叫叫嚷嚷讓所有的人都知道，因為他身後飄出的香味已說明了一切。——薩迪

良好的開端，等於成功的一半。——柏拉圖

謹慎的行動要比合理的言論更重要。——西塞羅

知識給人分量，行為給人光澤。——卡萊爾

行動是知識的結果。——富勒

一個人，正如一隻時鐘，是以他的行動來定其價值的。——潘尼

要想一下子做完所有事情，等於什麼事情也沒有做。——利希頓堡

做得過頭，不等於達到目的。——巴爾札克

表示驚訝，只需一分鐘；要做出驚人的事業，卻要許多年。——愛爾維修

遲些總比不做為好。——喬桑

醫治憂愁病的唯一方法是行動。——留夫斯

切實苦幹的人往往不是高談闊論的，他們驚天動地的事業顯出了他們的偉大。——克雷洛夫

語言是行動的影子。——德謨克利特

老是考慮怎樣去做好事的人，就沒有時間去做好事。——泰戈爾

沒有行動的言論是渺小的和空洞的言論。——狄摩西尼

行動漂亮要比言論漂亮好得多。——斯邁爾斯

要有所成就，要成為獨立自恃、始

終如一的人，就必須言行一致，就必須堅持他應該採取的主張，毅然絕然地堅持這個主張，並且一貫地實行這個主張。——盧梭

思想上的錯誤會引起語言上的錯誤，言論上的錯誤會引起行動上的錯誤。——皮薩列夫

善不進不休，惡不去不止。——《三國志·魏書·荀或傳》

大名垂於萬世者，必先行之於纖微之事。——陸賈

井開跡於一匱。——《後漢書·班彪列傳》

合抱之木，生於毫末；九層之台，起於壘土；千里之行，始於足下。——老子

但空談之類，是談不久，也談不出什麼來的，它終必被事實的鏡子照出原形，拖出尾巴而去。——魯迅

在困難的時候，既需要有獻策的人，又需要有實做家。——伊索

不會做小事的人，也做不出大事來。——羅蒙諾索夫

沒有任何動物比螞蟻更勤奮，然而牠卻最沉默寡言。——富蘭克林

行動是知識特有的果實。——富勒

我們的行動是唯一能夠反映出我們精神面貌的鏡子。——卡萊爾

為什麼我們要被「行動」這個名字所嚇倒？豐富的思想蘊藏在陽光裡，產生在睡夢中，豐富的思想就是大自然。思考就是行動。——愛默生

偉大的行動展現偉大的思想。——弗萊切

有些行動是沒有外在形式的。——雪萊

行動並不一定能展現一個人的本質，我們發現，做一件好事未必就心地善良。——波普

一個人往往有正確的行動，卻很少有正確的理論。——阿爾伯特·哈伯德

要把每件事都當做一生中最後一件事來做。——馬可·奧勒利烏斯

不論什麼事，只要值得去做，就值得做好。——切斯特菲爾德

兩件事情同時做，等於一件事情都不做。——普布里烏斯·西魯斯

好人做了好事並不聲張，而是繼續去做好事。就像葡萄藤到了下一個季節，又長出新的葡萄一樣。——馬可·奧勒利烏斯

有的人可能做好一件事，有的人可能做壞一件事，問題不在於事情本身，而在於做這件事的人。——忒勒斯

當你做一件別人都做不了的事情的時候，所有的人都在拭目以待。——愛默生

常言道，由於我們不能諸事如願，所以我們只能盡力而為。——忒勒斯

毋庸置疑，無所事事有極大的好處，但此法不可濫用。——里瓦羅爾(Antoine de Rivarol)

老天絕不會幫助那些四體不勤的人。——索福克里斯

每一個人都本能地感覺到，世上所有美麗的情感加在一起也比不過一個值得敬佩的舉動。——洛厄爾

年輕人需要的不是書本知識，也不是指導具體做法的訓示。他們需要的是挺直腰杆，這樣他們才能忠於職守，果敢行動，集中全力去完成一項任務。——阿爾伯特·哈伯德

男子漢的責任就是竭盡全力去做能夠做到的事。——愛默生

用行動使自己名揚四海是勇敢者的責任。——維吉爾

頭腦中想著行動而不是信念，將有助於滿足我們最大的需要。——朗費羅

凱撒在任何時候都不假思索地投入行動：在凱撒看來，只要有一件事情沒做，就等於什麼事都沒做。——盧坎

可貴的並不是我們所做的事情，而是我們的行動。——塞內卡

如果我們真想知道自己的心境，就應先看看自己的行動。——湯瑪斯·威爾遜

為了使你做的好事永遠留在人們的記憶之中，最好的辦法就是不斷地做好事。——老加圖

一個人的一生是否有價值，應用一條較為崇高的標準來衡量：這就是行動，而不是歲月。——謝立丹

只有行動才能給生活增添力量。——里克特

在生活中，真正的問題不在於我們得到什麼，而在於我們做什麼。——卡萊爾

偉大的生活目標不是知識，而是行動。——赫胥黎

我們的命運就是我們自己，我們的行動就是我們的最後審判人；人活著不是為了信念，人活著是為了行

動。—— 歐·梅雷迪斯

偉大的壯舉告訴我們，宇宙是每個生活在其中的人的共同財富。—— 愛默生

我們必須學會做的事情，只有在實踐中才能學會。—— 亞里斯多德

行動之前必須充分地醞釀；一旦下定決心，就應果敢行動。—— 撒路斯提烏斯

做一件事要花多少氣力，應視其價值和重要程度而定。—— 馬可·奧勒利烏斯

有力的理由造成有力的行動。—— 莎士比亞

優柔寡斷者，行必寡。—— 席勒

行動會被人遺忘，結果卻將永存。—— 奧維德

行動會遇到危險，但卻可以得到榮耀。—— 威·艾頓

一枝小小的蠟燭，它的光照耀得多麼遠！一件善事也正像這枝蠟燭一樣，在這罪惡的世界上發出廣大的光輝。—— 莎士比亞

人們為自己做出了漂亮的事情而沾沾自喜，但是事情的成功往往是由於僥倖，而不是預先設計好的。—— 拉羅希福可

一個人做壞事只能給人留下惡劣的印象，他不會從中得到快樂。—— 尤維納利斯

許多事情在做的過程中是卑劣的，但做完之後卻令人高興。—— 奧維德

事情辦得出色，也即事情辦得及時。—— 迪巴爾塔斯

一件該做的事沒有做是最令人感到遺憾的。—— 威德默

無法挽回的事，只好聽其自然，事情做了就算了。—— 莎士比亞

已經做的事情無法挽回。—— 普勞圖斯

一個人回想往事時，如把應該做的和已經做的事情進行比較，他往往會感到極大的羞辱。—— 塞繆爾·詹森

鋼鐵才懂得沉默，不斷叫喚的是輕薄的蟬。—— 魯藜

第十三章　觀察·思考·判斷

君子有三鑑：鑑乎前，鑑乎人，鑑乎鏡。——《意林·中鑑》

見人之過，得己之過，聞人之過，得己之過。——楊萬里

上皇不念前在鑑，卻怨驪山是禍胎。——蘇軾

人之求多聞善敗，以鑑戒也。——《國語·楚語》

博學之，審問之，慎思之，明辨之，篤行之。——朱熹

博學而篤志，切問而近思。——《論語·子張》

事不師古，以克永世，匪說攸聞。——《尚書·說命下》

凡事須得研究，才會明白。——魯迅

在研究工作中養成良好的觀察習慣，比擁有大量學術知識更為重要，這種說法並不過分。——貝弗里奇

為惡意和憎恨所局限的觀察者，即使具有敏銳的洞察力，也只能見到表面的東西；但是當敏銳的洞察力同善意和熱愛相結合，就能探到人和世界的最深處，而且還有希望達到最崇高的目標。——歌德

要用自己的手和自己的眼睛！這是我們的最高原則。——巴夫洛夫

你們要給自己的熱心找到一個不可分離的伴侶，這個伴侶就是嚴格的觀察。——巴斯德

應該竭力在每一件事物中看到別人還沒有看到和別人還沒有研究的東西。——利希頓堡

觀賞（反思）是人與他周圍的宇宙的第一個自由的關係。——席勒

一個人不僅要細查人人所說的，而且要考慮人人所想的，以及人人所想的理由。——西塞羅

好奇心造就科學家和詩人。——佛朗士

洞察力，想像力，或者天才，都是需要的。首先要選擇最好的基本概念，並把各種現象加以妥善分類，使其適於歸納的運用；其次要制訂一個臨時的「定律」，作為工作假說，再以進一步的觀察及實驗加以檢驗。——丹皮爾

求學的三個條件是：多觀察、多吃苦、多研究。——加菲勞

觀察是生活中一種最為持久的樂趣。——梅瑞狄斯

使人獲得智慧的不是歲月，而是觀

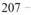

察。——普布里烏斯·西魯斯

致知之途有二：曰學，曰思。學非有礙於思，而學愈博則思愈遠；思正有功於學，而思之困則學必勤。——王夫之

開卷疾讀，日得數十卷，至老死不懈，可曰勤矣，然而無益。此有說也：疾讀則思之不審，一讀而止，則不能識憶其文，雖勤讀書，如不讀也。——馮班

至博而約於精，深思而敏於行。——《遜志齋集·書箴》

今不慮前事之失，複循覆車之軌。——《後漢書·竇武列傳》

只是聽人言語，看人文字，總是無得於己。——朱熹

事不三思終有悔，人能百忍自無憂。——馮夢龍

不深思則不能造其學。——楊時

不深思則不能造於道，不深思而得者，其得易失。——晁說之

詢問者智之本，思慮者智之道也。——劉向

學而不思則罔，思而不學則殆。——《論語·為政》

心之官則思，思則得之，不思則不得也。——《孟子·告子上》

思曰睿，思慮之後，睿自然生。——《近思錄·致知》

思索生知，慢易生憂。——《管子·內業》

思則睿，睿作聖。——周敦頤

思之，思之不得，鬼神教之。——《管子·心術》

天向一中分造化，人從心上起經綸。——羅大經

為學之道，必本於思。思則得之，不思則不得也。——晁說之

廣積未必皆當，而思之自得者真。——王廷相

萬物皆有理，若不知窮理，如夢過一生。——張載

對於書本知識，無論古人今人或某個權威的學說，要深入鑽研，過細咀嚼，獨立思考，切忌囫圇吞棗，人云亦云，隨波逐流，粗枝大葉，淺嘗輒止。——馬寅初

學習與思考兩者必須結合起來，不可偏廢。單思不學，會變成空想妄想；單學不思，又會變成書呆子。——蔡尚思

熟讀還必須與深思結合起來。讀書

不僅是要多獲知識，而且應深入思索，發現疑難，加以解決，此即所謂讀書得間，也就是所謂有心得。——繆鉞

要認真研究某個問題，必須充分掌握有關這個問題的資料。資料當然越多越好，但也不是漫無邊際。因此必須分清主次，有所側重。——王季思

先從具體情況出發，扎扎實實地以搞調查研究、掌握資料為前提，然後進行綜合、比類，作窮源究本的探索、分析，不單憑某些說教，不依仗名流重言，來凌駕一切，只要把具體情況搞清楚了，問題就自然而然地會突露呈顯。——殷孟倫

一個民族想要站在科學的最高峰，就一刻也不能沒有理論思維。——恩格斯

凡是值得思考的事情，沒有不是被人思考過的；我們必須做的只是試圖重新加以思考而已。——歌德

沉浸在一個偉大的思想中，就意味著把不可能的看作似乎是可能的。——歌德

思想就是力量。——雨果

哪裡有思想，哪裡就有威力。——雨果

多讀書而不假思索，你會覺得你知道得很多，而當你讀書又思考得越多的時候，你就會越清楚地看到，你知道得還很少。——伏爾泰

太陽在哪裡？在有思想的地方。寒冷又在哪裡？在愚昧和長壽駐足的地方。這事實便構成整整一套科學。——巴爾札克

想一下就知道，就意味著什麼也不知道。——巴夫洛夫

我的深思彌補了知識的不足，合乎情理的思考幫助我走上了正確的方向。——盧梭

頭腦簡單的人總愛這樣考慮問題：凡屬對他沒有用處的，就都是毫無用處的廢物。——克雷洛夫

對任何一個懸而未決的問題，進行頑強的思考或深思。——達爾文

生活就是思考。——西塞羅

把思考權交付給別人，就不會走自己的路了。——培根

應該盡力於思想得很多，而不是知道得很多。——德謨克利特

一般說來，凡善於考慮的人，一定是能根據其思考而追求可以透過行動取得最有益於人類的東西的人。——亞里斯多德

那些對於自己的事沒有思慮的人，也就沒有忠告旁人的資格。——伊索

在我看來，最好的書是那些能夠提供最豐富的思考材料的書。——佛朗士

任何問題都有解決的辦法，無法可想的事是沒有的。可是你果真弄到了無法可想的地步，那也只能怨自己是笨蛋、是懶漢。——愛迪生

扼殺思想的人，是最大的謀殺犯。——羅曼·羅蘭

深刻的思想就像鐵釘，一旦釘在腦子裡，什麼東西也無法把它拔出來。——狄德羅

我不願有一個塞滿東西的頭腦，而寧願有一個思想開闊的頭腦。——蒙田

自然界裡是沒有真空的，人的思想也沒有間隙。——布魯塔奇

思考可以構成一座橋，讓我們通向新知識。——普朗克

真正思考的人，從自己的錯誤中吸取的知識要比從自己的成就中吸取的知識更多。——約翰·杜威（John Dewey）

會思考的人思想急速轉變，不會思考的人暈頭轉向。——克柳切夫斯基（Vasily Osipovich Klyuchevsky）

為了能夠作真實和正確的判斷，必須把自己的思想擺脫任何成見和偏執的束縛。——羅蒙諾索夫

思考是人類最大的樂趣。——布萊希特（Bertolt Brecht）

讀書而不思考，等於吃飯而不消化。——波爾克（James Knox Polk）

有不少人讀書只是為了取得不再思考的權利。——利希頓堡

獨立思考，這樣天下就都是友好和神聖的了。——愛默生

一旦你能說出你自己思考的東西，而不是別人為你想好的東西，那就說明你正在成為一個了不起的人。——巴里

為什麼沒有人開一張人人都在，想而沒有人說出口的問題的清單，和另一張人人都在講，而沒有人在思索的問題的清單？——奧·霍姆斯

生命不息，思索不止。——洛弗

人活著就要思索問題。——西塞羅

在痛苦的沉思中，大腦比身體更加孱弱。——奧維德

世界上什麼工作最艱苦？思考問

題。——愛默生

動腦子的工作是最艱苦的，之所以從事這項工作的人不多，也許就是因為這一點。——亨利·福特

人因思索而忍受的煎熬，比之因別的事情而忍受的煎熬都大。——列夫·托爾斯泰

思維就是與自己交談。——烏納穆諾

每人都有其獨特的思維方式。——菲洛勞斯

在我看來，思路清晰的主要標誌是一個人獨自在一處徘徊的能力。——塞內卡

想像是個真實而永存的世界，對於它，這個乏味的宇宙倒是個虛無縹緲的影子。除了藝術與科學之外，人類生活又是什麼？——威·布萊克

對有些人，想像是神通廣大的天界女神，對有些人，想像卻是奉獻乳汁的奶牛。——喬·席勒

想像是有益於心靈的偉大樂器。——雪萊

想像是經驗的蹩腳的替代物。——哈維洛克·艾理斯

想像比知識更重要。——愛因斯坦

富於想像而缺乏真才實學的人，光有飛翼而無雙足。——儒貝爾

想法荒唐，結局必然糟糕。——喬·赫伯特

一個念頭往往會使我們變得比火還熾熱。——朗費羅

第二次想到的主意往往是最糟糕的。——威廉·申斯通

一個想法含糊得用簡單的方式表達不清楚，那就說明這個想法應該拋棄。——沃夫納格

幻想飛得太高，墜在現實上的時候，傷就格外沉重了。——魯迅

懷疑並不是缺點，總是疑，而並不下斷語，這才是缺點。——魯迅

懷抱著各種理想和幻想，這並不是什麼毛病，而是一種寶貴的特質。——加里寧

總的說來，人真是個幻想巨人，他的勞動史，他的文化創造史，都是一般可以想像得出的最具幻想的東西。——高爾基

沒有不可認識的東西，我們只能說還有尚未被認識的東西。——高爾基

幻想裡有優於現實的一面，現實裡也有優於幻想的一面。完滿的幸福將是前者和後者的合一。——列夫·

托爾斯泰

真正的科學家應該是一個幻想家，誰不是幻想家，誰就只能把自己稱為實踐家。——巴爾札克

在科學思維中常常伴著詩的因素。真正的科學和真正的音樂要求同樣的想像過程。——愛因斯坦

我們思想的發展在某種意義上常常取源於好奇心。——愛因斯坦

懷疑主義者思想的一個普遍性格是，它總傾向於追究某一特殊的論斷是否確實屬於某一特殊的個體，這種追究的目的就在於把由此發現和證明的事物穩當地付諸實施。——歌德

幻想是詩人的翅膀，假設是科學家的天梯。——歌德

讀書不是為了雄辯和駁斥，也不是為了輕信和盲從，而是為了思考和權衡。——培根

古往今來，人們開始哲理探索，都應起源於對自然萬物的驚異。——亞里斯多德

幻想比現實更有力，幻想本身難道不是最高的現實嗎？它是現實的靈魂。——佛朗士

想像可以使感覺敏銳的人成為藝術家，可以使勇敢大膽的人成為英雄。——佛朗士

想像，這是一種特質。沒有它，一個人既不能成為詩人，也不能成為哲學家、有機智的人、有理性的生物，也就不稱其為人。——狄德羅

任何東西都沒有像大膽的幻想那樣能促進未來的創立，今天的空想，就是明天的現實。——雨果

與知識一樣，懷疑也使我高興。——但丁

想像力比知識更重要，因為知識是有限的，而想像力概括著世界上的一切，推動著進步，並且是知識進化的泉源。嚴格地說，想像力是科學研究中的實在因素。——愛因斯坦

只有當需求得到滿足，想像力才會發揮出它那不受任何約束的功能。——席勒

抱持懷疑態度，這對科學家是有利的，因為這可以使他們不致損失大量時間：然而，我曾經遇見不少人，我相信，他們正是由於這種「缺乏懷疑態度」，不敢去設立試驗和進行觀察工作，不管這些工作是否具有直接或間接的益處。——達爾文

缺乏智慧的幻想會產生怪物，與智

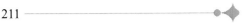

慧結合的幻想是藝術之母和奇蹟之源。——戈雅

當任何新學說出現在我們面前時，我們都有充分理由不信任它，有充分理由思忖。——蒙田

好奇的目光常常可以看到比他所希望的東西更多。——萊辛

缺乏幻想的學者只能是一個好的流動圖書館和活的參考書，他只掌握知識，但不會創造。——萊辛

真正的藝術家總是冒著危險去推倒一切既存的偏見，而表現他自己所想到的東西。——羅丹

智慧和幻想對於我們的知識是同樣必要的，它們在科學上也具有同等的地位。——李比希

科學家還必須具備想像力，這樣才能想像出肉眼觀察不到的事物如何發生，如何作用，並構思出假說。——貝弗里奇

科學的每一項巨大成就，都是以大膽的幻想為出發點的。——杜威

不要摒棄幻想！——奧布魯切夫

破除迷信，不怕超自然的東西，不怕死亡。——歐文

若無某種大膽放肆的猜測，一般是不可能有知識的進展的。——高斯

怎樣打開我們的想像力大門？這要從學習多問「為什麼」開始。要成為好奇和多懷疑的人，不僅問「為什麼」？還要問 「什麼」、「在哪裡」、「什麼時候」和「怎麼樣」？當你得到一種新想法時，首先要問「如果……怎麼樣」？——布朗尼科夫斯基

想像力總是隨著知識的增長而增加的。——巴烏斯托夫斯基

不問一個為什麼，什麼東西也學不到。——富勒

想像是靈魂的眼睛。——儒貝爾

今天不可能的事，明天將成為可能的事。——齊奧爾柯夫斯基

從事偉大事業的人不要害怕幻想家或空想家的綽號，因為這些綽號所糟蹋的與其說是得到的東西，不如說是給予的東西。——雅科布斯

應該更多地幻想，更有力地幻想，以便使未來變成現實。——普利什文

幻想是無限的，智慧的熱情是無限的，戰勝自然界的技術力量也是無限的。——費爾斯曼

想像之所以是想像，就是為了彌補現實。——克柳切夫斯基

能者進而由之，使無所德。不能者退而休之，亦莫敢慍。——柳宗元

猛虎之猶豫，不若蜂蠆之致螫，騏驥之跼躅，不如駑馬之安步。——《史記·淮陰侯列傳》

果決人似忙，心中常有餘閒；因循人似閒，心中常有餘忙。——《格言聯璧·存養》

除害在於敢斷，得眾在於下人。——《尉繚子》

不要抓住一點表面上甚至很明確的隻言片語，就遽爾作出斷定，大事渲染，無限推論。——張世英

看到一個一個的事物，忘了它們互相間的關聯；看到它們的存在，忘了它們的產生和消失；看到它們的靜止，忘了它們的運動；因為它只見樹木，不見森林。——恩格斯

一般地可以這樣說：從特殊到一般的道路是直覺性的，而從一般到特殊的道路則是邏輯性的。——愛因斯坦

在創作家的事業中，每一步都要深思而後行，而不是盲目地瞎碰。——米丘林

最難得的勇氣，是思想的勇氣。——佛朗士

最普通的工作，沒有動手之前，總覺得又費時又費力。關鍵問題，就是要動腦筋，考慮好了，一做就成。——克雷洛夫

感觀並不欺騙人，欺騙人的是判斷力。——歌德

一個訓練有素的思想家的主要特點在於，他不在佐證不足的情況下輕易做出結論。——貝弗里奇

思後而行，以免做出蠢事。因為草率的動作和言語，均是卑劣的特徵。——畢達哥拉斯

我有一點發明本領和合理見解，就是推理能力，正好像每一位頗有盛名的律師和醫師所具有的這些本領一樣。——達爾文

為了做出可能的事，不要忘記去做不可能的事。——魯賓斯坦

辦不到的事情是什麼，這很難說，因為昨天的夢想，可以成為今天的希望，還可以成為明天的現實。——戈達德

毛蟲和蝴蝶是大不相同的，可是蝴蝶就是從毛蟲變化而成的。——莎士比亞

將欲去之，必固與之。——《老子》

將欲敗之，必姑輔之。將欲取之，

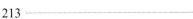

必姑與之。——《戰國策·魏策》

不泥古法，不執己見，唯在活而已矣。——鄭板橋

戴盆何以望天？——司馬遷

雷雨殷地芝菌生，洪濤齧山怪石出。——魏源

量粟而舂，數米而炊，可以治家，而不可以治國。——《淮南子·詮言訓》

學古不泥古。——《唐書·孫思邈傳》

凡人才學便須知著力處，既學便須知得力處。——朱熹

流水之為物也，不盈科不行。——《孟子·盡心上》

若升高必自下，若陟遐必自邇。——《尚書·太甲下》

索物於夜室者，莫良於火。——王符

學不進，率由於因循。——《薛文貴公讀書錄·論學》

循序而漸進，熟讀而精思。——朱熹

笨鳥先飛早入林。——關漢卿

工欲善其事，必先利其器。——《論語·衛靈公》

關於學習，他提出，「慢就是快」，說明根基不打好，一切都築在沙上，永久爬不上去。我覺得這一點格外值得我們深思。倘若一開始就猛衝，只求速成，臨了非但一無結果，還造成不踏實的壞風氣。——傅雷

做任何事情都要講究方法，方法對了，才能使問題迎刃而解，達到事半功倍的效果。這方法，不僅要針對問題的實際，使之有效，而且需切合自己之所長，揚長避短，使之可行。因此，善於迅速地找到有效的方法，也是一種重要的才能。——王梓坤

我現在更體會到，把「方法論」放在研究中第一位，是有其必要的。我縱觀先代的學術工作者，其成就的大小和深淺，往往決定於方法是否多方面的，是否靈活運用得純熟。——姜亮夫

請教時不要把問題問「透」，就像迷路時不要閉著眼睛讓人牽著走，而是問個方向自己走一樣，請人在關鍵地方點一下，然後自己去思考。這樣費力些，但收獲會大得多。——盧嘉錫

與其來種荊棘，不如留下一片白地，讓別的好園丁來種可以永久觀賞的佳花。——魯迅

辯證法對今天的自然科學來說是最重要的思維形式，因為只有它才為發生於自然界中的發展過程，為自然界中的普遍連繫，為從一個研究領域到另一個研究領域的過度提供類似物，並從而提供說明方法。——恩格斯

為了燃成熊熊烈火，有時必須用煙霧掩蓋自己，把它威嚴的面孔隱蔽起來，但是隱蔽不是為了熄滅，而只是為了集聚一切力量，重新燃起熊熊烈火，包圍一切和燒盡。——高爾基

什麼是最好的政府？那就是指導我們去治理我們自己的政府。——歌德

假說是研究工作者最重要的思想方法，其主要作用是提出新實驗或新觀測。假說的另一作用是幫助人們看清一個事物或事件的重要意義，若無假說則這一事物或事件就不說明問題。——貝弗里奇

人們為了獲得與確實性相等的科學真理，必須用什麼方法進行研究呢？科學就要求方法上的確實性。與此同時，自然科學已經開始在實踐中使用哲學家尚在尋求的方法。——狄慈根

我覺得，只有大膽的思辯而不是經驗的堆積，才能使我們進步。——愛因斯坦

我們的眼睛有時也像我們的判斷一樣靠不住。——莎士比亞

我們不能憑著自己的成見，從外表上判斷個人的內心。——莎士比亞

因果性只是兩個間斷之間的關聯。這就構成了因果律，因為它符合廣義相對論。——愛因斯坦

偏見是無知的產物。——威·赫茲利特

心存偏見的人總是弱者。——塞繆爾·詹森

偏見是一種飄忽不定、無根無據的觀念。——比爾斯

偏見若不能成為理智，就無法安穩。——威·赫茲利特

無論是在政治還是在文化，人總是靠狂熱的偏見和狹隘的觀念去贏得朋友。——康拉德

把偏見從門口趕出去，它還會從視窗溜進來。——腓特烈大帝

人人反對偏見，可人人都有偏見。——赫·斯賓塞

沒有偏見和習慣的幫助，我甚至無法從房間的這邊走到那邊。——赫茲利特

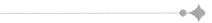

我能確保正直，卻不能保證沒有偏見。——歌德

人們喜歡帶著極端的偏見在不著邊際的自由中使自己得到滿足，這就是他們的思想本質。——培根

抱有偏見的是這麼一種人：如果國王不信神，他也會成為一位無神論者。——拉布呂耶爾

抱有偏見的人樂於受到公眾的嘲弄，因為他會因此而認為自己成了一位殉道者。——史密斯

第十四章　尚美·審美·美育

照天性來說，人都是藝術家。他無論在什麼地方，總是希望把「美」帶到他的生活中去。——高爾基

我們世界上最美好的東西，都是由人的手創造出來的。——高爾基

只有美才能使整個世界幸福。誰要是感受到美，他就會忘記自己的有限性。——席勒

只有美的交流，才能使社會團結，因為它關係到一切人都共同的東西。——席勒

美是一面鏡子，你在這面鏡子裡可以照見你自己，從而對自己採取這樣或那樣的態度。——蘇霍姆林斯基

美的東西總是與人生的幸福和歡樂相連的東西。——車爾尼雪夫斯基

勞動先於藝術，總之，人最初從功利觀點來觀察事物和現象，只是後來才站到審美的觀點上來看待它們。——普列漢諾夫

美的東西是我們不顧任何利益而喜愛的東西。——康德

人的一切都應該是美好的：心靈、面貌、衣裳。——契訶夫

只有美才賦有一種能力，使她顯得出色而且可愛。——蘇格拉底

人們正是從審美的觀點出發來培育自然的。——波斯別洛夫（Pyotr Nikolaevich Pospelov）

對之欣賞而發生愉快的東西則稱之為美。——湯瑪斯

我深信美麗的風景，在青年氣質的發展上所具有的那種巨大的教育影響。——烏申斯基

世間的活動，缺點雖多，但仍是美好的。——羅丹

人不應像走獸一樣地活著，應該追求知識和美德。——但丁

在一個國家中還要有一種推動的樞紐，這就是美德。——孟德斯鳩

美使愚蠢的人憂傷，使聰明的人歡樂，人們總是譏笑與他們關係密切的人和事。——南森（Fridtjof Nansen）

黃金的作用大，但美的作用更大，這一點是千真萬確的。——馬辛格

美的力量要大於犍牛。——喬·赫伯特

啊！美居然能主宰世上最強的人！——埃·斯賓塞

經過一場不流血的征戰，美在粗鄙的靈魂中確立了絕對的主宰地位。——埃·沃勒

美因為美的力量而貌似正確，孱弱因為弱而貌似錯誤。——白朗寧

當美睜著她那憂鬱的眼睛向人們的心靈尋求嘆息的敬意時，誰還會猶豫躊躇？——湯瑪斯·坎貝爾

越是漂亮的臉蛋，越是經不起歲月的摧殘。——莎士比亞

真和美都不是離開人而獨立的東西。如果不再有人類，是不是阿波羅像也就不再是美的了？——愛因斯坦

充實之謂美。——孟軻

充內形外之謂美。——張載

美在人的心中喚起的感覺是明朗的喜悅，就像親愛的人在我們面前時的那種喜悅。——車爾尼雪夫斯基

美是生活的任何事物，凡是能顯示生活或使我們想起生活的，那就是美的。——車爾尼雪夫斯基

任何事物，凡是我們在那裡看得見依照我們的理解應該如此的生活，那就是美的。——車爾尼

一件東西必須出類拔萃，方才稱得上美，這是千真萬確的。——車爾尼雪夫斯基

美固然是形式，因為我們觀賞它；但它同時又是生活，因為我們感覺它。總之，一句話，美既是我們的狀態又是我們的行為。——席勒

美是理性與感性的協調一致，而且正是這種協調一致是它對我們的魅力之所在。——席勒

美對我們是甜柔的，因為她和我們生命的快速調子應節舞蹈。——泰戈爾

美其實是一種本原現象，它本身固然從來不出現，但它反映在創造精神的無數不同的表現中，都是可以目睹的，它和自然一樣豐富多彩。——歌德

美在人們的交流中占有首要地位，美首先顯現出來，以極大的權威和奇異的印象吸引並事先影響我們的判斷。——蒙田

在所有形式中，最美的是人的形式，所以上帝一定具備人的形式。——西塞羅

在活生生的現實裡有很多美的事物，或者更確切地說，一切美的事物只能包括在活生生的現實裡。——別林斯基

美——是道德純潔、精神豐富和體魄健全的強大泉源。——蘇霍姆林斯基

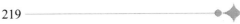

美是一種心靈的體操——它使我們的精神正直、心地純潔、情感和信念端正。——蘇霍姆林斯基

美是一種善，其所以引起快感，正因為它善。——亞里斯多德

沒有油畫、雕塑、音樂、詩歌，以及各種自然美所引起的情感，人生樂趣會失掉一半。——斯賓塞

美只有在社會中才能引起興趣。——康德

美本身都是無限的。——黑格爾

美，像真理一樣，是和人們生活於其中的時代有關的，是和能夠抓住它的個人相關的。——庫爾貝

美不在某一特殊部分閃爍，而在所有部分總起來看，彼此之間有一種恰到好處的協調和適中。——笛卡兒

詩神的侍從不能容忍浮華生活，美應該莊嚴地存在。——普希金

鬆弛舒暢是美所特有的效果。——博克

凡是一眼見到就使人愉快的東西，才叫做美的。——聖湯馬斯

沒有永久的美。——狄德羅

有用的而又美，這就是崇高。——雨果

人並不是因為美而可愛，而是因為可愛而美麗。——列夫·托爾斯泰

絕對的美的標準是不存在的，並且也不可能存在。人們對美的概念在歷史發展過程中無疑地變化著。——普列漢諾夫

鮮明的比例組成美的或好看的事物。——湯瑪斯

時間是送給我們的寶貴禮物，它使我們變得更聰明、更美好，更成熟、更完美。——湯瑪斯

美的範圍比暴露在我們眼前的物質世界更為廣闊；美的領域也就是整個自然界的、心靈的、人的才能所及的領域。——阿尼庫申（Mikhail Konstantinovich Anikushin）

啊，美，你雖古老但又那麼年輕，你是永恆的聲音，心靈深處的言語。——惠蒂埃

美絕不會消逝，只會從一種美變成另一種美。——奧爾德里奇

我們的生命是短暫的，而美卻長存，一萬年以後還會滴下露珠，高高的空中仍將懸著藍色的拱門，玫瑰仍將重複它那美妙的故事。——查理斯·湯斯（Charles Hard Townes）

凡是美的只要看上一眼就永遠不會

忘記。──惠蒂埃

美是唯一不受時間傷害的東西。──王爾德

美永遠存在著，人世間的變遷對她毫無影響，她是孤寂者寄託心靈的永恆的庇護所。──伍德貝里（Levi Woodbury）

誰會幻想美會像夢一樣消失呢？──葉芝（William Butler Yeats）

不要過分相信那張嬌媚的面容，美是一種魅力，而魅力很快便會消失。──維吉爾

美猶如夏日裡的鮮果，易於腐爛，難以保存。──培根

絢麗的東西總是難長久。──布賴恩特

美是一種容易消損的東西，旺盛期一過，便香消玉損。──羅·彭斯

可愛的美像早晨的露珠，它只給嫩綠的草地帶來一時的歡娛，但等太陽露出尊容，它就會？肖失得無影無蹤。──塞·丹尼爾

大自然賜予的美是那麼的脆弱，它既微不足道又不經時間消蝕；它今天還香氣襲人，明天卻殘紅委地；它是珍寶，但又變化無常，憎恨理智。──霍德華

既然銅、石、或大地、或無邊的海，沒有不屈服於那陰慘的無常，美，她的活力比一朵花還柔脆，怎能和他那肅殺的嚴威抵抗？──莎士比亞

美不會永駐，花期、六月和狂喜，總有一天會消逝。──斯特林格

美是無法繼承的。──約翰·雷

肉眼所及的美只能持續片刻，因為眼睛並非總是心靈的視窗。──喬治·桑

美好的事物總是那麼短暫，而短暫的事物又總是那麼美好。──斯溫伯恩

我聽老人們說，「所有美麗的事物，最終都會像水那樣流逝。」──葉芝

「美」若一死，宇宙也就要再一度混亂混沌。──莎士比亞

把人們引向藝術和科學的最強制的動機之一，是要逃避日常生活中令人厭惡的粗俗和使人絕望的沉悶，是要擺脫人們自己反復無常的欲望的桎梏。──愛因斯坦

美，存在於生活之中，而對於美的發現，則要靠人們對它的理解和認識。──車爾尼雪夫斯基

在活生生的現實裡有很多美的事物，或者更確切地說，一切美的事物只能包括在活生生的現實裡。——別林斯基

黃鐘之與瓦釜，就是善與惡、是與非、美與醜、正與邪、真理與詭辯，永遠是對立一時而前者總是獲得決定的勝利。——郭沫若

玫瑰是美的，不過我們認為，使它更美的是它包含的香味。——莎士比亞

美德有如寶石，最好是用素淨的東西鑲嵌。——培根

凡是真的、善的和美的事物，不管它們外表如何，都是簡單的，並且還總是相似的。——歌德

照亮我的道路，並且不斷地給我新的勇氣去愉快地正視生活的理想，是善、美和真。——愛因斯坦

真，美，善是緊密地結合在一起的。在真或善之上再加上稀有的光輝燦爛的情境，真或善就變成美了。——狄德羅

如果善確實在作品中，並且表現出來，那時作品才真正是美和善。——狄德羅

請熱愛真實，因為它是美的，只有您能辨認它，並深刻感受它。——安格爾

失去了真，同時也失去了美。——別林斯基

只有真才美，只有真才可愛，虛假永遠無聊乏味，令人生厭。——希瓦洛

真的美起源於完善。——斯賓諾莎

真實包括著道德，偉大包括著美。——雨果

真實的東西，才是最美的。它不會使人失望，叫人對未來充滿信心。——羅曼·羅蘭

如果能追隨理想而生活，本著正直自由的精神，勇往直前的毅力，誠實不自欺的思想而行，則定能臻於至美至善的境地。——瑪里·居禮

凡是美的都是和諧的和比例合度的，凡是和諧的和比例合度的就是真的，凡是既美而又真的也就在結果上是愉快的與和善的。——夏夫茲博里

理智傳達真和偽的知識，趣味產生美與醜及善與惡的情感。——休謨

美是一種善，其所以引起快感，正因為它善。——亞里斯多德

美與善是不可分割的，因為兩者都以形式為基礎；因此，人們通常把善的東西也稱讚為美的。——湯瑪斯

美是道德上善的象徵。——康德

美是善良和誠摯之母。——蘇霍姆林斯基

善在美後面，是美的本原。——普羅提諾

善是真與美的特殊形式，是人類品行中的真與美。——奧弗斯特里特

美，善，真等等，都是為著自身而存在的。——柏拉圖

我們完全可以像追求愛情那樣去談論善良，像嚮往愛情那樣去談論真理，像自我表述愛情那樣去談論美麗，而且做到從容不迫、不拘形式。——理·羅伯茲

自知者真，自製者善，自勝者美。——喬瑟夫·魯賓

美是上帝的微笑，音樂是上帝的聲音。——詹森

富有生機就是美。——威·布萊克

美是什麼？是沒有名稱的香水，是喧囂後突然出現的寂靜，是黑暗中掠過的朦朧光影，是荒漠的海灘上可以望見的一點遠帆。——菲克

美是建立在需要這個基礎之上的。——愛默生

美是我們所知道的最完備的東西，它包括了自然的不可企及的神祕目標。——羅·布里奇斯

美是奇異的。它是藝術家從世界的喧囂和他自身靈魂的磨難中鑄造出來的東西。——毛姆

我們簡直不知道美是如何出現的，就像不知道泉源裡的水從哪裡流出一樣。——謝爾普

唯有不需要我們操心的事物才是美好的。——王爾德

美！這是用心靈的眼睛才能看到的東西。——儒貝爾

即使對她的仰慕者，美也只是偶爾微微一笑，而這些仰慕者卻因為沉湎於往日所受的恩惠而日益消瘦。——桑塔亞那

美對於那孤寂的靈魂始終是倏忽而逝的陰影，她雍容嬌豔。美是一位賓客，離去後留下悲愴的贈禮，痛苦的紀念。——南森

端莊即至美，嚴肅乃極樂。——沃森

美像洶湧澎湃的海浪，美像永無盡頭的長夜，美像林中幽靜的池塘，

美像定期圓缺的月亮。——馬·伯特

美是無聲的騙局。——忒奧克里托斯(Theocritos)

美是一種詭計，它騙得了半個世界的歡心。——塔伯

美是鑲嵌在象牙底座上的罪惡。——忒奧克里托斯

所有美的精髓，我都稱之為愛。心靈美即使沒有標誌可以辨認，沒有根據可以引征，沒有歸宿可以尋覓，我也稱之為愛。——白朗寧

最美的東西是無法用畫筆表現的。——培根

美好的東西和有用的東西同樣有益，而且也許更有益。——雨果

在他看來，為美而獻身比為麵包而活著要幸福得多。——愛默生

美在已經涉足和尚未涉足的領域中創造著。——塞·丹尼爾

我們的心沉醉在美之中，而我們的雙眼卻永遠不能發現。——喬·拉塞爾

要創造出真正的美必須具備巨匠的技藝。——約·德萊頓

不要相信那騙人的燈光，黑暗和飲酒會損害你對美的判斷力。——奧維德

說美是膚淺的，這種說法本身就很膚淺。——赫·斯賓塞

在人類生活中，只有達到美的境界，事物才稱得上是完善的；對宗教來說則完全不是這樣。——福斯迪克

難道完美也需要褒獎？不，不需要。只有法律、真理、慈愛和謙遜才需要讚美。——馬可·奧勒利烏斯

美一旦到了無可挑剔的地步，那麼，它本身就是缺陷。——哈維洛克·艾理斯

偉大的未必美好，而美好的必然偉大。——拉丁諺語

我認為，過分的美就像過多的陽光一樣，毫無益處。——白朗寧

啊，可愛的小夥子，不要過分相信你的那些花朵！白色的女貞花謝了，黑色的風信子也將被採擷。——維吉爾

假如你美麗，那麼青春和思想將賦予你真的天性——堅強。——華茲華斯

完美的藝術形式無需說教，美便是她自身存在的理由。——惠蒂埃

歐幾里得獨自窺見過赤裸的美，幸運的人們雖然離她遙遠，有時卻能聽到她那巨大的鞋子踏在石頭上的足音。—— 米萊

你既不美麗又不醜陋，優美豈能與邪惡並存？—— 奧維德

美是一種標誌，它比智慧具有更大的現實性。—— 霍姆斯

智慧是過去的結晶，而美卻是未來的希望。—— 霍姆斯

美是智慧的化身 —— 其實高於智慧，因為它無需任何解釋。—— 王爾德

美貌和智慧很少能結合在一起。—— 佩特羅尼烏斯

真因智慧而生，美因感情而存。—— 席勒

「美就是真，真就是美」—— 這是你在世上所懂得的一切，也是你應該懂得的一切。—— 濟慈

哦，美看起來要更美得多少倍，若再有真加給它溫馨的裝潢！—— 莎士比亞

假如要我在美與真之間做出抉擇，我將毫不猶豫地選擇美；因為我確信，寓於美之中的真要比真本身更高尚深奧，我甚至認為，世界上之所以真，就因為有美的存在。—— 佛朗士

美是善的另一種形式。—— 彼翁

美具有引人向善的作用和力量。—— 柏拉圖

「美」是上帝印在「善」字上的標記。—— 愛默生

美，多麼接近善啊！—— 強生

善較之美價值更高。—— 阿爾拉

至善方能至美。—— 拉丁諺語

我一向認為，只有把善付諸行動才稱得上是美。—— 盧梭

美的確是一種柔軟光滑的東西，因此，自然的美會很容易溜進我們的靈魂。我要再加上一句，善就是美。—— 柏拉圖

美高於善，善勝過醜。—— 王爾德

假如認為美就是善，那是多麼離奇的幻想啊！—— 列夫．托爾斯泰

善即是美，但美麗的奸惡，是魔鬼雕就文彩的空櫝。—— 莎士比亞

美與善是不可分割的，因為兩者都以形式為基礎，因此，人們通常把善的東西也稱讚為美的。—— 湯瑪斯

只有美的交流，才能使社會團結，

因為它關係到一切人都共同的東西。——席勒

凡是想依正路達到這深密境界的人應從幼年起，就傾心嚮往美的形體，如果他依嚮導引入正路，他第一步應從只愛某一個美形體開始，憑這一個美形體孕育美妙的道理。——柏拉圖

美有三個要素；第一是一種完整或完美，凡是不完整的東西就是醜的。其次是適當的比例或和諧。第三是鮮明，所以鮮明的顏色是公認為美的。——阿奎那 (St. Thomas Aquinas)

一個真正的美的心靈總是有所作為而且是一個實實在在的人。——黑格爾

沒有德性的美貌，轉瞬即逝；可是在你的美貌中，有一顆美好的靈魂，所以你的美貌常存。——莎士比亞

美貌倘若生於一個品德高尚的人身上，當然是很光彩的；品行不端的人在它面前便要自慚形穢，遠自遁避了。——培根

美人並不個個可愛，有些只是悅目而不醉心，一個規矩女人的美貌好比遠處的火焰，也好比銳利的劍鋒，如果不靠近，火燒不到身上，劍也不會傷人。貞潔端重是內心的美，沒有這種美，肉體不論多美也算不得美。——賽凡提斯

美在想望它的人的心裡比在看到它的人的眼裡，放出更明亮的光彩。——紀伯倫 (Jubran Khalil Jubran)

美不是一種需要，只是一種歡樂。

她不是乾渴的口，也不是伸出的空虛的手，卻是發焰的心，陶醉的靈魂。——紀伯倫

心地善良總是和美貌連在一起的。常言說得好，面容是內心的鏡子。——巴爾德斯

說實在的，再沒有比看到美遭到腐朽的淫亂的侵蝕更叫我們痛心的了。讓醜惡去跟淫亂攜手吧，可是美，柔和的美，我們只能把它跟純潔無垢聯想在一起。——果戈里

美學是未來的倫理學。——高爾基

生活只有兩種形式；腐爛和燃燒。膽怯的與貪婪的人選取第一種形式，勇敢的與慷慨的人選取第二種形式，凡是最美的人，都明白什麼是偉大。——高爾基

沒有德性的美貌，是轉瞬即逝的，有一顆美好的靈魂，美貌是永存的。——莎士比亞

美是道德的象徵。——康德

我在日常生活中嚴守著一個美好的準則：「貴在自知之明」。——安格爾

美是必要的，快樂是必要的，愛情也是必要的。但這一切都應該有健康的基礎。我們想看到年輕人健康、漂亮、聰明、有好的特質！——季米特洛夫

社會生活的消極的道德本質常常導致人們肉體美的退化。——波斯彼洛夫

美德好比寶石，它在樸素背景的襯托下反而更華麗。同樣，一個打扮並不華貴、卻端莊嚴肅而有美德的人是令人肅然起敬的。——培根

心靈美就是精神的美與道德的美。——庫申

在真實的上面，還有另一種美，就是理想美。——庫申

世界上最廣闊的是海洋，比海洋更廣闊的是天空，比天空更廣闊的是人的心靈。——雨果

美育與德育是親姐妹。——別林斯基

從感覺上升到較高的領域，事業，行動，風度，學術和品德也都是美的。——普羅提諾

真正美的東西必須一方面跟自然一致，另一方面跟理想一致。——席勒

我見過一些人，德行美好，而態度自然，使人不感覺到他們身懷美德；因為他們克盡天職，毫不勉強，一切表現，如出本能。他們不會長篇大論，指出自己稀世的優點，因為他們自己彷彿根本不知道有這回事。——孟德斯鳩

在感覺中有樂，在情操中有德，在藝術中有美，在推理中有真，在同類的交往中有愛。——雪萊

美德好像戰場。我們要過美德的生活，要常常和自己抗爭。——盧梭

美是道德特質之花。——芝諾

最優美的，最理智的歡樂，包含於促進別人的快樂中。——布律耶爾

優美的道德由於有理智的秩序在它們上面照耀著，就有美在它們上面照耀著。——湯瑪斯

紀律能美化集體。——馬卡連柯（Anton Semyonovich Makarenko）

謙遜可以使一個戰士更美麗。——奧斯特洛夫斯基

愛國主義也和其他道德情感與信念一樣，使人趨於高尚，使他愈來愈

能了解並愛好真正美麗的東西，從對於美麗東西的知覺中體驗到快樂，並且盡一切方法使美麗的東西體現在行動中。——凱洛夫

美是體魄之德，德是靈魂之美。——愛默生

沒有德行的美就像一朵沒有香味的花。——法國諺語

表現在男性或女性身上的特殊的美，無不具有道德的魅力。——愛默生

美的事物不會使人破壞誓言。——莎士比亞

美——不但用來指成功的表現，而且也用來形容科學的真理，成功的行動和道德的行動。——克羅采

如果美碰巧落在一個正當的人的身上，它也一定會使他的德行放射出光輝，使他的罪過引起面孔上羞慚的紅暈。——培根

美的最高理想要在實在與形式的盡量完美的結合與平衡裡才可找到。——席勒

科學的探討與研究，其本身就含有至美，其本身給人的愉快就是酬報，所以我在我的工作裡尋到了快樂。——瑪里·居禮

美色不同面，皆佳於目；悲音不共聲，皆快於耳。——王充

甘瓜苦蒂，天下物無全美也。——翟灝

辯言過理，則與義相失，麗靡過美，則與情相悖。——嚴可均

登高使人意遐，臨深使人志清。——李善

登高使人欲望，臨深使人欲窺，處使然也。——《淮南子·說山訓》

銳鋒產乎純石，明火熾乎暗木，貴珠出乎賤蚌，美玉出乎醜璞。——葛洪

人類社會根本改造的步驟之一，應該是人的改造。人的根本改造應該從兒童的感情教育、美的教育入手。——郭沫若

高尚的道德情操和道德行為與追求美的理想這兩者常常統一在一起，是密不可分的。——周揚

愛花，展現了人們美好的生活願望和高尚的審美情趣。——秦牧

青春是一個普通的名稱，它是幸福美好的，但它也充滿著艱苦的磨練。——高爾基

只有當醜力求自炫為美的時候，醜

才變成了滑稽。——車爾尼雪夫斯基

否定理想的人可能容易找到，不過他是把卑鄙當作美好。——歌德

點燃了的火炬不是為了火炬本身，就像我們的美德應該超過自己照亮別人，否則等於沒用。——莎士比亞

美是到處都有的，對於我們的眼睛，不是缺少美，而是缺少發現。——羅丹

美的特點並非刺激欲望並把它點燃起來，而是使它純潔化、高尚化，如果加比都爾的維納斯女神，或者聖女塞西勒，或者繆斯女神在你身上引起肉欲，那你就不配欣賞美。——庫申

裝飾的華麗可以顯示一個人的富有，優雅可以顯示一個人的趣味，但一個人的健康與茁壯則須由另外的標誌來識別。只有在一個勞動者的粗布衣服下面，而不是在一個嬖幸者的穿戴之下，我們才能發現強有力的身軀。——盧梭

樸素是美的必要條件。——列夫·托爾斯泰

我們唯一的美學法典，就是生活。——弗蘭科

眼睛如果還沒有變得像太陽，它就看不見太陽；心靈也是如此，本身如果不美也就看不見美。——普羅提諾

獅子在不為飢餓所迫，又沒有別的野獸向它挑戰的時候，它閒著不用的精力就會自己創造其他形式；它那雄壯的吼聲響徹沙漠，在這無目的的消耗中，它那旺盛的精力在自我享受。——席勒

讚美好事是好的，但對壞事加以讚美則是一個騙子和奸詐的人的行為。——德謨克利特

要評判美，就要有一顆有修養的心靈。——康德

為了將來的美好而犧牲了的人都是一尊石質的雕像。——伏契克

青春在人的一生只有一次，而青春時期比任何時期都最強盛美好。因此，千萬不要使自己的精神僵化，而要把青春保持永遠。——別林斯基

優美就在於：每一個舉動與姿勢都是最輕便，最適度，最自然地做成的。——叔本華

驅使人以高尚的方式相愛的那種愛神才美，才值得頌揚。——柏拉圖

採摘花瓣的人得不到花的美麗。——泰戈爾

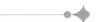

量能在秀美之上加上偉大，但是，要避免過量，否則量就變成笨拙、沉重，甚至可笑了。——賀加斯（William Hogarth）

如果醜陋的人偏想要別人稱讚他美，跛腳的人偏想表現矯健，那麼這種原來引起我們同情的不幸情況又會引起我們的譏笑了。——菲爾丁

產生快感的叫做美，產生不快感的叫做醜。——史賓諾沙

優美之神不會親近冷嘲的蘆笛。

粗魯的手指在豎琴上變為麻痹。——普希金

最美的事，莫過於接近神明而把它的光芒散播於人間。——貝多芬

看不見的和諧比看得見的和諧更好。——赫拉克利特

人人都有感情，而並非都有偉大而高尚的行為，這由於感情推動力的薄弱。要轉弱而為強，轉薄而為厚，有待於陶養。陶養的工具，為美的物件；陶養的作用，叫做美育。——蔡元培

每一本書是一級小階梯，我每爬上一級，就要脫離畜牲而上升到人類，更接近美好生活的觀念，更熱愛這本書。——高爾基

美，存在於生活之中；而對於美的發現，則要靠人們對它的理解和認識。——車爾尼雪夫斯基

美的事物在人心中所喚起的感覺是明朗的歡喜，近似在親愛的人面前所洋溢於我們心中的歡喜。——車爾尼雪夫斯基

太愛人讚美，連美也變得庸俗。——莎士比亞

精神方面的享受是大家公認為不僅含有美的因素，而且含有愉快的因素，幸福正在於這兩個因素的結合，人們都承認音樂是一種愉快的東西，無論是否伴著歌詞。——亞里斯多德

審美的感官需要文化修養，借助修養才能了解美、發現美。——黑格爾

道德方面的美與善可以透過經驗和智慧而進入意識，因為在後果上，醜惡證明是要破壞個人和集體幸福的，而高尚正直則是促進和鞏固個人和集體幸福的。——歌德

偏見對審判極為有害，足以敗壞一切智力活動，這點是眾所周知的。其實，它對高尚的趣味也同樣有害，同樣足以敗壞我們的審美感。必須有高明的見識才能抑止偏見。——休謨

審美能力，雖然人和人之間敏感的程度可以差異很大，要想提高或改善這方面的能力的最好辦法無過於在一門特定的藝術領域裡不斷訓練，不斷觀察和鑑賞一種特定類型的美。——休謨

儘管有的年輕人具有美貌，卻由於缺乏優美的修養而不配得到讚美。——培根

人們在精神上、感情上和智力上越是發達，審美經驗越是豐富，他們所感知的自然現象的美越是能夠在他們意識中喚起各種聯想，從而他們的審美認識就會更豐富和更深刻，而他們的審美感也會更精細。——波斯彼洛夫

美，像真理一樣，是和人們生活於其中的時代息息相關，是與能夠抓住它的個人緊緊相連。美的表現是和藝術家所能獲得的思想力成正比例的。——庫爾貝(Gustave Courbet)

天才不過是表達審美意象的功能。——康德

精神發展過程往往是不美的，不過這種過程的結果卻總是美的。——別林斯基

教育兒童透過周圍世界的美，人的關係的美而看到精神的高尚、善良和誠實，並在此基礎上在自己身上確立美的特質。——蘇霍姆林斯基

美是一種心靈的體操——它使我們的精神正直、良心純潔、情感和信念端正。——蘇霍姆林斯基

美，節奏好，和諧，都由於心靈的聰慧和善良。——柏拉圖

心靈本身如果不美，也就看不見美。——普羅提諾

眼睛如果還沒有變得像太陽，他就看不見太陽；心靈也是如此，本身如果不美也就看不見美。——普羅提諾

心靈由理性而美。——普羅提諾

美也可以透過聽覺來接受，因為樂調和節奏也是美的。——普羅提諾

最能直接打動心靈的還是美。美立刻在想像裡滲透一種內在的欣喜和滿足。——愛迪生

美都是從靈魂深處發出的，因為大自然景象不可能具有絕對的美；這美隱藏在創造或者觀察它們的那個人的靈魂裡。——別林斯基

絕大多數哲人，以及最偉大的人物，都透過對美的欣賞和沉思來補償學校教育，並獲得智慧。——蒙田

創造一個完美的人，比建築一座華美的高樓或寺院更難得多。——拉斯金（John Ruskin）

文化教養的最重要的任務之一，就是使人在他的純粹自然的生活中也受形式的支配，並且使他在美的領域所能夠擴展到的範圍內成為審美的人。——席勒

審美觀是人的文學悟性。——儒貝爾

一個人自有一個人的審美觀。——蒙田

有多少人就有多少種審美觀。——賀拉斯

愛美就是鑑賞，創造美就是藝術。——愛默生

人在為自己的審美觀辯護時，是容易動感情的。——愛默生

審美觀是沒什麼好爭論的。——泰勒

世上沒有一樣東西能合所有人的胃口，有人愛採刺，有人愛擷花。——珀特洛尼烏斯

有的人喜歡野雞的翅膀，有的人喜歡野雞的腿；有的人煮蛋吃，有的人則喜歡烤蛋吃。——波普

若要把感性的人變為理性的人，唯一的路徑是使他成為審美的人。——席勒

藝術中壞的審美趣味在於只知喜愛矯揉造作的雕飾，感覺不到美的自然，乖戾的審美趣味在於喜愛正常人一見到就要作嘔的題材，把浮誇的看作比高尚的還好，把纖巧的裝腔作態的看作比——簡單自然的美還更好。——伏爾泰

兒童在入學的時候已經具備了某些審美情感。非常重要的是，從兒童入學一開始，就要從他們已有的審美經驗出發並且依靠這些審美經驗來進行工作，不要喪失任何一個學期，培養他們的審美情感。——贊科夫（Alexander Tsolov Tsankov）

人們在精神上、感情上和智力上越是發達，審美經驗越是豐富，他們所感知的自然現象的美越是能夠在他們意識中喚起各種聯想，從而他們的審美認識就會更豐富和更深刻，而他們的審美感也會更精細。——波洛夫

審美趣味不僅僅是一個人道德的一部分和道德的指標，而就是道德的全部。對任何活的生物的第一個、最終一個和最切近的試探性問題就是：「你所喜愛的是什麼？」只要告訴我你喜愛的東西，我就能告訴你是個什麼樣的人。——拉斯金

只要有熱心和才能，就能養成一種審美的能力，有了審美的能力，一個人的心靈就能在不知不覺中接受各種美的觀念，並且最後接受同美的觀念相連繫的道德觀念。——盧梭

審美趣味的發展總是與生產力的發展攜手並進的。同時，不論在這裡或那裡，審美趣味的狀況總是生產力狀況的準確標誌。——車爾尼雪夫斯基

審美的感官需要文化修養，借助修養才能了解美，發現美。——黑格爾

在畫面中，審美的主體是某種非現實的東西。——薩特

「美色」用不著如簧之舌，只憑自身便自然而然能把眾人的眼睛說服。——莎士比亞

最美的雜亂是藝術的效果，也就是說仍然是秩序。——薩特

將道德的東西同的審美的東西混淆在一起是愚蠢的。——薩特

不論是美是醜，都是作為絕對的存在設定的純粹的假像。——薩特

不論是一件藝術品或是重大的科學成就，之所以高貴與偉大是因為它具有獨特的品格。——愛因斯坦

音樂並不影響研究工作，它們兩者都從同一個渴望之泉攝取營養，而它們給人們帶來的慰藉也是互為補充的。——愛因斯坦

柔和的靜寂和夜色，是最足以襯托出音樂的甜美的。——莎士比亞

詩句當為美善而歌頌，倘因貪利而讚美醜惡，就會降低風雅的聲價。——莎士比亞

假像和動作是美的原則。——薩特

月亮被浮雲遮住，只能隱匿一瞬息。——莎士比亞

清水出芙蓉，天然去雕飾。——李白

人們不屈的意志力圖在生活中展現他們最美好的理想、希望和計畫，因此創造了藝術的美的現象和典型，為的是向人們示範。——高爾基

作為一種感人的力量，語言的真正的美，產生於言辭的準確、明晰和動聽，這些言辭描繪出作品中的圖景、人物性格和思想。——高爾基

真正美的東西必須一方面跟自然一致，另一方面跟理想一致。——席勒

美是自然的祕密規律的表現，沒有美的存在，這些規律也就絕不會顯

露出來。——歌德

自然看起來像藝術時，是美的；而藝術，也只有我們明知其是藝術，但看起來卻又像自然時，才是美的。——康德

美的藝術是一種意境，它本身雖然沒有目的，但卻具有內在的目的性。為了社會交流的利益，它可以推進各種精神力量的修養。——康德

理想的美「是挑選和隱藏的藝術」。——夏多布里安（Francois-Rene de Chateaubriand）

藝術的來源基於人要填補客觀現實中的美的缺陷的願望。——車爾尼雪夫斯基

只有當藝術家在他的作品裡傳達了他所要傳達的一切時，他的藝術作品才是真正美的。——車爾尼雪夫斯基

真理和美德是藝術的兩個密友。——狄德羅

在藝術家看來，一切都是美的，因為在任何人與任何事物上，他銳利的眼光能夠發現「性格」，換句話說，能夠發現在外形下透露出的內在真理，而這個真理就是美的本身。——羅丹

詩歌在政治風暴中冒險，正因為如此，它才更美，更強有力。當我們以某種方式來感受詩歌的時候，我們情願它居於山巔和廢墟之上，屹立於雪崩之中，築巢在風暴裡，而不願它向永恆的春天逃避。我們情願它是雄鷹而不是燕子。——雨果

真正的藝術家善於打動心弦，而不願眩惑五官，他描寫美在於激發我們的情感，如果做到把情感提升為熱情，他就獲得藝術上最大的成功。——庫申

大的快樂來自對美的作品的瞻仰。——德謨克利特

美的表現是和藝術家所能獲得的思想力量成正比例的。——庫爾貝

我們所從事的藝術以美為目標，我們的任務就在於發現而且表現這種美。——約諾爾茲

藝術作品的表現愈優美，它的內容和思想也就具有愈深刻的內在真實。——黑格爾

現實本身是美的，不過它是美在本質、成分或內容上，不是美在形式上。就這一點而論，現實好似地下礦藏中未經洗煉的純金，科學和藝術則把現實這黃金洗煉出來，熔化在優美的形式裡。——別林斯基

美是上帝賜予的禮物。——亞里斯多德

美是一種自然優勢。——柏拉圖

我們把美歸結為質樸無華，實實在在，恰到好處。——愛默生

美寓於平凡之中。——威廉．金

美是純樸之花。——芝諾

美是藝術家在心靈的重傷中，由混沌的世界塑造出來的極好而不可思議的東西。——毛姆

造型藝術可以同時涉及的一切其他東西，如果和美不符合，就該給美讓路，如果和美符合，也就該至少要服從美。——萊辛

美是到處都有的。對於我們的眼睛，不是缺少美，而是缺少發現。——羅丹

就建築而言，美是表現在線條和設計上；就繪畫而言，美表現在形式和色調上；就美術而言，美表現在匠心獨運的巧思上。擁有這些美麗的東西會帶給人愉快的感覺，但真正的喜悅在於懂得欣賞它們的美。——威廉．羅斯

矯揉造作，失去真實的不是美。充滿了富貴榮華的名利思想，也不是真正的美。——孟德斯鳩

所有的美都是從漂亮的血液和卓絕的腦子產生的。——惠特曼

芙蓉好顏色，可惜不禁霜。——于謙

只有美的人，才能唱得好。我說美的人，就是愛生活的人，那些不會生活的人，就會睡覺，而喜歡生活的人，就能唱歌。——高爾基

生命是美麗的，對人來說，美麗不可能與人體的健康分開。——車爾尼雪夫斯基

美猶如盛夏的水果，是容易腐爛而難於保持，因此，把美的形貌與美的德行結合起來吧。只有這樣，美才會放射出真正的光輝。——培根

相貌的美高於色澤的美，而秀雅合適的動作的美，又高於相貌的美，這是美的精華。——培根

外貌美只能取悅一時，內心美方能經久不衰。——歌德

最美麗的肉體——不過是披紗，更美的東西害羞地包藏在裡面。——尼采

你可以從外表的美來評論一朵花或一隻蝴蝶，但你不能這樣來評論一個人。——泰戈爾

我寧願要那種雖然看不見的但表現

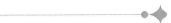

出內在特質的美。——泰戈爾

美麗的靈魂可以賦予一個並不好看的身軀以美感，正如醜惡的靈魂會在一個非常漂亮的軀體上打下某種特殊的不由得使人厭惡的烙印一樣。——萊辛

假如沒有內在的美，任何外貌的美都是不完備的。——雨果

人的外表的優美和純潔，應是他內心的優美和純潔的表現。——別林斯基

世界上沒有更美麗的衣裳，像結實的肌肉與新鮮的皮膚一樣。——馬雅可夫斯基

一個人的美不在外表，而在才華、氣質和品格。——馬雅可夫斯基

應該學會把心靈的美看得比形體的美更可珍貴。如果遇見一個美的心靈，縱然他在形體上不甚美觀，也應該對他引起愛慕，憑他來孕育最適宜於使青年人得益的道理。——柏拉圖

誠實不需假手於筆墨，美貌不需假手於粉黛。——莎士比亞

美色不常駐。——蘇格拉底

懿行美德遠勝貌美。——富蘭克林

面貌的美麗只是愛情的一個因素，但心靈與思想的美麗，才是崇高愛情的牢固基礎。——契訶夫

假使裝飾本身不是建立在美的形式中，而是像金邊框子，拿它的刺激來把畫幅推薦給人們去讚賞：這時它就叫做「虛飾」而破壞了真正的美。——康德

人的美並不在於外貌，衣服和髮型，而在於他的本身，在於他的心，要是人沒有內心的美，我們常常會厭惡他漂亮的外表。——奧斯特洛夫斯基

真正的美，是美在它本身能顯示出奕奕的神采。愛好時髦是一種不良的風尚，因為她的容貌不因她愛好時髦而改變。——盧梭

應該學會把心靈的美看得比形體的美更可珍貴。——柏拉圖

充實的思想不在於言語的富麗，它引起自傲的是內容，不是虛飾。——莎士比亞

一個真正的美的心靈總是有所作為而且是一個實實在在的人。——黑格爾

在一切創造物中間沒有比人的心靈更美、更好的東西了。——海涅

身體的美，若不與聰明才智相結合，是某種動物性的東西。——德謨克利特

西施宜笑複宜顰，醜女效之徒累身。——李白

體魄美是心靈美、精神美、道德美的標誌，這個標誌就是美的基礎、美的根本、美的統一。——席勒

當美的靈魂與美的外表和諧地融為一體，人們就會看到，這是世上最完善的美。——柏拉圖

外表的美只能取悅於人的眼睛，而內在的美卻能感染人的靈魂。——伏爾泰

光有外表美是不夠的，言談、智慧、表演、甜蜜的笑語都勝過自然所創造的單純的美。一切藝術表現都是美的調料。——佩特羅尼烏斯

就肉體而言，美除了膚滑肌潤之外，還能指什麼呢？——比維斯

在美方面，相貌的美高於色澤的美，而舉止秀雅的美又高於相貌的美。——培根

如同在自然界中一樣，對我們頭腦產生影響的不是事物的精巧部分。我們說的美麗，並不單指嘴唇或眼睛長得美，而是指總體呈現的效果。——波普

不要相信徒有其表的美。——奧維德

世界上的一切美只不過是外表的美，熾熱的陽光會把它們損毀。——文寧

不美的人，怎樣的讚美都不能使它好看一點的。——莎士比亞

真理屬於賢者，美屬於真誠。——席勒

美的觀念必須合乎道德。——拉斯金(John Ruskin)

美，使隱藏的自然法則顯現出來。自然的法則如果不因美而顯現，勢必永藏不出。——歌德

唯強者能了解愛，唯「愛」能掌握美，唯「美」能形成藝術。——華格納

美不應該美在天然上，而應該美在靈魂上。——契訶夫

必要的時候不妨把衣服穿得馬虎一點，可是心靈美必須保持整潔才行。——馬克·吐溫

美不在你的渺無邊際的幻想中，不在你對例外的渴求中，而在人們的生活中。——伊凡·沙米亞金(Shemyakin Ivan Petrovich)

一樣東西從來不會完美無缺，也不會一無是處。即使在一粒最好看的葡萄上，你也會發現幾個斑點。——普拉托里尼

不該在任何東西上找尋完美，不該向任何東西要求完美，既不該向愛情、美麗和幸福要求，也不該要求德性，但是應該熱愛完美才能成為有德之人，以便達到人類所能到達的美麗和幸福的境界。——繆塞

一清如水的生活，誠實不欺的性格，在無論哪個階層裡，即使心術最壞的人也會對之肅然起敬。——巴爾札克

最貨真價實的美貌，最令人讚嘆不止的姿容，如果得不到賞識，便一文不值。——巴爾札克

對肌體來說，美是靈魂豐富的標誌。死亡的東西不美是因為靈魂已經離去。

最樸素的往往最華麗，最簡單的往往最時髦，素裝淡抹常常勝過濃裝豔服。——安德列·莫洛亞

一切好的和使人感到舒適的事物，都是簡單而自然的。——羅曼·羅蘭

美的東西並不總是漂亮的東西。——斯特林堡

塑成一個雕像，把生命賦給這個雕像，這是美麗的，創造一個有智慧的人，把真理灌輸給他，這就更美麗。——雨果

美麗的東西是偉大的——並且在遠處。——易卜生

麗質只可以自己欣賞，優美才使人無法抵抗。——歌德

如果把靈魂剔掉，美就不能給人安慰。——約翰·高爾斯華綏(John Galsworthy)

我覺得人的美貌就在於一笑：如果這一笑增加了臉上的魅力，這臉就是美的；如果這一笑不使它發生變化，它就是平平常常的。如果這一笑損害了它，它就是醜的。——列夫·托爾斯泰

發出光彩的寶石裡面，自身並沒有光源。——巴烏斯托夫斯基

不適當的美麗會給自己招徠恥辱。——伊索

罪惡深淵裡有天使，糞土堆裡有珍珠，在黑暗中找著耀眼奪目的東西，不是不可能的。——雨果

外貌是一個人內心的表露；其形呆若木雞的人，其神一定是愚笨的。——迪斯雷里

假如事情的外表看上去都和其內裡一樣統一，那麼人體美就會大為減色了。——布朗托姆

我們看見日月星辰似乎在圍繞我們旋轉，這是假像；我們感覺大地固定不動，這也不是事實；我們看見太陽從地平線上升起，它卻在我們的下方；我們觸摸我們認為存在的實體，它卻根本不存在。——弗拉馬里翁（Nicolas Camille Flammarion）

識者的真正作用和最高職責就是揭穿表面現象。——西塞羅

只要始終藐視表面現象，你就能永遠不被表面現象所迷惑。——愛默生

好人並不像他們看上去的那麼好，壞人也不像他們看上去的那麼壞。——柯勒律治

人的價值並不取決於他其實怎樣，而取決於他似乎怎樣。——鮑沃爾-利頓

哦！原來是金玉其外，敗絮其內啊。——菲洛勞斯

決心的赤熱的光彩，被審慎的思維蓋上了一層灰色。——莎士比亞

發亮的東西不一定都是金子。——喬叟

不要把一切閃光的物體都當作金子。——阿拉尼·安敘利

奇裝異服並不等於穿戴時髦。——羅伯·雷頓

時髦——惡棍與傻瓜常用的術語，他們以此為自己的無賴和愚蠢辯解。——邱吉爾

時髦雖然是愚蠢的產兒，傻瓜的嚮導，但它卻能主宰最聰明的人，主宰學界。——喬·克萊布

最新式的時裝總是漂亮的。——富勒

時髦是擺脫了粗俗之後的優雅；因而，它最怕被新的時髦所代替。——威·赫茲利特

高雅時髦與醜陋粗俗是人性這塊普通硬幣的兩面。——赫·威爾斯

時髦永遠是一個任性的孩子。——威·梅森

時髦是仲裁者，是衡量是非的尺規。——愛迪生

究竟什麼是時髦？從藝術的觀點來看，它常常是一種醜陋的形式，每半年就得變換一次，真令人難以忍受。——王爾德

陳舊的款式一般不會有新穎之處，也不會有人仿效；然而，我們知

道，二十年前流行過的款式還會重新受到人們的喜愛。——博蒙特與弗萊切

如果你衣著不入時，你就是一個無足輕重的小人物。——切斯特菲爾德

再漂亮的時裝也會很快過時。——富勒

時髦常以它自己最討厭的兩樣東西——奇異與醜陋——開始，也以它們而告終。——威·赫茲利特

一套衣服、一頂帽子的式樣時髦不時髦，對於一個人本來是沒有什麼相干的。——莎士比亞

一個人不可能是既時髦又出類拔萃。——洛·史密斯

最好把時髦留給它自身的異想天開。——霍·沃波爾

「時尚」是藝術中的潛能，它使人們難以測定藝術品的生命力。——斯特德曼

每一代人都嘲笑陳舊的時尚，卻虔誠地追隨新的時尚。——梭羅

不合時尚就像脫離了這個世界。——西勃

裁縫與作家必須注意時尚。——富勒

美能激發人的感情，愛能淨化人的心靈。——約·德萊塞

美是愛情之子。——哈維洛克·艾理斯

女人的美價值連城，因為所有的男人都願意為愛情獻出自己的一切。——愛默生

美儘管是有害的，但卻具有神奇的力量；它再次發起進攻之後，便能奪取它曾經占有過的愛情。——米爾頓

即便用二十把鎖，把「美」牢牢地鎖在密室，「愛」也照舊能把鎖個個打開而斬關直入。——莎士比亞

愛情是火焰，所以，我們說愛是能誘惑人的，因為物理學家說過，火具有很大的吸引力。——斯威夫特

美未必都令人喜愛；有一種美只是可以觀看，卻無法使人產生愛戀之情。——賽凡提斯

建築在美貌上的愛情，一旦美貌消失，它也會隨之消失。——多恩

最能平息狂怒者情緒的莫過於美人。——博蒙特與弗萊切

不幸中的美人最能打動人心。——伯克

樂者，聖人之所樂也，而可以善民

心，其感人深，其移風易俗，故先王導之以禮樂而民和睦。——荀子

古之學者易，今之學者難。古人自八歲入小學，十五入大學，有文采以養其目，聲音以養其耳，威儀以養其四體，歌舞以養其血氣，義理以養其心。今則俱亡矣，惟義理以養其心爾，可不勉哉！——程頤

美育者，應用美學之理論於教育，以陶養感情為目的者也。——蔡元培

美是快樂的承諾。——司湯達

美是力量，微笑是它的利劍。——利德

真正的美，是美在它本身能顯示出奕奕的神采。愛好時髦是一種不良的風尚，因為她的容貌是不因她愛好時髦而改變的。——盧梭

面貌的美麗只是愛情的一個因素，但心靈與思想的美麗，才是崇高愛情的牢固基礎。——契訶夫

美是在個別的、活生生的事物，而不在抽象的思想。——車爾尼雪夫斯基

美，是從生命內部射出的光芒。——庫魯拿

一切真正美好的東西都是從抗爭和犧牲中獲得的，而美好的將來也要以同樣的方法來獲取。——車爾尼雪夫斯基

現實本身是美的，不過它是美在本質、成分或內容上，不是美在形式上。就這一點而論，現實好似地下礦藏中未經冶煉的純金，科學和藝術則把現實這黃金冶煉出來，熔化在優美的形式裡。——別林斯基

醜就在美的旁邊，畸形靠近著優美，粗俗藏在崇高的背後，惡與善並存，黑暗與光明相共。——雨果

美不在某一特殊部分的閃爍，而在所有部分總起來看，彼此之間有一種恰到好處的協調和適中。——笛卡兒

現實中的美，不管它的一切缺點，也不管那些缺點有多麼大，總是真正美而且能使一個健康的人完全滿意的。——車爾尼雪夫斯基

只有美才能使整個世界幸福。誰要是感受到美，他就會忘記自己的局限性。——席勒

美似乎在打開人們對世界的看法。經過長期的美的陶冶，會在不知不覺中感到不良的、醜惡的東西是不可容忍的。——蘇霍姆林斯基

對於有眼睛能看的人來說，最美的境界是心靈的優美與身體的優美和諧一致，融成一個整體，那當然是

最美的。——柏拉圖

我們盡力使每一個學生在青少年時期真正地看到田野、樹林和河流，到過那些無名的、偏僻的角落，因為正是這些東西獨特的美構成了我們國家的美。——蘇霍姆林斯基

真正的藝術應該產生於創造力豐富的藝術家心中的一股不可遏制的熱情。——愛因斯坦

誰和美走在一起，誰就牢牢地掌握住了未來歲月的奧祕，就看見了尚未來臨的四月簇擁在開滿小瓣白花的公園門口。——希基

誰和美走在一起，誰就不要畏懼，太陽、月亮和星星都和他同步；無形的手修復那頹喪的歲月，時光自身也產生出朦朧的美。——戴·莫頓

美——甚至美的存在這一簡單事實——不就使我們受益匪淺嗎？——雨果

美，你開啟我昏睡的雙眼，使我心裡充滿目睹外界的渴望。——梅斯菲爾德

我對美的信仰將永遠不變，因為我對她總是困惑不解。——戈斯

一切精美的東西都有其深沉的內涵。——喬瑟夫·魯賓

讚美是美德的影子。——塞·巴特勒

在熱心的人看來，讚美受之有愧的人，是對應受表彰者的掠奪。——柯勒律治

對一個高尚的人來說，在不恰當的地點，受到不恰當的人的讚美是一種最大的惡意。——強生

讚美術起源於奉承術。——伏爾泰

不恰當的讚揚是披著外衣的譏諷。——布羅德赫斯特

言過其實的讚揚是一種偽裝的誹謗。——波普

讚美像侮辱一樣令人痛苦。——斯溫伯恩

不敢讚美對手的人是沒有價值的。——約·德萊頓

小小的讚揚是無法使名人滿足的。——賀拉斯

對一件好事，人們只有從中得到好處時才會加以讚賞。——奧維德

在生活小事中，我不知道還有什麼比不該讚揚就不讚揚更為重要了。——西·史密斯

讚美能使好人變得更好，使壞人變得更壞。——富勒

你不讚賞的東西就不要去提它。——普賴爾

沒有新的讚美，原來的讚美也會消失。——普布里烏斯·西魯斯

讚美若是無人撫育，便會自行消亡。——喬·赫伯特

讚美傻子就是對智者的冒犯。——迪斯雷里

不要過分地去讚美人，因為他們都是在變的。——喬·赫伯特

只有功德與財產才能得到人們長期的讚美。——塞繆爾·詹森

公開讚美別人的人，也會在暗中進行誹謗。——富勒

每一個亡人都會得到活人的讚美；而且故去得年代越久，得到的讚美也就越多。——愛迪生

有口皆碑的人的讚揚最能鼓舞低落的情緒。——亞·考利

人人都受到讚揚，等於沒人受到讚揚。——蓋伊

野心使人智昏，逢迎使人舒暢，讚美難道不會對偉人產生影響？！——約·德萊頓

再謙虛的人聽到讚揚也會沾沾自喜。——法誇爾

為得到庸俗的讚美而拋棄誠實的人是得不償失的。——強生

我們讚美別人往往是為了得到別人的讚美。——拉羅希福可

我們愛聽讚揚，但卻配不上它；要想受之無愧，我們就必須熱愛美德勝過熱愛讚揚。——彭威廉

愛聽好話的人易受誘惑。——威爾遜

讚美有時是斥責，斥責有時是讚美。——拉羅希福可

誇獎別人時，我總是放開喉嚨；責備別人時，我總是壓低嗓門。——葉卡特琳娜二世（Catherine II）

讚美與斥責都由不得我們自己。——威廉·古柏

含糊其辭的讚美是對別人的詛咒。——威徹利

只有少數明智的人才願聽逆耳的忠言，而不願聽那些言不由衷的讚揚。——拉羅希福可

善於做自我批評的人永遠受到信任，而好往自己臉上貼金的人是絕不會受到信任的。——蒙田

第十五章　書籍·讀書·愛書

書史足自悅，安用勤與劬？貴爾六屍軀，勿為名所驅。——柳宗元

書味在胸中，甘與飲陳酒。——袁枚

書猶藥也，善讀之可以醫愚。——劉向

書籍使我變成了一個幸福的人，使我的生活變成輕快而舒適的詩，好像新生活的鐘聲在我的生活中鳴響了。——高爾基

書籍是人類進步的階梯。——高爾基

書籍為理智和心靈插上了翅膀。——高爾基

書籍是全世界的營養，生活裡沒有書籍，就好像沒有陽光；智慧裡沒有書籍，就好像鳥兒沒有翅膀。——莎士比亞

人類的全部生活都依次在書本中留下印記：種族、人群、國家消逝了，書卻依然存在。——赫爾岑

在書籍的智慧面前，傻瓜變得倍加蠢笨。——莫里埃

書，這是這一代對另一代人精神上的遺言，這是將死的老人對剛剛開始生活的年輕人的忠告，這是準備去休息的哨兵向前來代替他的崗位的哨兵的命令。——赫爾岑

我們真正要向其學習的，只是那些我們不能加以批評的書籍。——歌德

如果你在書籍中仔細尋找智慧，那麼你一定能找到對於你的心靈極有用的東西。——涅斯托爾（Nesto）

書籍是老年人的益友，也是青年人的良師。——斯邁爾斯

書籍是最有耐心、最能忍耐和最令人愉快的夥伴。——斯邁爾斯

書籍是培植智慧的工具。——考門斯基

書籍使我們成為以往各個時代的精神生活的繼承者。——欽寧格

書籍使人變得思想奔放。——革拉特珂夫

不好的書也像不好的朋友一樣，可能會把你戕害。——菲爾丁

書籍就像一盞神燈，它照亮人們最遙遠、最黯淡的生活道路。——烏皮特

沒有書籍，就不能打贏思想之戰，正如沒有艦隻不能打贏海戰一樣。——羅斯福

沒有書籍，人的生活就會變得空虛。書籍不僅是我們的朋友，而且

是我們經常的伴侶。——別德內 (Demyan Bedny)

沒有書籍的屋子，就像沒有靈魂的軀體。——西塞羅

一本新書像一艘船，帶領著我們從狹隘的地方，駛向生活的無限廣闊的海洋。——凱勒

如果我靜坐不動，我的思想就停滯；我的腿若不邁步，我的想像力本身就發揮不起；所有學習的人若無書本就同此情形。——蒙田

書是音符，談話才是歌。——契訶夫

人要有三個頭腦，天生的一個頭腦，從書中得來的一個頭腦，從生活中得來的一個頭腦。——契訶夫

書籍使一些人博學多識，但也使一些食而不化的人瘋瘋癲癲。——彼特拉克

書籍是改造靈魂的工具。它對於人類之所以必需，就在於它是滋補光明的養料。——雨果

書是世界的寶貴財富，是國家和歷史的優秀遺產。——梭羅

書籍是偉大天才留給人類的遺產。它們代代相傳，像是留給後人的禮品。——愛迪生

書是亡靈的紀念碑。——戴夫南特

書籍是思想的墓穴，是死者身後的榮譽。——朗費羅

在人類所創造的一切事物中，書籍是最重要、最令人驚嘆的東西。——卡萊爾

書籍是更高等的人類，也是唯一能寄言於未來的人類。——白朗寧

好書常常是一本遊記，它記載著人生的旅程。——湯姆林森

書籍絕不是沒有生命的東西，它包含著生命的結晶，包含著像他們的子孫後代一樣活生生的靈魂。不僅如此，它還像一個小瓶子，裡面儲存著那些撰寫它們的活著的智者最純粹的結晶和精華。——米爾頓

書籍是真正的平等主義者。對於一切真誠地使用它們的人，對於社會，對於我們人類最崇高、最偉大的精神存在，它們都是一樣地賜予。——威·強尼

書籍是湧流著泉水的井，是逗人喜愛的玉米穗，是蜂窩，是儲存精神食糧的金壺，是奶牛的乳頭。——伯里

書是永遠不會枯萎的植物，就像月桂樹一樣永遠碧綠。——赫里克

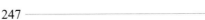

書本或許是盛開的鮮花，或許是通往遙遠城池的大道，或許是住房、水井和塔樓，書本也許是支柱和彎鉤。——里斯

書籍是作者為我們渡過危險的人生之海而準備的羅盤、望遠鏡、六分儀和海圖。——貝內特

書籍是橫渡時間大海的航船。——培根

偉大的著作指點人們迷惘的靈魂，它們是思想所嚮往的麥加聖地。——伍德貝里

一切書籍均可分為兩類，一類是流行讀物，一類是傳世之作。——拉斯金

只要有書在，歷史就不會有「過去」。——鮑沃爾 - 利頓

當謀士的言辭說不到點上時，書籍將會一語破的。——培根

讀者的好惡能決定書的命運。——莫魯斯

書本並非沒有生命，而是充滿著血液的。我的意思是說，每一行字都像一條血管。——亨·沃恩

他把書本作為充飢的精神食糧，把思想作為解渴的泉源。——埃德溫·馬卡姆

知識絕大部分可以從出版商們遺棄的書中獲得。——富勒

書籍本身並不重要，重要的是你自己是如何想的。——阿爾伯特·哈伯德

書本用得好，即可成為最出色的東西；反之，則會成為令人詛咒的東西。——愛默生

我們可以沒有麵包，但不能沒有書。——布拉澤頓

法律會消亡，但書籍卻不會。——鮑沃爾 - 利頓

值得讀的書才值得買。——拉斯金

一切聚集在一起的靈魂被禁錮著，等待人們從書架上取下來閱讀。——小巴特勒

頭腦清醒的時候，書就會像閒物一樣被擱置一旁。——愛默生

我隨時可以拿起自己的書閱讀，因為它們總是閒著。——西塞羅

人們很容易想像，世界的所有書籍都出自一位大師之手，因為，它們彼此之間十分相似。——愛默生

書一借出去就會遭殃，不是丟失就是損壞。——諾地埃

只有少數知識豐富的卷帙才能成為上帝圖書館的藏書。——塔伯

無人閱讀的書籍就好比是一塊木頭。——富勒

有些人生來只會吸收書中的毒素。——強生

一部佳作一旦贏得最愛挑剔的評論家的賞識，那些本無欣賞水準的人就會跟著對之推崇起來。——麥考萊

書具有兩種功能，一是為人們帶來樂趣，二是教導智者如何生活。——菲洛勞斯

一切書籍不是刀劍，就是夢幻；你可以用語言進行殺戮，也可以用語言進行迷惑。——阿·洛厄爾

許多讀者都是根據書的感染力來判斷書的力量。——朗費羅

書籍應有助於達到以下四個目的中的一個；獲取智慧，變得虔誠，得到歡樂或便於運用。——德納姆

年輕人從書中得到的是指教，老年人從書中得到的是消遣。——科利爾

書籍能在我們孤獨的時候給我們以幫助，讀書有助於我們忘卻不順心的人和事，利於安定情緒，並能消除我們失望的心情。——崗利

有些書籍在我們生活中已與父母、戀人和熱情的經歷處於同等的地位了。——愛默生

我像酒鬼嗜酒那樣喜愛自己的書籍，我讀得越多，就越感到書的神聖。——弗·貝諾奇

不是我造就了書，而是書造就了我。——蒙田

我到處尋找安寧，卻無處可覓。只有在獨自閱讀一本小書時，我才得到了安寧。——湯瑪斯

在最令我深思的書中，我獲得了最豐富的知識和最大的樂趣。——朱·黑爾與奧·黑爾

我們只能從書本上學到極少有關世界的知識。——高德史密斯

書是我最親密的夥伴，對我來說，我的藏書處是個輝煌的宮殿，我每時每刻都在裡面與古代的聖賢和哲人攀談。——博蒙特與弗萊切

最親密的朋友莫過於最優秀的書籍。——切斯特菲爾德

書和朋友不在多，而在精。——西班牙諺語

書是神聖的伴侶——精選的書籍是終身的朋友，只要輕輕一翻，它便會和我們心心相通。——傑洛德

我的書是什麼？是朋友，是愛情，是教堂，是酒店，是我唯一的財富；書又是我的花園，我的花朵，

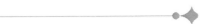

我的蜜蜂，我的鴿子，我的健康和我唯一的醫生。——理·李加林

我沉默的「僕人」靜候在房子的每個角落，無論什麼時候，它們都是我的朋友。——布·沃·普羅克特

書是人們最知心的朋友，現在如此，將來也永遠如此。——塔伯

女人生性反復無常，男人亦複如此，然而書本則不然，因為它們始終如一，不會變化。千百年之後，它們還和今天一樣，一字一句均無變化，仍是那樣令人欣慰。——尤·菲爾德

讓我們埋頭苦學，與偉大的死者高談闊論。——詹·湯姆遜

我感覺到你偉大的心臟在書頁裡搏動，在我周圍可以朦朧聽到你的呼吸聲。——理·李加林

如果上帝不為人類提供書籍作為補償，世間的一切榮耀都將蕩然無存。——伯里

無論在什麼時候，要想擺脫令人煩惱的胡思亂想，不妨去求助於書本。書本總會和藹可親地歡迎你。——富勒

書和人一樣，能發揮巨大作用的只是少數，其餘的都平庸無奇。——伏爾泰

人生的坎坷全都一一記載在書中。——米爾頓

啊，神聖的書籍！你把逝去的歲月連成一體，使一個人和所有的人生活在一起。——丹尼爾

有些書使人放任自流，有些書讓人獲得自由。——愛默生

無知識的人無法從書中獲得知識，而有知識的人卻能從書中獲得更多的知識。——約翰·哈林頓

想學習而無書本的人，如同用漏罐打水。——多布森

屋裡沒有書就像人缺少靈魂。——西塞羅

人要讀書，哪怕是讀一本笑話書，也比不讀書好。——切斯特菲爾德

智者就好比是優秀的加工廠，能從最粗劣的作品中汲取精華。——米爾頓

要讓書櫥、書架成為你的花園和娛樂場，在那裡，你能採集到果實、玫瑰、香料和良藥。——伊本·提本

注重其內容而不注重其外表，這是智者與書本的正確關係。——切斯特菲爾德

誰珍愛書籍，誰就有了打開神奇大門的金鑰匙。——安德魯·蘭

書使一些人獲得知識，使另一些讀得多消化得少的人瘋瘋癲癲。——彼特拉克

再好的書也無法在任何時候都取悅於讀者，因為人的思想不可能一直處於渴求食糧的狀態。——喬·克萊布

整天泡在書堆裡的人並不了解人生。——邱吉爾

書中記載著對人的正確研究。——赫胥黎

一個家庭中沒有書籍，等於一間房子裡沒有窗戶。——詹森

書籍能在人們的心中激發和培養最高尚的情操和最美好的理想。每當我們讀到喜愛的書籍時，就會感受到作家曾經感受過的那些東西，難道你不覺得，在讀完一本好書之後，我們變得更加美好、更加踏實、更加聰明和更加高尚了嗎？——革拉特柯夫

圖書應該像麵包、空氣和陽光一樣，成為人們容易得到的必需品。——高爾基

圖書是天才留給人類的、世代相傳的珍貴遺產。一本好書就是作者饋贈給人類的一份珍貴禮物。——愛迪生

書籍是思想的航船，在時代的波濤中破浪前進。它滿載貴重的貨物，運送給一代又一代。——培根

優秀的書籍是撫育傑出人才生存的珍貴乳汁。它作為人類的財富，為今後延續人類的生命而保存下來。——米爾頓

書籍是公民的思想，是公民精神生活的鮮花和碩果。——別林斯基

人間樂園存在於優秀書籍之中，存在於人的良心裡。——布埃斯特

書籍——透過心靈觀察世界的視窗。住宅裡沒有書，猶如房間沒有窗戶。——威爾遜

書是純潔、美好的特殊世界，生活在其中，其樂無窮。——華茲華斯

沒有書，我們將變成野蠻人。——愛爾維修

書籍使人高尚，這是藝術的基本要求之一，也許是唯一的目的。——岡察洛夫 (Ivan Alexandrovich Goncharov)

在書的世界裡不存在死亡，因為它的亡魂跟活著的人一樣，依然在干預我們的事務，並和我們一道行

動。——果戈里

圖書是最能帶給人們榮譽的寶庫。——葛德文

圖書是冷漠的，然而是忠實的朋友。——雨果

書籍是一種珍貴的容器，它源源不斷地給我們灌輸養料，它自己從不枯竭。——德庫西

圖書是最好的朋友，在生活的艱難時刻可求助於它，它從不背叛朋友。——都德

當我看到人們成天無所事事，而沉湎於低級趣味時，我就讀書，並自言自語地說：讀書這件事，夠我受用一輩子。——陀思妥也夫斯基

好書就是一座珍貴的寶庫。——札爾達比

書中包含的文獻就是群眾大量的思維活動。——柯拉爾

書籍是前人的經驗總結。——拉布雷

圖書是智慧產兒。——斯威夫特

人類智慧所創造的偉大作品，比之流血的戰爭更能影響歷史的發展。——斯邁爾斯

讀書能夠開導靈魂，提高和強化人格，激發人們的美好志向；讀書能夠增長才智和陶冶心靈。——薩克雷

圖書是提高我們思維能力的精巧工具，是幫助我們克服智力上的惰性以及知識貧乏的思想發動機。圖書是我們最寶貴和最親密的朋友。——法格

圖書是全世界的寶庫，是各民族世代相傳的巨大財富。——梭格

無法想像，有什麼東西能像圖書那樣，你需要多少，它就賜給你多少；更想像不出，有什麼東西能像圖書那樣，不多不少地把整個宇宙奉獻給你一個人。——阿西莫夫

書籍採集著人類思想的珍奇，並把它流傳給後代。人終將要化為灰燼，而書籍卻像鐵和石建成的豐碑，萬古長存。——阿依別克

沒有書，人類生活充滿空虛。書籍不但是我們的朋友，而且是我們終身的伴侶。——別德內

圖書是恩師，圖書是先導，圖書是知心的朋友，倘若拋棄圖書，智慧便像枯竭的山溪一樣老化。——勃柯夫

書籍是精明而誠摯的朋友，它能明辨是非，為你指明正確的道路。無論是童年、青年或老年，只要和它在一起，你就不會感到孤獨，而感

到生氣勃勃。——華西列夫斯卡婭

每一本書都是全人類精神勞動的結晶，因為書就是人類透過集思廣益，再由個人寫下的最精練的語言。——高爾基

書是人類創造的最偉大的奇蹟。——高爾基

圖書是人類的智慧和勞動創造出來的、飛行速度最快的產品。無論是超高速和超音速飛機，還是火箭，或者是人類將成功地創造出和光速一樣快的光子火箭——無論世上什麼東西，都超越不過人的思想。至於圖書，它首先是人類思想和情感的共熔體。——凱西爾

書就是生活，而生活的進程就是歷史的進程。——庫法耶夫

書不僅是生活，而且是現代、過去和未來文化生活的泉源。——庫法耶夫

書雖小，但如同閃爍的寶石，在微小的顆粒中蘊藏著巨大的價值。——湯瑪斯·摩爾

書籍是人的本質的產物，亦即每個人所固有的那種天賦才能的產物，而這種天賦才能是用字詞和由這些字片語成的「有機語言」加以呈現的。——莫拉維阿

書具有一種魔力，它能改變世界。人類在書籍中留下了深深的烙印。它是人類思想的傳播者。沒有書籍的世界就是野蠻人的世界。——莫羅佐夫

蒙田說過，他需要三件東西，愛情、友誼和讀書。然而這三者之間何其相通！熾熱的愛情可以充實圖書的內容，圖書又是人們最忠實的朋友。——莫洛亞

書籍是生活進程的加速器。——尼古拉耶娃

在你身邊應該永遠有這樣一些書籍：當你面向書架時，你能夠問心無愧地說：「我的朋友就是書籍。」李定

圖書寶藏，完完全全是生活的一面鏡子。——魯巴金

圖書使人產生幻想，並把幻想變為現實，圖書能誘發人的思維，培養獨立判斷的能力。——斯特魯米林

除了自己經驗之外，還要吸取書籍中所累積的各個國家、各個民族和各個時代的經驗，只有這種人才能掌握全面觀察世界的唯一正確的方法；可是，對於不愛讀書的人來說，世界在他們眼裡是那麼的渺小，這使人心膽俱裂。——褚威格

我身上所有一切優秀的特質都要歸功於書。——高爾基

書籍把我們引入最美好的社會，使我們認識各個時代的偉大智者。——斯邁爾斯

偉大作家的書籍有一種奇妙的力量。你一打開它，它就打開你的心扉。——艾特馬托夫（Aitmatov Chingiz Terokulovich）

書籍不僅對那些不會讀書的人是啞口無言，就是對那些機械地讀完了書而不會從死文字中吸取思想的人，也是啞口無言的。——烏申斯基

人類的全部生活都依次在書本中留下印記：種族、人群、國家消逝了，書卻依然存在。——赫爾岑

我們和書的關係如同和人的關係一樣。雖然我們認識許多人，但只是選擇其中某些人做自己的朋友，做知心的生活伴侶。——費爾巴哈

有創見的書籍傳播在黑暗的時代裡，有如太陽照耀在荒涼的沙漠上，為的是化黑暗為光明，這些書是人類精神史上劃時代的作品，人們是憑著它們的原則，向種種新的發現邁進。——愛爾維修

最優秀的書籍是一種由高貴的語言和閃光的思想所構成的財富，為人類所銘記，所珍惜，是我們永恆的伴侶和慰藉。——史邁爾斯

書籍將各種信念注入我們的腦海，使我們的腦海充滿崇高歡樂的思想，從而使我們入神忘情，靈魂昇華。——約翰·盧保克

書籍到處可得，而且價廉物美。我們就像呼吸空氣中的氧一樣吸收書中的營養。——哈茲利特

書籍乃世人累積智慧之不滅明燈。——寇第斯

書是社會，一本好書就是一個好的世界，好的社會。它能陶冶人的感情和氣質，使人高尚。——波羅果夫

有的書是彈藥，有的書是麵包，還有的書是乾燥的花朵——這些都是必不可少的。——愛倫堡

好的書籍猶如那純潔高尚的少女。她不會把自己的心奉獻給追求她的每一個人。她會有意回避人群中冷淡無情的目光，只有在愛情的烈火中，才逐漸摒棄自己天賦的執拗與矜持；只有在堅貞不渝和有獻身精神的忠實情侶面前，才吐露自己的衷腸；也只有當自己的情人透過了水和火的種種嚴峻考驗之後，才把自己完整地獻給他。——費爾巴哈

書的價值，可以根據它對你的影

響程度和重讀的次數來作出判斷。——福樓拜

第一部使你傾心的書籍，如同初戀的情人，它是一面無意中將人們的整個處世哲學折射於未來的三棱鏡。——福爾什

一切優秀的書籍，都具有一個共同點：當你讀完它時，會感到書中描述的一切，你已親身體驗過，因而它將永遠銘記在你的心中。——海明威

書籍時刻都把人們吸引在它的身旁，讓人們像見到太陽那樣，以滿足的心情用那雙明亮的眼睛，朝它一遍又一遍地張望。——費定

在我所見所聞的所有事物中，有我的影子；因而，在我讀過的書中，也有我的影子。——丁尼生

書籍使我看到了沒有親身經歷過，也從未見過的許多東西。它打開了我的眼界，賦予我對公民的熱愛與尊敬。——捷列紹夫

讀一本好書，會使你更加堅強，更加聰明，更加坦然。——蘇德拉勃卡恩

我們完全可以根據所讀的書籍和所交的朋友來判斷一個人。人以群分，書亦以類聚，因此，我們自始至終要努力挑選自己稱心的伴侶。——斯邁爾斯

圖書，是漫遊世界，通今博古的工具。它是一種威力無窮的工具，因為它對於人的心理，乃至社會的心理產生著非同小可的影響。也就是說，它對一般難以受到影響的事物也能發揮作用。——魯巴金

好書，就是無法透過其他方式與我們交流的人和我們進行著有益而輕鬆的書面談話。——拉斯金

時光如果能像抹去對人的記憶那樣，抹去人的愛情和其他一切情感，那麼，對於一部真正的作品，時光卻能使它永垂不朽。——巴烏斯托夫斯基

圖書教會我們尊重各自的優點和習俗，誘發人們改邪歸正的願望。——蒙田

讀書破萬卷，下筆如有神。——杜甫

舊書不厭百回讀，熟讀深思子自知。——蘇軾

早歲讀書不甚解，晚年省事有奇功。——蘇轍

年年歲歲笑書奴，生世無端同處女。世上何人不讀書，書奴卻以讀

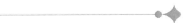

書死。——李贄

平生讀書為誰事，臨難何憂複何懼。——文天祥

讀書患不多，思義患不明，患足己不學，既學患不行。——韓愈

腹有詩書氣自華。——《蘇軾詩集》

夫所以讀書學問，本欲開心明目，利於行耳。——《顏氏家訓》

書多閱而好忘者，只為理未精耳。——《理窟·

積財千萬，無過讀書。——《顏氏家訓》

不讀詩書形體陋。——吳嘉紀

人不讀書，其猶夜行；二毛之叟，不如白面書生。——段成式

外物之味，久則可厭；讀書之味，愈久愈深。——《二程語錄》

熟讀唐詩三百首，不會作詩也會吟。——孫洙

書卷多情似故人，晨昏憂樂每相親。眼前直下三千字，胸次全無一點塵。——于謙

樹義不自勝，不如不開帙。——法式善

恨公不讀數百卷書！——《資治通鑑》

後生才性過人者，不足畏。惟讀書尋思推究者，為可畏耳。——《小學集話》

書多弗能讀，賈肆浪奢侈。——劉岩

負米力有餘，能無讀書伴？——《王文公文集》

富不愛看貧不暇，世間惟有讀書難。——《小倉山房詩文集》

觀書者當觀其意，慕賢者當慕其心。——劉禹錫

觀書先須熟讀，使其言皆若出於吾之口。繼之精思，使其意皆若出於吾之心，然後可以有得失。——朱熹

韋編屢絕鐵硯穿，口誦手抄哪計年？——陸游

別來十年學不厭，讀破萬卷詩愈美。——蘇軾

二句三年得，一吟雙淚流。——賈島

苦苦苦，不苦如何通今古？——曹端

年少不應辭苦節，諸生若遇亦封侯。——王維

不願玉液餐，不願蓬萊遊；人間有

字處，讀盡吾無求。——《小倉山房詩文集》

一日不書，百事荒蕪。——李詡

不敢妄為些子事，只因曾讀數行書。——陶宗儀

砥礪琢磨非金也，而可以利金；詩書壁立，非我也，而可以厲心。——劉向

讀書何所求？將以通事理。——張維屏

讀書三十年，方悟慚愧二字。——王畔

讀書萬卷始通神。——蘇軾

非讀書，不明理。要知事，須讀史。——李光庭

到老始知氣質駁，尋思只是讀書粗。——王豫

讀有字書，卻要識沒字理。——鹿善繼

讀書造化，不讀書告化。——王有光

人家不必論貧富，惟有讀書聲最佳。——翁承贊

三日不讀書，便覺語言無味。——朱舜水

世人不問愚智，皆欲識人之多，見事之廣，而不肯讀書，是猶求飽而懶營饌，欲暖而惰裁衣也。——《顏氏家訓》

士欲宣其義，必先讀其書。——王符

士大夫三日不讀書，則義理不交於胸中。——姚鼐

居近識遠，處今知古，惟學矣乎。——《老子》

看書如服藥，藥多力自行。——陳秀明

男兒須讀五車書。——杜甫

書痴者文必工，藝痴者技必良。——蒲松齡

外物之味，久則可厭；讀書之味，愈久愈深。——程頤

黑髮不知勤學早，白髮方悔讀書遲。——顏真卿

夫學，非讀書之謂。然不讀書，則無以知為學之方。故讀之者貴專而不貴博。蓋惟專為能知其意而得其用，徒博則反苦於雜亂淺略而無所得。——朱熹

讀書是最好的學習。追隨偉大人物的思想，是最富有趣味的一門學科。——普希金

不去讀書就沒有真正的教養，同時也不可能有什麼鑑別力。——赫爾岑

讀書在於造成完全的人格。——培根

比之其它任何一種娛樂形式，不管它們多麼愉快，我寧可選擇讀書，因為它從不使我失望。——蒙田

讀完一本好書，人會感到自己更堅強、更聰明、更正直。——蘇德拉勃卡倫

讀書是在別人思想的幫助下，建立自己的思想。——魯巴金

我自認讀書是我唯一的娛樂。——富蘭克林

讀書當讀全書，節抄者不可讀。——馮班

古人之書不可不多讀，但靠書不得，靠讀不得，靠古不得！——曹於汴

欲讀天下之奇書，須明天下之大道。——蒲松齡

要知天下事，須讀古人書。——抱甕老人

凡讀無益之書，皆是玩物喪志。——王豫

讀前句如無後句，讀此書如無他書，心乃有大得。——《薛文清公讀書錄》

讀書不向自家身心做功夫，雖讀盡天下書無益也。——《瓊琚佩語》

讀書數萬卷，胸中無適主，便如暴富兒，頗為用錢苦。——鄭板橋

讀書求不求多，非不多也。唯精乃能運多，徒多徒爛耳。——鄭板橋

讀書如吃飯，善吃者長精神，不善吃者生痰瘤。——袁枚

讀書如將兵，當先講紀律。將軍掃群寇，勢若風雨疾。——法式善

善讀書者，始乎博，終乎約。——玨碗

士有假書於人者，必熟複不厭；有陳書盈幾者，乃坐老歲月。——何坦

凡讀書須識貨，方不錯用功夫。——陸世儀

書富如大海，百貨皆有。人之精力，不能兼收盡取，但得其所欲求者爾。故願學者每次作一意求之。——蘇軾

愛看書的年輕人，大可以看看本分以外的書，即課外的書，不要只將課內的書抱住。——魯迅

人是活的，書是死的，活人讀死書，可以把書讀活。死書讀活人，可以把人讀死。——郭沫若

人做了書的奴隸，便把活人帶死了，把書作為人的工具，則書本上的知識便活了，有了生命力了。——華羅庚

書籍浩如煙海，人的精力有限，所以全讀不可能，也無此必要，但是選讀又常常感到無所適從。對這個問題一定要慎重對待。——張廣厚

要專門讀通一些書，這就是專精，也就是深入細緻，要求甚解。——陳垣

讀一本好的書，就是和高尚的人談話。——歌德

不好的書不僅無益，而且有害。應該首先竭力閱讀和了解各個時代和各個民族的最優秀作家的書。——列夫．托爾斯泰

科學書籍讓人免於愚昧，而文藝作品則使人擺脫粗鄙；對真正的教育和對人們的幸福來說，兩者是同樣的有益和必要。——車爾尼雪夫斯基

寫一本書好比生一個孩子，總得十月懷胎。那些在七八天裡匆忙寫成的書籍，我對它們的作者總是不無偏見。——海涅

不好的書告訴你錯誤的概念，使無知者變得更加無知。——別林斯基

書籍猶如朋友，必須慎重選擇。——黑德斯

不好的讀物，就像一扇沾滿油污的窗戶，透過這扇窗戶，什麼也看不清。——蘇霍姆林斯基

人總以為同他的觀點分歧的任何人都是糊塗的人，同他的觀點分歧的任何書都是壞書。——愛爾維修

對一本書來說，最重要的是讓人讀進去。——特羅洛普（Anthony Trollope）

一本書好不好，主要看它的可讀性如何。——愛默生

人們能懷著期望打開，帶著收益合上的書才是好書。——阿爾科特

好書無不宣揚良好的道德。但世界畢竟太大，道德的範疇畢竟太廣。——史蒂文生

優秀書籍是一個民族最可寶貴的財富，而壞書則是最該詛咒的東西。——惠普爾

優秀書籍是不可戰勝的，無論是邪惡還是愚蠢，都無法毀滅它。——喬．摩爾

我們主要是透過書本才有幸與高

貴的靈魂交往，在那些最優秀的書中，偉人對我們侃侃而談，把他們最寶貴的思想奉獻給我們，把他們的靈魂傾注在我們的靈魂之中。——威·強尼

任何優秀書籍和美好的事物都不會一開始就展現出自己最美的形象。——卡萊爾

閱讀一本好書給我帶來的享受，勝過黃金給我帶來的快樂。——約·威爾遜

最有益的書是那些最令人深思的書。——西·派克

對優秀作品所做的任何提要，都只能是愚蠢的提要。——蒙田

記載著金科玉律的寶籍，鎖合在漆金的封面裡，它的輝煌富麗為眾目所共見。——莎士比亞

那些你打算焚毀卻又捨不得鬆手的書才是最有用的。——塞繆爾·詹森

沒有哪本書壞到一無是處的地步。——老普林尼

每個作者最優秀的氣質通常都能在其著作中反映出來。——塞繆爾·詹森

在出版物上見到自己的名字的確令人快慰；書就是書，哪怕是沒有什麼內容的書。——喬·拜倫

我死後希望人們這樣議論：「他雖然罪惡昭彰，但他的作品還值得一讀。」貝羅克

最優秀的著作都是根據問題錯誤的一面寫成的，而作者對此卻往往一無所知。——麥考萊

全世界都能透過我的書了解我，也能透過我了解我的書。——蒙田

人類的一切行為，他們的誓言、恐懼、憤怒、歡樂以及往返走動，都能成為我寫作中各式各樣的主題。——尤維納利斯

讚美古代作家並非出於對死人的尊敬，而是由於活人之間的相互競爭和相互嫉妒。——霍布斯

有些人總愛讀古書，就好像當代作品中連一句真理也找不到似的。——迪斯雷里

書和諺語一樣，都是從它們經歷的年代所留下的印記和評價中獲得重要價值的。——坦普爾

你很清楚，古書是世界處於青年時期的產物，而新書卻是世界在老年時代的產物。——霍姆斯

讀書不多，無以論斯理之變化；多而不求於心，則為俗學。——《梨洲先生神道碑》

讀書貴神解，無事守章句。——徐洪鈞

讀書好處心先覺，立雪深時道已傳。——袁枚

讀書勿求多，歲月既積，卷帙自富。——馮班

讀書須知出入法，始當求所以入，終當求所以出。——陳善

讀書有三到，謂：心到、眼到、口到。——朱熹

讀書以過目成誦為能，最是不濟事。——鄭板橋

讀書趨簡要，害說去雜冗。——歐陽修

讀書切戒在慌忙，涵泳工夫興味長。未曉不妨權放過，切身須要急思量。——陸九淵

善讀書者，日攻，日掃。攻則直透重圍，掃則了無一物。——鄭板橋

盡信書則不如無書。——《孟子·盡心下》

年少從他愛梨栗，長成須讀五車書。——王安石

抛金似泥塗，不如富購書。有書堆數仞，不如讀盈寸。——劉岩

記誦以為博是讀書病處，亦強似不讀。——馮班

記問之學，不足以為人師。——《劉記·學記》

讀書之法，在循序而漸進，熟讀而精思。——朱熹

讀書始讀，未知有疑。其次則漸漸有疑。中則節節是疑。過了這一番後，疑漸漸解，以至融會貫通，都無所疑，方始是學。——朱熹

倘只看書，便變成書櫥。——魯迅

在你閱讀的書中找出可以把自己引向深處的東西，把其它一切統統抛掉。——愛因斯坦

把一頁書好好地消化，勝過匆忙地閱讀一本書。——麥考萊

在無需細讀的時候，學會略讀的技巧是很有幫助的。——貝弗里奇

書籍的使命是說明認識生活，而不是代替對生活的認識。——科爾察克

有些人評價書籍只是根據篇幅，彷彿寫書是為了鍛鍊手，而不是為了鍛鍊智慧。——葛拉西安

讀書患不多，思義患不明，患足已不學，既學患不行。——韓愈

少年辛苦終身事，莫向光陰惰寸

功。——杜荀鶴

讀書譬飲食，從容咀嚼，其味必長；大嚼大咽，終不知味也。——朱熹

學者須精讀一兩書，其餘如破竹，數節後皆迎刃而解。——蘇軾

讀重要之書，不可不背誦。——司馬光

外物之味，久則可厭；讀書之味，愈久愈深。——程頤

讀書做人，不是兩件事。將所讀之書，句句體貼到自己身上來，便是做人的法，如此方叫得能讀書。——陸隴其

讀書為明理也；明理，為做人也。——彭兆蓀

讀書貴乎以我之心，貼聖賢之理。——張伯行

讀書，第一要有志，第二要有識，第三要有恆。——曾國藩

讀書須求大義，不可纏繞於瑣碎傳注之間。——賀欽

人之氣質，本難變化，唯讀書則可變化氣質。——曾國藩

多讀古人書，靜思天下事，可以斂浮氣而增定力。——李鴻章

天下事恒利害相半，唯讀書，則有全利而無少害。讀書一卷，則有一卷之益，讀書一日，則有一日之益。——陳繼儒

大抵觀書須先熟讀，使其言皆若出於吾之口，繼以精思，使其意皆若出於吾之心，然後可以有得爾。——朱熹

少年讀詩，如隙中窺月；中年讀詩，如庭中望月；老年讀詩，如庭上觀月，皆以閱歷之深淺，為所得之深淺耳。——張潮

立身以力學為先，力學以讀書為本。——歐陽修

熟能通其竅，精能盡其妙。——杜甫

讀書欲精不欲博，用心欲專不欲雜。——黃庭堅

讀書貴能疑，疑乃可以啟信。讀書在有漸，漸乃克底有成。——金纓

心，靈物也；不用則常存，小用之則小成，大用之則大成，變用之則至神。——唐甄

吾輩讀書做吏，應先洗滌俗腸，洗滌俗眼，乃可有為。——胡林翼

生活是最偉大的一部活語彙。——老舍

精讀，好像牛吃東西似的。吃了以後再吐出來，慢慢反芻，消化。泛讀，就好像鯨魚張開大口似的，把小魚小蝦都吃下去，漏一些也沒關係。——秦牧

當你讀書或聽講的時候，你是作家的座上客，而當你合上書本的時候，你才真正開始讀書——那時，你便成為作家的合著者。這一點比什麼都重要。——巴比爾

善於攝取必要營養的人，比只圖吃得多的人更加健康；同樣地，真正的學者往往不是讀了很多書的人，而是精讀有用的書的人。——亞里斯提卜

閱讀一本選擇不當的書，比完全不讀書更壞，更有害。——別林斯基

讀書不用心記，不如不讀，記而不用，不如不記。——布萊基

讀而不思，等於食而不化。——博克

欲想變得聰明，靠的不是氣力，而是孜孜不倦地讀書。——布魯諾

讀書對於我，是為了擴大眼界，激發思想，達到增長才智的目的，而並非是為了增強記憶能力。——蒙田

若是有人提出，只要我放棄讀書，願將世上的全部財寶賞賜給我，那麼我寧願一貧如洗身居寒舍，而不願放棄讀書。——麥考萊

看書和學習是思想的經常營養，是思想的無窮發展。——岡察洛夫

讀書補天然之不足，經驗又補讀書之不足。——培根

喜歡讀書，就等於把生活中寂寞的辰光換成巨大享受的時刻。——孟德斯鳩

不去讀書就沒有真正的教養，同時也不可能有什麼鑑別力。——赫爾岑

我們不應該像螞蟻，單只收集；也不可像蜘蛛，只從自己肚中抽絲；而應像蜜蜂，既採集又整理，這樣才能釀出香甜的蜂蜜來。——培根

讀書和勞動，能創造出奇異的禾苗。——斯克里亞賓

當我讀書的時候，我感到書籍像活人一樣，能和我親切談心。——斯威夫特

不讀書是最大的精神貧困，對此切不可掉以輕心。——拉斯金

讀書時不可存心詰難作者，不可盡信書上明言，亦不可只為尋章摘句，而應推敲細思。——培根

讀書使人充實，討論使人機智，作文使人準確。——培根

讀書可以使人不止過一種生活，而是多種生活，因為人們可以隱身於形形色色的人物之中，這勢必使得個人的實際生活變得更加豐富多彩。——萬申金

為了汲取天才作品中的全部養分，就必須精心地閱讀，並在進入新的作品之前，做一番長時間的停頓。——貝恩

讀書使人心明眼亮。——伏爾泰

好書讀得越多，人們就越有智慧，便越有本領和教養。——加加林

讀書如同交朋友，既可交到好朋友，也可會交到壞朋友。——愛爾維修

為了博得讀者的青睞，必須自始至終喚起讀者強烈的興趣。古往今來的語言學家和作家都指出，不是以表現力，就須以思想內容去打動讀者的心。——愛爾維修

人在一生中讀兩次書；一次是在學生時代，另一次是在成年時代。生活的閱歷、經驗、實踐、憂患和感受，使人對青年時代讀過的書，更加深了理解，因此，這對讀書頗有溫故而知新之感。——格拉西莫夫

甚至善良的人們也不懷疑，學會讀書需要付出多少艱巨的勞動和時間。我雖讀書八十餘載，但仍不敢說已經完全達到了目的。——歌德

認地閱讀一部作品，絕非區區小事，為做到這一點，需要長時間的學習。——果戈里

那些能幫助我們了解生活的意義，了解人們的意願和行為的真正動機的書籍，才值得我們閱讀和尊重。——高爾基

讀書能使思維深化，喚起對各種現象進行探索和分析的意念。——加里寧

依我看，好書必定在字裡行間跳動著生活的脈搏，就像血液在血管中流動一樣，這樣的書，如果不是永久地至少也是長時間地銘記在人們心中，人們渴望再一次拜讀它。——加里寧

學會讀書——這可能比你想像要困難得多。讀書應有選擇，要認認真真地、全神貫注地讀那些真正引起你的興趣的書，以及你認為對工作確實有用的書。——伽利略

讀書方法有三種，第一種，讀了書但並不理解它，第二種，讀了書並能理解它；第三種，讀了書還能領悟書中沒說出來的道理。——克尼亞

日寧

當你讀完書後，會感受到內心世界的充實，彷彿作家筆下的主人公成了你的好伴侶。——李定

有人認為，書讀的多就懂得多，然而並非絕對如此。——洛克

誰不專心致志地讀書，誰就沒有堅定的信念，遇事就會搖擺不定；即使他埋進書堆裡，也僅僅是在它的表面滑行。——密爾頓

雖然我讀了那麼多書，卻仍然沒有學會讀書，甚至連那些壞書和冗長乏味的書，竟也捨不得半途而廢。——毛姆

誕生於一個人思想中的真理，能夠借助圖書在人們的思想中生根，這本書擁有多少個讀者，便有多少個帶有正確思想的人。——諾維科夫

讀一本好書，彷彿每回都有一種新鮮感。好書的作者命運確實不凡：他們永不消逝，生命常在，他們就坐在自己的書桌前或佇立在斜面桌後，他們是超脫時代的偉人。——奧列沙

在所有的書籍中，最能引起你深思的，就是對你最有益的書。——派克

讀書是這樣一種行動：各個人由於在一大堆問題面前感到無能為力，想透過讀書，求助於人類的集體智慧以及這種智慧的優秀代表，以便從他們那裡找到個人難以解決的問題的答案。——皮薩列夫

世上有許多好書，然而只有對那些善於讀書的人，才算是好書。識字與研讀好書，兩者全然不可同日而語。——帕斯卡

讀書就是借助他人的思想，開發自己的思想。——魯巴金

既讀書又動筆，方能融會貫通。——塞涅卡

當你閱讀不同作者和不同類型的書籍時，要注意別讓它們擾亂你的思想。這中間要有停頓，這時就要以真正的天才和優秀作家的作品，來豐富自己的頭腦。——塞涅卡

當我讀有些書時，好像是在磨刀石上修整我的舌頭。而讀另一些書時，又像是在詢問我這公民的良心。——索洛烏辛

不但在挑選書的時候，而且在讀書的時候，都該學會從書本中篩選出那些最有益於智力發展的東西。——塔涅耶夫

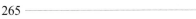

博覽群書實屬沒有必要，應該找

那些能消除你心中疑團的書來讀。——列夫‧托爾斯泰

首先必須閱讀好書，否則你將無法及時地讀完該讀的書。——梭格

讀書的深刻含義，不是用甜言蜜語催你昏昏入睡，而是讓你歷盡艱辛並奉獻出無數不眠之夜。——梭格

讀書不僅僅是為了了解事實。讀書意味著培養對美的鑑賞力。——費定

世上存在著讀書藝術，這門藝術需要我們去駕馭它。——法格

讀書的方法，就是依靠外界輔助的一種思維方法。讀書就意味著和別人一起進行思維，剖析別人的思想，也剖析與自己雷同或對立的思想。——法格

我們和書打交道如同交朋友一樣，我們雖然認識許多人，但能稱得上深交和知心的生活伴侶，為數不多。——費爾巴哈

當我讀書時，並不關心作者如何沉醉於打紙牌，而只關注他們的驚人事業。——契訶夫

這本書你讀起來有困難，請先放下它，這說明你的智力還未達到作者的水準。一年後若仍有困難，請再放下來，切勿因為沒有能力理解它而感到害臊。——謝爾貢諾夫

讀書時，我願在每一個美好思想的面前停留，就像在每一條真理面前停留一樣。——愛默生

讀書時候須認真思考，要消化吸收讀過的東西，而不該像字典似的，僅在腦海中存儲。——伊拉斯謨

讀書是一種創作的過程。當讀者閱讀長篇小說時，就在完成與作家類似的工作，因為讀者能以想像力來充實小說的內容。若要做到這一點，還須依靠讀者個人生活的閱歷。——愛倫堡

我滿懷著激動和喜悅的心情拜讀了許多書籍，但是書籍並沒有使我脫離實際，每當我讀得入迷的時候，它會不斷地培養我觀察和鑑別能力，在我心中點燃探求生活知識的烈火。——高爾基

讀書應具有學習和求知的欲望，也就是說，要用人類天才所累積的知識財富充實自己的頭腦和心靈。——金肯

讀書的嗜好，會隨著年代的推移而增強。讀書為幸福開闢了廣闊的前景，那是一種不僅使自身受益，而且導致他人受益的崇高的幸福。——勒基

初次閱讀的作品，具有現實的意義；重新閱讀的作品，具有啟示未來的意義。——小仲馬

若要提高文化素養，首先需要閱讀文藝書籍。它能給人豐富的知識，為培養人才和增進人們相互的了解提供了可能。——加里寧

讀書對於我來說是驅散生活中的不愉快的最好方法。沒有一種苦惱是讀書所不能驅散的。——孟德斯鳩

不讀書的人，思想就會停止。——狄德羅

別忘記，讀書是取得多方面知識的最重要的方式。——赫爾岑

讀書對於智慧，就像體操對於身體一樣。——愛迪生

一本新書像一艘船，帶領著我們從狹隘的地方，駛向生活的無限廣闊的海洋。——凱勒

生命是短暫的，空餘時間很少，因此我們不應把一刻空餘時間耗費在閱讀價值不大的書籍上。——拉斯金

不要閱讀信手拈來的書，而要嚴格加以挑選。要培養自己的趣味和思維。——屠格涅夫

我讀書越多，書籍就使我和世界越接近，生活對我也變得越加光明和有意義。——高爾基

讀書愈多，精神就愈健壯而勇敢。——高爾基

讀書之樂樂陶陶，起弄明月霜天高。——朱熹

讀未見書，如得良友；讀已見書，如逢故人。——《格言聯璧·學問類》

揮汗讀書不已，人皆怪我何求。我豈更求榮達，日長聊以銷憂。——黃庭堅

至樂不如讀書，至安無如教子。——《史典·願體集》

讀書之樂何處尋，數點梅花天地心。——朱熹

讀書吧，它能使你愉快，它教給你尊敬人，也尊敬自己；它鼓舞你的思想感情去愛人類，愛和平。——高爾基

書籍是朋友，雖然沒有熱情，但是非常忠實。——雨果

第一次讀到一本好書，我們彷彿覺得找到了一個朋友。再一次讀這本好書，彷彿又和老朋友重逢。——伏爾泰

書籍是最好的朋友。當生活中遇到

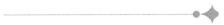

任何困難的時候，你都可以向它求助，它永遠不會背棄你。——都德

與書籍單獨在一起，要比與傻瓜們待在一起更好。——布埃斯特

書的意義不僅限於自身，它還有生命。它是過去時光的核心，是對人們生活、工作和死亡的解釋，是人的生命的精華和實質。——洛厄爾

書中有比人世間更美好的境界，當我離開人間，我將枕書長眠。——史密斯

書本淨化人的思想，它是已故智者的精靈，是無知者的老師，朋友背棄你時，它還是你的安慰者。——巴恩斯

若是沒有書，上帝就會啞口無言，正義就發揮不了作用，自然科學就會停滯不前，哲學也只能跛行，文學也將變得麻木，一切的一切都會陷入永恆的黑暗之中。——巴托林

要是讀書果然有這樣的用處，能夠知道目前還不知道的東西，你盡可以命我發誓，我一定踴躍從命，絕無二言。——莎士比亞

第十六章　知識·求知·運用

所謂有知識，須知窮物理。朱熹

夫尺澤之鯢，豈能與之量江海之大哉。——宋玉

嗜書如嗜酒，知味乃篤好。——范成大

猶豫不決是以無知為基礎的。——恩格斯

知識——這是人所具有的最強大的一種力量。——高爾基

人的知識愈廣，人的本身也愈臻完善。——高爾基

為要好好地生活，就要好好地工作；為要站穩腳跟，就要掌握知識。——高爾基

人生處萬類，知識最為賢。奈何不自信，反欲從物遷。——韓愈

信仰和知識像謊言和真理那樣互相敵視的時代已經過去了。——高爾基

知識就是力量，力量就是知識。——培根

知識的歷史猶如一支偉大的複音曲，在這支曲子依次響起各個民族的聲音。——歌德

永遠不要誇耀無知，無知就是無力。——車爾尼雪夫斯基

無論掌握哪一種知識對智力都是有用的，它會把無用的東西拋棄而把好的東西保留住。——達文西

愚昧從來沒有給人們帶來幸福，幸福的根源在於知識。——左拉

知識是智慧的結晶，文化是寶石放出的光澤。——泰戈爾

無知是智慧的黑夜，是沒有月亮、沒有星星的黑夜。——西塞羅

知識是一切美德之母，而所有罪惡都出自無知。——蒙田

有教養的人的遺產，比那些無知的人的財富更有價值。——德謨克利特

記憶是知識的唯一管庫人。——菲利普·西德尼

在每個國家，知識都是公共幸福的最可靠的基礎。——喬治·華盛頓

知識是工具，而不是目的。——列夫·托爾斯泰

無知是禍害漫遊的黃昏。——雨果

無知識的熱心，猶如在黑暗中遠征。——牛頓

要在智慧、知識和才華上盡量取得實力，這樣我的智慧便會無比地豐富多彩。——維爾南茨基

每一個研究人類災難史的人可以確信，世間大部分不幸都來自無知。——愛爾維修

心靈中的黑暗必須用知識來驅除。——盧克萊修

寧要知道得少些，但要知道得好些，與其知道得不好，不如完全不知道。——狄德羅

知識是抵禦一切災禍的盾牌。——魯達基

知識，只有知識，才能使人成為自由的人和偉大的人。——皮薩列夫

驚奇是無知的女兒。——維柯

從不同的角度運用知識，知識才能活；只有活的知識才能成為力量。——帕金

書籍是任何一種知識的基礎，是任何一門學科的基礎的基礎。——褚威格

只有想像而沒有知識的人，就是只有翅膀而沒有雙腳的人。——儒貝爾

知識不能單從經驗中得出，而只能以理智的發明與觀察到的事實兩者的比較中得出。——愛因斯坦

一個人如果不承認追求客觀真理和知識的人的最高的和永恆的目標，他就會不受人重視。——愛因斯坦

這個時代應該是知識日益代替信仰的時代，不以知識為根據的信仰就是迷信，因此，必須加以反對。——愛因斯坦

知識是心靈的眼睛。——德雷克斯

知識是年輕人最佳的榮譽，老年人最大的慰藉，窮人最寶貴的財產，富人最珍貴的裝飾品。——第歐根尼(Diogenes)

知識是為老年準備的最好食糧。——亞里斯多德

要有知識就得自己學，它是不能世襲的。——蓋伊

知識是集無數思想與經驗之大成的東西。——愛默生

知識是珍寶，而實踐才是獲取它的鑰匙。——富勒

知識是心靈的活動。——強生

知識是唯一不受報酬遞減律支配的生產工具。——克拉克

知識永遠是新鮮的，即使是對老人。——埃斯庫羅斯

知識投資收益最大。——富蘭克林

知識之樹果實累累，只有真正的

強者才能將這些果實全部消化掉。——瑪·科爾里奇

知識來自學習的累積，否則將一無所獲。——但丁

正直但無知識是軟弱的，也是無用的，有知識但不正直是危險的，也是可怕的。——塞繆爾·詹森

博學的人是知識的蓄水池，而不是泉源。——諾思科特

我們的一切進步都像植物的萌芽，有一個從小到大的過程。開始出於本能，然後產生見解，最後獲得知識。——愛默生

唯有知識可尊為上品。——愛默生

有知識而無實踐只是半個藝術家。——富勒

所有的知識都是象徵性的。——歌德

在這個世界上，比別人懂得多並沒有什麼了不起的，了不起的是每時每刻都比別人懂得多。——歌德

知識的奇特就在於：誰真正渴求它，誰就往往能夠得到它。——理查·傑佛瑞斯

對知識的渴求是人類的自然意向，任何頭腦健全的人都會為獲取知識而不惜一切。——詹森

有什麼能比感官給予我們的知識更為可靠？我們又怎能用其它方式去辨明真偽？——盧克萊修

知識的累積是一步一步的，而不是一跳一跳的。——麥考萊

大自然賜給我們的是知識的種子，而不是現成的知識。——塞內卡

對知識的渴望如同對財富的追求，越追求，欲望就越強烈。——斯特恩

知識是產生對人類自由的熱愛和原則的唯一泉源。——韋伯斯特

知識的確是天空中偉大的太陽，它那萬道光芒投下了生命，投下了力量。——丹·伯斯特

與其懂得許多錯誤的東西，還不如不懂。——比林斯

知識需要裝飾，它既要有重量，也要有光彩，否則會常被誤認為是鋁而不是金。——切斯特菲爾德

知識可以產生力量，但成就能放出光彩；有人去體會知識的力量，但更多的人只去觀賞成就的光彩。——切斯特菲爾德

何時將我趕出伊甸園那是你的自由，但我得先吃下知識之樹的果

子。——英格索

誰都想得到知識，但誰都不願付出代價。——尤維納利斯

一個人的知識與他自己的要求總是相互矛盾的。——克魯奇

知識得以傳播才會千古永存。——詹·麥金托什

知者不博，博者不知。——《老子》

知不知，上；不知知，病。——《老子》

忘掉沒有用的知識。——安蒂塞內斯

早晨先把你學到的知識都吞下肚去，等到晚上再把它們統統消化一遍。——切斯特菲爾德

知識越多越令人陶醉。——威廉·古柏

要有意識地花時間學習一些有益的知識。讀書不要過濫，否則，將會一無所獲。——馬可·奧勒利烏斯

不要像厭惡蟾蜍或毒蛇那樣厭惡知識。——米爾頓

知識多的人疑慮也多。——義大利諺語

知識僅次於美德，它可以使人真正地，實實在在地勝過他人。——愛迪生

除了知識和學問之外，世上沒有任何其他力量能在人的精神和心靈中，在人的思想、想像、見解和信仰中建立起統治和權威。——培根

知識份子優於文盲，如同活人優於死人。——亞里斯多德

讓傻瓜去信口雌黃，知識自有它的價值。——拉封丹

有知識的人總是富有的。——菲洛勞斯

一個人知識越多，就越有價值。——羅伯特

專心致力於知識的人得到的是通向天堂的鑰匙。——威利斯

當房產和地產全部耗盡，知識就成了最值錢的東西。——富特

有知識就有力量。——愛默生

真正的知識每增加一點，都是人的力量的加強。——賀瑞斯·曼

知識和智慧沒有多大差別。——培根

我們活一輩子學一輩子，自然會變得越來越聰明。——龐弗雷特

只有靠掌握自己所不懂的知識，才

能使自己博學起來。——歐·梅雷迪斯

說是知識的範圍，聽是知識的特權。——奧·霍姆斯

每個人都是無知的，只是無知的方面有別罷了。——羅吉斯

當我們使自己變得至高無上的時候，我們便會忘記使自己變得更聰明些。——威爾·杜蘭

第一種飢餓就是無知。——雨果

無知是幸福的，即使不可以這樣說，那麼無知也確實是生存的必要條件。——佛朗士

據我所知，鳥類中會說話的只有鸚鵡，而鸚鵡是飛不高的。——威爾伯·萊特

不知道自己的無知，乃是雙倍的無知。——柏拉圖

實在說來，沒有知識的人總愛議論別人的無知，知識豐富的人卻時時發現自己的無知。——笛卡爾

邁向掌握知識的第一步，要懂得我們是無知的。——大衛·塞西爾

我比別人知道得多的，不過是我知道自己的無知。——蘇格拉底

讓人覺得無知，往往是最大的睿智。——古拉西安

與其誇大胡說，不如宣布那個聰明的、智巧的、謙遜的警句：「我不知道。」——伽利略

一個人若不能意識到什麼是白痴的話，他永不能成為一個真正的專家。——蕭伯納

人類大部分的無知是可克服的，而我們所不知道是因為我們並不想知道。——赫胥黎

許多時候無知甚至是一種福氣！——狄更斯

無視自己的無知是無知的弊病。——阿考特

無知和富有在一起，就更加身價大跌了。——叔本華

你的無知縮小了我們的談話範圍。——安東尼·霍普

無知一旦被驅散，即不可能再複得。——勞倫斯·彼得

僅一個乞丐就比無知好，因為乞丐需要的只是金錢，但一個無知的人卻欠缺人情。——阿里斯特波

無窮累積的知識壓得人們透不過氣來，使人們的心靈常被無知的恐懼所占據。——喬治·摩根

無知非大忌，無視於自己的無知方

為學問的大忌。——懷海德

我還沒有遇到一個無知到我不能從他身上學到任何東西的人。——伽利略

不要企圖無所不知，否則你將一無所知。——德謨克利特

心靈中的黑暗必須用知識來驅除。——盧克萊修

科學的自負比起無知的自負來還只能算謙虛。——斯賓塞

構成我們學習最大障礙的是已知的東西，而不是未知的東西。——貝爾納

只有正視自己的無知，才能擴大自己的知識。——烏申斯基

假如有人把心思用在研究智慧上，他的研究便沒有止境，因為一個人知道的愈多，便愈知自己的無知。——康米紐斯

我們的無知的增長速度實際上要比知識快得多，因為每解決一個問題都提出更多的問題。——丁伯根（Jan Tinbergen）

我們學得越多，就越發現自己無知。——雪萊

從無知到有知總不是一蹴而就的，而需要經過一個朦朧的過程，甚至像從黑夜進入白晝要經過拂曉一樣。——柯勒律治

真正有知識的人謙虛、謹慎；只有無知的人才冒昧、武斷。——格蘭維爾

與其一知半解，不如不知。——普布里烏斯·西魯斯

與其一無所知，還不如知道些無益的東西。——塞內卡

世上只有一樣東西是珍寶，那就是知識；世上只有一樣東西是罪惡，那就是無知。——蘇格拉底

一個人在某一方面表現出無知，他在其他方面也不會知道得太多。——斯彭德

知識是憐憫、博愛、仁慈，而無知只能挖掘地獄。——威·沃森

吾生也有涯，而知也無涯。——莊子

求知識，就像爬樓梯，想一下爬四五級，一步登天，會摔下來。不要生吞活剝，不求甚解，要老老實實地埋頭苦幹。——華羅庚

知己知彼，百戰不殆。——孫子

只要認真地用知識牢固地武裝起

來，你們就會擺脫你們不得不經受的那種沉重的生活，成為一個勝利者。——高爾基

只有在知道自己懂得甚少的時候，才說得上有了深知。疑惑隨著知識而增大。——歌德

人對於知識的好奇心也是這樣，他為自己預定的工作多於他所能做的，多於他所需要做的。——蒙田

我們所知的最大部分乃是我們所不知的最小部分，這就是說，甚至我們以為我們知道的，也無非是我們無知的一點點。——蒙田

人們把自然界拿來和包含著全部真理的書本相比較，但這種書本是用語言寫成的，要想看懂書本必須學習這種語言。——車爾尼雪夫斯基

趁年輕少壯去探求知識吧，它將彌補由於年老而帶來的虧損。——達文西

知識對我們是寶貴的，因為我們永不會有時間去完成它。——泰戈爾

精神上的各種缺陷，都可以透過求知來改善——正如身體上的缺陷，可以透過運動來改善一樣。——培根

只有正視自己的無知，才能擴大自己的知識。——烏申斯基

生活的全部意義在於無窮地探索尚未知道的東西，在於不斷地增加更多的知識。——左拉

既然知識不多，就要更多地學習。——孟德斯鳩

求知是人類的本性。——亞里斯多德

我的努力求學沒有得到別的好處，只不過是愈來愈發覺自己的無知。——笛卡爾

人都嚮往知識，一旦知識的渴望在他身上熄滅，他就不再成為人。——南森

知識的泉源不會枯竭：不管人類在這方面取得多大成就，人們還是要不斷地去探索、發掘和認識。——岡察洛夫

當你沒有掌握新的知識，當你沒有給你自己的學問增添新的東西，這樣的日子或這樣的時刻就是可悲的日子或可悲的時刻。——考門斯基

應該使每個人的見識和知識，比他的父親和祖父的見識和知識更多。——契訶夫

不要等待運氣降臨，應該去努力掌握知識。——弗蘭明

人不能像走獸那樣活著，應該追求知識和美德。——但丁

不要忘記，不管你已經學到了多少東西，已經知道了多少東西，知識和學問是沒有止境的。——魯巴金

我們知道的東西是有限的，我們不知道的東西則是無窮的。——拉普拉斯

再沒有比預言人類知識有限的預言家所犯的錯誤更大的了。——季米里亞捷夫

知識不是某種完備無缺、純淨無瑕、僵死不變的東西，它永遠在創新，永遠在前進。——什利亞普尼科夫（Alexander Gavrilovich Shlyapnikov）

你們從一開始工作起，就要在累積知識方面養成嚴格循序漸進的習慣。——巴夫洛夫

炫耀廣博見識或淵博學問的人，是既沒有見識也沒有學問的人。——海明威

自然界、機器和一切工作，對待沒有知識的人，對待怯弱的人是很不客氣的，甚至常常是粗暴的殘酷的，但是它們對待具有豐富知識的人，對待健壯的和勇敢的人，則是非常馴順的，承認你是主人，情願為你服務。——宋慶齡

不具備相當廣闊的歷史知識，好比希望在沙灘上建築高樓。——姚雪垠

學習並不意味著模仿，而是要掌握運用技巧的方法。掌握工作方法，也不是指一輩子墨守成規，只要你一開始工作，工作本身就會教你。——高爾基

對我們，特別是對我們的繼承人——青年人來說，用知識武裝起來和用鋼鐵武裝起來反擊我們的敵人，都是同樣必要。——高爾基

光有知識是不夠的，我們還必須應用知識；光有意志是不夠的，我們還必須見諸行動。——歌德

有的人把他們的知識放在眼力所及的地方。——歌德

掌握知識對於一個人來說是不夠的，應該善於使知識得到發展。——歌德

你知道得很多，但如果你不善於把你的知識用於你的需要，那就沒有什麼用處。——佩脫拉克

把學問過於用作裝飾是虛假；完全依學問上的規則斷事是書生的怪癖。——培根

不要把學問看作是用來裝飾的王冠，也不要把學問看作是用來擠奶

的奶牛。—— 列夫·托爾斯泰

若是一個人對於某一種技藝沒有知識，他對於那種技藝的語言和作為，就不能作正確的判斷。—— 柏拉圖

別人的知識可能使你學到某些東西，但是只有運用自己的智慧，才能成為智者。—— 蒙田

讚揚少數有學識的人，要比嘲笑多數無知識的人更重要。—— 賽凡提斯

只有知識 —— 才能構成巨大的財富的泉源，既使土地獲得豐收，又使文化繁榮昌盛。—— 左拉

有人說，知識就是力量。對我來說，知識就是幸福。有了知識，你就可以區別真理和謬誤，可以分清高尚與渺小。當你了解到各個地方各個時期人們的思想行為時，你就會對發展到今天的人類產生同情和親近的感情。—— 海倫·凱勒

主要的不在於累積盡量多的知識，主要的在於這或多或少的知識都是屬於你的，是你的心血澆灌的，是你自己努力的結果。—— 羅曼·羅蘭

知識是寶庫，但開啟這個寶庫的鑰匙是實踐。—— 富勒

有兩種人是在白白地勞動和無謂地努力：一種是累積了財富而不去使用的人，另一種是學會了知識而不去應用的人。—— 薩迪

有些學者好像銀行的出納：他只掌握打開巨大財庫的鑰匙，但財富不屬於他。—— 白爾尼

知識應該為人類的創造性目的服務。光累積知識是不夠的；應該盡可能擴大知識並把它運用到生活中去。—— 魯巴金

只有那種能在活動中運用自己知識的人，也就是能運用知識來改善生活的人，才是有教養的人。—— 康米紐斯

聰明的人不是具有廣博知識的人，而是掌握有用知識的人。—— 埃斯庫羅斯

任何人都不可能成為無所不知、無所不能的人。—— 維吉爾

第十七章　科學・教育・文化

既異想天開，又實事求是，這是科學工作者特有的風格，讓我們在無窮的宇宙長河中去探索無窮的真理吧！——郭沫若

科學上沒有平坦的大道，真理長河中有無數礁石險灘。只有不畏攀登的採藥者，只有不怕巨浪，才能登上高峰采得仙草，深入水底覓得驪珠。——華羅庚

科學尊重事實，不能胡亂編造理由來附會一個學說。——李四光

科學的發展同前一代人遺留下來的知識量成正比，因此在最普通的情況下，科學也是按幾何級數發展的。——恩格斯

勞動和科學是世界上最偉大的兩種力量。——高爾基

科學的大膽的活動是沒有止境的，也不應有止境。——高爾基

科學需要一個人貢獻出畢生的精力。科學要求每個人有極緊張的工作和偉大的熱情。——巴夫洛夫

我們所完成的任何科學工作，都是經過長期的考慮、忍耐和勤奮得來的。——達爾文

一個人在科學探索的道路上，走過彎路，犯過錯誤，並不是壞事，更不是什麼恥辱，要在實踐中勇於承認和改正錯誤。——愛因斯坦

你要知道科學方法的實質，不要去聽一個科學家對你說些什麼，而要仔細看他在做什麼。——愛因斯坦

科學向那些為它服務的人打開廣闊的前景。——約里奧·居禮

公民需要科學。不發展科學的國家必然會變成殖民地。——約里奧·居禮

科學的探討和研究，其本身就含有至美，其本身給人的愉快就是報酬，所以我在我的工作裡尋得了快樂。——瑪里·居禮

在科學上重要的是研究出來的「東西」，而不是研究者「個人」。——瑪里·居禮

一旦科學插上幻想的翅膀，它就能贏得勝利。——法拉第

科學是到處為家的——不過只是任何不播種的地方，是不會使其豐收的。——赫爾岑

追求科學需要特殊的勇敢。——伽利略

就是最成功的科學家，在他每十個希望和初步結論中，能實現的也不到一個。——法拉第

用醜惡的事實屠殺美麗的假說，是科學的最大悲劇。——赫胥黎

在創作家的事業中，每一步都要深思而後行，而不是盲目瞎碰。——米丘林

科學向前推進，也就不斷地把自己勾銷。——雨果

科學始終是不公道的。如果它不提出十個問題，也就永遠不能解決一個問題。——蕭伯納

就科學來講，把前人獲得的零星的真理找出來進一步加以發展，就是當之無愧理應受到獎賞的功勞。——歌德

科學的事業就是為公民服務。——列夫·托爾斯泰

打開一切科學的鑰匙都毫無異議地是問號；我們大部分的偉大發現都應歸功於「如何」？而生活的智慧大概就在於逢事都問個「為什麼」？——巴爾札克

科學是人生中最重要、最美好和最需要的東西。——契訶夫

在科學上進步而在道義上落後的人，不是前進，而是後退。——亞里斯多德

書籍是科學的成果，但科學不是書籍的成果。——培根

現代偉大的科學家，都是真正的詩人。——羅曼·羅蘭

科學的幻想歸根結底是科學和技術的大膽創造。——費定

從科學園地採收的果實，如同農人的收獲一樣，常常是工作與幸運和有利的情勢的共同產物。——貝琪里烏斯

科學的進步取決於科學家的勞動和他們的發明的價值。——巴斯德

當科學達到某個高峰時，它面前會出現通向新的高峰的廣闊前景，通向進一步發展的嶄新道路。——瓦維洛夫

科學的界限就像地平線一樣：你越接近它，它挪得越遠。——布埃斯特

據說教堂可以拯救罪人，科學則探索不再產生罪人的道路。——哈伯德

科學家應該沿著未經開拓的道路前進，不管障礙多大。——洛巴切夫斯基

在科學上最好的助手是自己的頭腦、思考。——法布林

科學的自負比起無知的自負來還只能算是謙虛。——斯賓塞

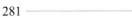

科學是有系統的知識。—— 斯賓塞

科學是使人的精神變得勇敢的最好途徑。—— 布魯諾

科學總有一天會走在幻想的前頭。—— 儒勒·凡爾諾

詩人的創造，哲學家的辯證，探險家的技藝 —— 這就是組成一個偉大的科學家的材料。—— 季米里亞捷夫

科學是人類累積的知識的巨大寶庫。—— 克魯普斯卡婭

科學就是不斷地認識，不僅是發現，而且是發明。—— 魯巴金

真正的科學家不可能不是謙虛的，因為他做出的事情越多，他就看得越清楚：還有更多的事情沒有做。—— 佛朗士

科學不會捨棄真誠愛它的人們。—— 季米里席夫

科學家一旦做出成績，就應該忘記自己所做的事情，而經常去考慮他還應該做的事情。—— 費希特

人們常常把科學和知識混淆起來，這是極大的誤解。科學不僅是知識，它也是意識，即善於運用知識的本領。—— 克柳切夫斯基

熱愛科學就是熱愛真理，因此，誠實是科學家的主要美德。—— 費爾巴哈

科學是人生中最重要、最美好和最需要的東西。—— 契訶夫

感謝科學，它不僅使生活充滿快樂與歡欣，並且給生活以支柱和自尊心。—— 巴夫洛夫

問號是開啟任何一門科學的鑰匙。—— 巴爾札克

科學是系統化的知識。—— 列·貝格

科學不可能毀掉，不可能站不住腳跟，因為它不承擔任何義務，它什麼也容不得 —— 除了真理以外。—— 季米里亞澤夫

只有根據普遍的原理，只有在熟悉抽象的概念及其相關概念的情況下，才能做一番實際工作。—— 門得列夫

科學改造了大自然，而科學也通過經驗進行自我完善。—— 培根

科學，宛如雲雀，能振翼高飛，盡情歌唱，猶如猛禽，能俯衝直下，捕獲獵物。—— 培根

科學的成就，是時間和智慧獨創性的事業。—— 伏爾泰

率先沿著新路行進的幸運者們，雖然只邁出幾步，他們的名字卻贏得崇高的讚譽。—— 伏爾泰

科學，絕非輕而易舉的事業，只有堅毅的智者才適於從事科學。—— 蒙田

人和科學，是兩面永遠相互反射的凹鏡。—— 赫爾岑

科學在明確的界線以外，發現了難以仔細分辨的又一個世界。—— 赫爾岑

科學是沒有國界的，因為它是屬於全人類的財富，是明亮世界的火把，但學者是屬於國家的。—— 巴斯德

科學是使人的精神變得勇敢的最好途徑。—— 布魯諾

科學知識是人類的光榮之一。—— 羅素

科學 —— 這是知識的組合。—— 斯賓塞

人們不具備比科學更強大、更能所向披靡的力量。—— 高爾基

科學，絕非富於神祕色彩的號角，而僅僅是人們手中改造世界的工具。—— 柏納德

科學是統帥，實踐是士兵。—— 達文西

正確的理論是經驗的總結，是建築在經驗之上的想法，從而形成了實踐的本質。—— 門得列夫

在科學事業中，阡陌縱橫，而大多數途徑都能引導我們取得重要的實際成果。—— 基里林

事業是理論和實踐的生動活潑的統一。—— 亞里斯多德

科學不是純粹的思維物件。它不斷地被拉到實踐一邊，不斷地以實踐來充實自己的思維工具，這就是為什麼科學研究脫離了技術，就不能進行的原因。—— 貝爾納

人被創造出來是為了前進和提高，人類將來到火星上去，能夠把大海從一個地方挪到另一個地方，能用海水來灌溉沙漠。—— 高爾基

科學在人類生活中將發揮越來越重要的作用，因為人的基本功能之一就是思維。—— 廷伯金

人們喜歡獵奇，這就是我們科學的種子。—— 愛默生

科學是「無知」的局部解剖學。—— 奧·霍姆斯

一個人憑五官探索他周圍的宇宙萬

物，這稱作科學上的冒險。——哈布林

人類的科學是無法斷定的猜測。——普賴爾

真正的科學首先教人們懷疑，讓人們摸不著頭腦。——烏納穆諾

科學只是直覺而已。——柏拉圖

科學是宗教迷信最有效的解毒劑。——史密斯

科學，細心地玩味起來，並不是別的，而是正確的判斷力和理解力。——斯坦尼斯瓦夫

假如良好的判斷力不能駕馭科學，那麼科學就是一種瘋狂。——西班牙諺語

科學是僵化概念的墓地。——烏納穆諾

科學是為了那些勤奮好學的人，詩歌是為了那些知識淵博的人。——喬瑟夫·魯賓

藝術屬於古老的世界，科學屬於現代的世界。——迪斯雷里

科學與藝術屬於整個世界，在它們面前，民族的障礙都消失了。——歌德

經濟學是管家理財的科學。——塞內卡

科學把品德高尚的人，與我們不應該尊為英雄的人面獸心的人嚴格地區分開來。——約·德萊頓

反復地推斷，無休止地修正，就能在科學上取得不容置疑的進步。——杜克洛克斯

每一門科學都曾經遭到排斥。——英格索

一個天才只能精通一門科學，因此，藝海無邊，智力有涯。——波普

天才只有與科學相結合，方能取得最高成就。——赫·斯賓塞

科學的進展是十分緩慢的，需要爬行才能從一點到達另一點。——丁尼生

神祕總希望科學有朝一日會超過自己。——塔金頓

在科學的探照燈照射不到的角落，在感官之窗看不到的地方，古老的不解之謎在向我們挑戰，陳舊的疑難課題在同我們較量。——華特·惠特曼（Walt Whitman）

科學哪怕透出一絲虛假之光，就會導致混亂與迷惘。——貝蒂

掌握知識並非是一件樂事，科學就是用一種無知取代另一種無知。——拜倫

短淺的眼光限制了我們，使我們不相信重力、化學及植物等科學的法則。——愛默生

科學只能由那些全心全意追求真理和嚮往理解事物的人來創造。——愛因斯坦

在科學的廟堂裡有許多房舍，住在裡面的人真是各式各樣，而引導他們到那裡去的動機也實在各不相同。——愛因斯坦

透澈的研究和銳利的科學工作，對人類往往具有悲劇的信念。——愛因斯坦

科學在發展邏輯思維和研究實在的合理的態度時，能在很大程度上削弱世上的迷信。——愛因斯坦

科學是為科學而存在的，就像藝術是為藝術而存在的一樣，它既不從事自我表白，也不從事荒謬的證明。——愛因斯坦

事實本身就能夠而且應該為我們提供科學知識。——愛因斯坦

在整個一生中，研究工作是我主要的樂趣和唯一的事業。研究工作激起的熱情使我暫時忘卻或完全排除時常身體不佳的感覺。——達爾文

評價一個人不要根據他的天賦，而要根據他運用天賦的能力。——笛卡爾

缺乏熱情和意志力量，智慧的創造力是毫無結果的。——安德羅諾夫

人類智慧史有效地證明，在自己事業中，有人能夠擁有獨創的才能，而在日常事務中卻是個平庸之輩。——阿拉哥

天才總是擁有探求真理和實的本能。——別林斯基

沒有熱情就不會有偉大的演員、偉大的統帥、偉大的部長、偉大的詩人和偉大的哲學家。——愛爾維修

天才僅僅是不間斷的注意力。——愛爾維修

不加思索的觀望是令人生厭的。當缺乏制定工作更新的想法時，我就像個病人似的。——歌德

科學如同歷史一樣，在發展的一定階段上需要自己的天才。在發展的一定時期則需要具有相應的思維方式的人們。——彼得·卡皮察（Pyotr Leonidovich Kapitsa）

真正理解科學與技術的只能是那種

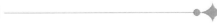

懂得藝術、酷愛文學的人。——克德羅夫

研究時的頑強精神，使我愛把它稱做真正的泉源。——巴斯德

科學實質上是從廣義上對智慧和合理性天生的崇敬。——費特

研究者熟悉失望和失敗。但是，如果好好地進行分析，失敗往往是有益的，它有助於奪取成功。——弗萊明

假如許多科學知識未能使一個人變得更加聰明的話，那麼極其自然的是，會使他徒具虛名，驕傲自大。——愛迪生

做一名科學家、詩人、軍人、立法者等等固然是好，但與此同時更糟糕的是不會做人。——別林斯基

信仰應該是珍貴的，只是因為它是真實的，而完全不是因為它是屬於我們的。——別林斯基

科學應該為人造福！不能讓科學超道德標準。——凡爾納

我完成了我力所能及的一切。我沒有使任何人不幸。我努力在自己死後達到這樣的目的，成為沒有人超越的最優秀的工作者。——韋爾納茨基

對於我和科學創造工作來說，道德觀念是毫不動搖的，並且不允許歪曲人的個性。——韋爾納茨基

剽竊別人思想比偷盜別人金錢的罪過往往更甚。——伏爾泰

如果不學無術往往產生不信任和仇恨的話，那麼知識能導致兄弟友愛，真理將通往光明。——約里奧·居禮

能夠簡明而直爽地說「我不知道」的人，是為數不多的，然而他們也是一些最優秀的人物。——皮薩列夫

要這樣地熱愛真理。時刻準備在認識崇高的真理之後，摒棄原先當作是真理的所有一切。——托爾斯泰

知之不多但準確無誤，總比認為知之甚多並一味地空想要強得多。——柏托洛

各種思想也像人一樣有自己的童年。——培根

時光對於善於利用它的人、勞動和思考的人、擴展其界限的人來說，是相當漫長的。——伏爾泰

不付出勞動，科學就一無所獲。——赫爾岑

如果你想從大自然索取些什麼東西，就要緩慢而頑強地去接近

它。——歌德

世界上我們用自己的雙眼最難看見的事情是什麼？就是擺在我們面前的事情。——歌德

我認為，——切珍貴的東西，我都要學會。我獲得了自學的方法。——達爾文

人們很少有足夠的理智來認識。有益的指責勝過居心叵測的褒獎。——拉羅希福可

科學能使我們的生活變得更加有趣和豐富多彩。——盧伯克

真理往往藏於偏僻之中，誰一心搜尋，誰就能把握它。——門得列夫

老實說，在任何事業中，如果不掌握本質上的東西，單憑能力和熱情，是不會有多大收獲的。——蒙田

在各項實驗工作中，要一直懷疑到客觀事實沒有任何疑問的時候。——巴斯德

找不到正確方法，尋不到方向，就會喪失許多時光，而你自身也會惘然若失。——皮羅戈夫

如果你想達到自己的願望，你就應該不倦地向前努力，一刻也不要固步自封。——席勒

要透過各種經驗和向錯誤學習來達到目的。——愛迪生

重要的是勞動，以及正在不斷地全面認識我們周圍自然界發生的種種現象。這就創造了生活的愉快、力量和幸福。——巴爾金

幾乎在過去的所有時代，只有不畏勞動的艱辛和所得菲薄的人，才能躋身科學界。——維納

科學確實是創造奇蹟的領域。——高爾基

知識是觀察、比較的產物，是認真研究自然和社會環境的結果。——高爾基

誠然，要善於克服困難，但也要善於不在自己面前設置困難。——彼得·卡皮察

知識就是力量。青年的力量應該在於擁有知識。——克魯普斯卡婭

科學如同大海，要求奮不顧身地奮鬥。——蘭道

有機會學習是一種莫大的幸福。——福金

穿過亂石雜遝的歧路，便是通向群星燦爛的坦途。——福金

人，過去和將來都永遠是人最感興

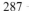

趣的現象。——別林斯基

科學的力量和威力是無限的，而科學為造福人類的實際應用也同樣是無限的。——克雷洛夫

知識的宇宙，是無邊無際的。——拜倫

知識使大自然變得更加具有魅力，經驗把知識本身變得更加令人嚮往。——培根

我從來沒有失掉學習的信念。——笛卡爾

在你還沒有搞清楚事情的概念之前，什麼也不要愛，什麼也不要恨。——達文西

要記住，無知從不產生罪惡，只有謬誤才是害人匪淺的。造成謬誤的原因不是因為無知，而是因為自以為是。——盧梭

我認為在造就人的本能方面，科學與藝術的影響最深、最富有成效。——高爾基

科學和藝術像肺和心臟一樣緊密相連。——列夫·托爾斯泰

越發展，藝術就越科學化，而科學就更藝術化，它們在起始點分手，而將來會在頂峰上相聚。——福樓拜

科學——最精確、最堅決地體現了人類理性對創作的自由和對全世界、全人類幸福的追求。——高爾基

鐳，不應該使任何個人發財致富，它是一種元素，它屬於全世界。——瑪里·居禮

認識所有事物的原因和潛力是我們社會的目的，而擴大人統治大自然的權力，暫時還是不可能的。——培根

只有服從大自然，才能戰勝大自然。——達爾文

大自然是最完美的藝術品。——索羅

不允許人們將他們發現和征服的那種自然力用於自我毀滅。——約里奧·居禮

迷信的主人是公民，在所有的迷信中，聰明人總是跟著傻瓜。——培根

迷信毒害人的思想，使人喪失理智。——西塞羅

寧可當啞巴，也別講迷信。——強生

病，染而可愈；哀，生而可消。可是迷信的靈魂卻永遠不得安寧。——羅伯·雷頓

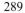

迷信的蔓延是不分疆界的，它看準了人類的弱點，在幾乎所有人的腦袋裡作祟。——西塞羅

每個人都有盲目的一面，即相信迷信。——蘭姆

公眾最大的迷信是認為虛偽是成功的可靠途徑。——儒貝爾

只要迷信存在，再純的教義也要混進渣滓。——貝恩

迷信存在於對上帝的毫無意義的敬畏之中，而宗教存在於對上帝的虔誠的崇拜之中。——西塞羅

迷信是無神的宗教，是十足的不敬行為。——約·霍爾

愚蠢的迷信就是在區區小事之中也要搬出神的威力。——李維

迷信是意志薄弱者的宗教信仰。——伯克

入則孝，出則悌，謹而信，泛愛眾，而親仁。行有餘力，則以學文。——孔子

詩三百，一言以蔽之，日：「思無邪」。——孔子

志於道，據於德，依於仁，游於藝。——孔子

興於詩，立於禮，成於樂。——孔子

天地之所貴者，人也。聖人之所尚者，義也。德義之所成者，智也。明智之所求者，學問也。——王符

聖人之為教，立中道以示於後：日仁、日義、日禮、日智、日信，謂之五常，言可以常行者矣。——柳宗元

中人以上，可以語上也，中人以下，不可以語上也。——《論語譯注》

不憤不啟，不悱不發。舉一隅不以三隅反，則不復也。——《論語譯注》

子絕四——毋意，毋必，毋固，毋我。——《論語譯注》

吾有知乎哉？無知也。有鄙夫問於我，空空如也。我叩其兩端而竭焉。——《論語譯注》

子日：「賜也，女以予為多學而識之者與？」對日：「然，非與？」日；「非也，予一以貫之。」——《論語譯注》

子蓋有不知而作之者，我無是也。多聞，擇其善者而從之；多見而識之；知之次也。——《論語譯注》

教亦多術矣，予不屑之教誨也者，是亦教誨之而已矣。——《孟子譯注》

人才有高下，知物由學，學之乃知，不問不識。——王充

先聖遺業，莫大教訓。博學多識，疑則思問。智明所成，德義所建。夫子好學，誨人不倦。——王符

子曰：「通其變，天下無弊法，執其方，天下無善教。」——王通

孔子教人，各因其材，有以政事入者，有以言語入者，有以德行入者。——程顥、程頤

讀書無疑者，須教有益；有疑者，卻要無疑，到這裡方是長進。——黎靖德

匪面命之，言提其耳。——《詩經·大雅·抑》

上智不教，而成下愚。——《顏氏家訓·教子》

身教親於言教。——魏源

生而同聲，長而異俗，教使之然也。——《荀子·勸學》

賢者，以其昭昭使人昭昭。——《孟子·盡心下》

安有執礪世之具而患乎無賢歟？——劉禹錫

大匠不為拙工改廢繩墨，羿不為拙射變其彀率。君子引而不發，躍如也。——《孟子·盡心》上

鞭撲之子，不從父之教。——《孔子家語·六本》

鞭笞之下，有賢士乎？——《遜志齋集·雜問》

教育人才，為根本計。——《元史·廉希憲傳》

一年之計，莫如樹穀，十年之計，莫如樹木；百年之計，莫如樹人。——《人生箴言錄》

父善教子者，教於孩提。——林逋

雖有五璞，不琢不錯，不離礫石。——王符

和氏之璧，井裡璞耳；良玉修之，則成國寶。——《意林·晏子》

為學莫重於尊師。——譚嗣同

只有廣泛地得到教益，自己才能相容並蓄，融會貫通，然後才能獨創一格。——荀慧生

教育青年，這是一種極困難的工作，所以在這方面工作的人是履行著一個非常光榮而責任又非常重大的任務。——加里寧

教育兒童是一樁必要的事業，這是不用說的，同時還應該明白，我們自己向兒童學習，也是大有益處

的。——高爾基

正確的教育在於使外表上的彬彬有禮和高尚的教養同時表現出來。——歌德

以正義、忠誠的光榮稱號去誘導野心、貪婪、殘忍和報復，那麼它們就不會具有本身天生的魯莽。——蒙田

真正的教育不在於口訓而在於實行。——盧梭

他有著天才的火花，你知道這是什麼意思？那就是勇敢、開闊的思想，遠大的眼光，種下一棵樹，他看見了千百年後的結果，已經憧憬人類的幸福。這種人是很少有的，要愛就要愛這種人。——契訶夫

我不僅使自己有才能，而且令其他的人也有才智。——莎士比亞

天賦僅給予一些種子，而不是既成的知識和德性，這些種子需要發展，而發展是必須借助於教育和教養才能達到的。——凱洛夫

教師如果把科學的材料嚼得這樣細，只能培養出懂知識的猿猴，而絕不是能獨立思考的人。——杜波羅留波夫

一個父親勝於一百個教師。——赫伯脫

培養人，就是培養他對前途的希望。——馬卡連柯

成人的個性在童年養成。——華滋華斯

如果教學想從各方面教育人，那麼，他應該從各方面首先了解人。——烏申斯基

教育始於母親膝下，孩童耳聞之一言一語，均影響其性格之形成。——伯雷

只有自由和獨立的人才能教別人自由和獨立。——第斯多惠

好鋼鐵經過錘打，就發出強烈的火花。——荷西·馬蒂(Jose Julian Marti Perez)

最重要的教育方法是鼓勵學生去實際行動。——愛因斯坦

使青年人發展批判的獨立思考，對於有價值的教育也是生命攸關的。——愛因斯坦

教育的唯一職能就是打開通向思考和知識的道路，而學校，作為公民教育的主要機關，應該專門為這個目的服務。——愛因斯坦

教育之於人有如雕刻之於大理

石。——愛迪生

教育是人在順境中的飾物，逆境中的避難所。——亞里斯多德

只有受過教育的人才享有真正的自由。——愛比克泰德

教育能增加人固有的價值。有素的訓練能堅定人的信心。——賀拉斯

教育的根須是苦的，而教育的果實卻是甜的。——亞里斯多德

應該向孩子們傳授他們成人後能用得上的知識。——亞里斯提卜

如果不教孩子一門手藝，或不教他去從事一種職業，那就是把孩子養大去做賊。——愛默生

教師的椅子對他來說成了君王的御座。——朗費羅

誰能在質樸的日常生活中給我們以指導和幫助，誰就是老師。——卡萊爾

誰能使難事變得容易，誰就可為人師。——愛默生

我不是什麼師長，只不過是個告訴你方向的同路人。我指向前方——這個前方不僅是你的，也是我的。——蕭伯納

不學無術的人往往好為人師。——王爾德

我們不僅要有政治上、文化上的巨人，我們同樣需要有自然科學和其他方面的巨人。——郭沫若

為了要前進，就必須有文化。我們需要文化，就像需要空氣一樣。——加里寧

我以為文藝大概由於現在生活的感受，親身所感到的，便影印到文藝中去。——魯迅

偉大也要有人懂。——魯迅

藝術的大道上荊棘叢生，這也是件好事，常人都望而卻步，只有意志堅強的人例外。——雨果

每個偉大的藝術家都按照自己的意念鑄造藝術。——雨果

如果我們根據藝術是對自然的摹仿就因而小看它，那就可以這樣地來回答：自然也是在摹仿許許多多別的事物。——歌德

真正的藝術家總是冒著危險去推倒一切既存的偏見，而表現他自己所想到的東西。——羅丹

要有耐心！不要依靠靈感。靈感是不存在的。藝術家的優良特質，無非是智慧、專心、真摯、意志。——羅丹

藝術不是享樂、安慰和娛樂，藝術是一樁偉大的事業。藝術是人類生活中把人們的理性意識轉化為感情的一種工具。—— 列夫·托爾斯泰

科學的界限越擴張，藝術的界限越狹窄。—— 席勒

藝術家是自然的情人，所以他是自然的奴隸，也是自然的主人。—— 泰戈爾

藝術家得永遠工作、永遠思考。—— 契訶夫

我的箴言始終是：無日不動筆；如果我有時讓藝術之神瞌睡，也只為要使它醒後更興奮。—— 貝多芬

為人是一種藝術。—— 諾瓦利斯

教育人是藝術中的藝術，因為人是萬物中最不固定的和最複雜的生物。—— 納集安津

只有為了別人，才有藝術；只有透過別人，才有藝術。—— 薩特

如同人們只能在世界的背影上知覺事物一樣，藝術表現的物件也是在宇宙的背影上顯現的。—— 薩特

藝術創作，透過藝術物件對我們揭示世界整體，而且它是為人的自由而創作，對人們自由負責的。—— 薩特

音樂對我來說是很重要的，它既是一種娛樂，又是文化修養的一個主要成分。—— 薩特

真正的音樂修養應該包括從舊音樂到當代最新的音樂，爵士樂當然也在其內。—— 薩特

對我來說，真正有價值的音樂是古典音樂。—— 薩特

我們在從戲劇音樂的世界向日常生活的世界過渡時，總是要體驗到那種巨大的困難的。—— 薩特

藝術作品是一種非現實。—— 薩特

第十八章　生命‧生死‧犧牲

生死禍福久不擇，更論甘苦爭媸妍！——蘇軾

芸芸眾生，孰不愛生？愛生之極，進而愛群。——秋瑾

為了懼怕可能發生的禍患而結束自己的生命，是一件懦弱卑劣的行為。——莎士比亞

死於敵人的鋒刀，不足悲苦；死於不知何來的暗器，卻是悲苦。——魯迅

並非吝惜生命，乃是不肯虛擲生命，因為戰士的生命是寶貴的。——魯迅

生命是純淨的火焰；我們活在世上，心中有一輪無形的太陽。——布朗托姆

生命是個漸漸疲勞的漫長過程。——小巴特勒

生命是寶貴的！即使是對年邁的老叟，時辰也好似吝嗇鬼兜裡的錢幣！——奧爾德里奇

生命是短暫的，而藝術是長久的。——希波克拉底

生命人皆有之，但它不是用來轉賣而是供人享用的。——盧克萊修

生命之於幸運者是短暫的，之於受難者則是漫長的。——阿波羅尼奧斯

人生中只有一事是註定的：人必有一死。——梅雷迪斯

生命有如火焰，然而焚毀的往往是生命自己。每當一個新生兒呱呱墜地，生命的火焰就會再度燃起。——蕭伯納

至理名言是生命的財富。——赫茲利特

我們的生命只有一次，但我們如能正確地運用它，一次已經足夠了。——英國諺語

一個人要是在他生命的盛年，只知道吃吃睡睡，他還算是個什麼東西？簡直不過是一頭畜生！——莎士比亞

生命是唯一的財富。——拉斯金（John Ruskin）

命並不因人們的死而變得不再可笑，卻因為人們的笑而變得不再嚴肅。——蕭伯納

生命在閃光中見出燦爛，在平凡中見出真實。——柏克

我們得到生命的時候附帶有一個不小的條件，那就是我們應該勇敢地保護它一直到最後一分鐘。——狄更斯

無用的生命只是早的死亡。——歌德

有思想的人都有一種驅動力，把對生命的尊敬給予每個願意活著的生命，就像給予他自己一樣。——史懷哲

不要把枯萎的花圈，綁在生命的聖壇上。——尼采

人們以為他掌握著自己的生命和支配自己的行動，而他的生存卻無可挽回地受著天命的控制。——歌德

生者自有生的希望。——約翰·雷

人的生命期——少年、青年、壯年和老年——各領二十載風騷。——畢達哥拉斯

倘若你懂得如何利用生命，那麼一生的時間是夠長的。——塞內卡

一切的一切集中於一個實在的生命，無論一線光、一陣風、一張葉瓣，都不遺失，而成為存在的一部分。——拜倫

人的生命是借來的，不是白給的。——普布里烏斯·西魯斯

照這樣一小時一小時地過去，我們越長越老，越老越不中用，這上面真是大有感慨可發。——莎士比亞

大自然像同意貸款那樣同意了人們耗用生命的權利，而且連歸還日期都沒定。——西塞羅

那吻是何等的輕柔和甜蜜，它是生命之弦奏出的樂曲！——派特莫爾

生，亦我所欲也，義，亦我所欲也；二者不可得兼，舍生而取義者也。——《孟子·告子篇》

雖有天下易生之物也，一日暴之，十日寒之，未有能生者也。——《孟子·告子篇》

在兩個世界之間，生命像孤星一樣飄忽於晨昏兩界，在天地的邊沿。關於我們自己我們能知道什麼？關於未來知道得更少！——喬·拜倫

要知道，只有眼前的時光才屬於人類。——塞繆爾·詹森

丟失金錢著實可悲，但斷送性命則更可悲。——奧·霍姆斯

一個人的生命可以在說一個「一」字的一剎那之間了結。——莎士比亞

我們短暫的一生，前後都環繞在酣睡之中。——莎士比亞

那些埋怨生命短促的人，情願眼睜睜地讓黃金般的時間一分分流逝，卻不屑伸手抓住並充分利用它們。——赫茲利特

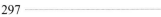

人生如同草木，他的生命就像鮮花在狂風中凋零。——威廉·古柏

生命以其匆忙的腳步向前疾走。——塞內卡

我來如水，去似風。——奧瑪·開儼(Omar Khayyám)

請不要加快生命的進程。——甘地

考驗一個人有無勇氣，多半是看他敢不敢活，而不是看他敢不敢死。——阿爾菲耶里

生存比尋死更需要勇氣。——梅雷迪斯

人不應想著死，而應想著活，這才是真正的虔誠。——迪斯雷里

一個人如何死，這並不要緊，要緊的是如何活。——塞繆爾·詹森

不知道如何生活的人，也就不知道如何去死。——塞內卡

對於一個知道如何生活的人來說，死神的名字是沒有什麼可怕的。——愛默生

許多人對死亡如此懼怕，以至從未開始生活。——范戴克

貪生怕死，是我們人類的常情，我們寧願每小時忍受著死亡的慘痛，也不願一下子結束自己的生命。——莎士比亞

人固有一死，或重於泰山，或輕於鴻毛。——司馬遷

民不畏死，奈何以死懼之。——老子

有我則無死，有死則無我，我安懼死哉。——彌法大師

人常想死時，則道念自生。——陳繼儒

未知生，焉知死？——《論語》

人生處世，當匡濟艱危，以吐抱負，寧能米柴瑣屑終身乎？——秋瑾

朝與仁義生，夕死複何求。——陶淵明

英豪雖沒名猶嘉，不肖虛死如蓬麻。——韓愈

生為百夫雄，死為壯士觀。——王粲

丈夫濺血尋常事，留得人間姓氏香。——楊仲年

白骨青山如得所，何須兒女哭清明。——王奕

此生泰山重，勿作鴻毛遺。——蘇軾

一死留芳名，一死骨已枯。寄語後世人，觀此兩丈夫。——顧炎武

生得其名，死得其所。——羅貫中

裹屍馬榮英雄事，縱死終令汗竹香。——張家玉

丈夫不作尋常死，縱死常山舌不磨。——張家玉

人生有不死，所貴在立功。——張羽

苟利國家生死以，豈因禍福避趨之。——林則徐

飛蛾愛燈非惡燈，奮翼撲明甘自隕。——魏源

我自橫刀向天笑，去留肝膽兩昆侖。——譚嗣同

死生一事付鴻毛，人生到世方英傑。——秋瑾

畫工須畫雲中龍，為人須為人中雄。——秋瑾

一個人也許應該做點事，但也無須勞而無功。——魯迅

人類總不會寂寞，因為生命是進步的，是樂天的。——魯迅

一切幸福，都是由生命熱血換來的。——魯迅

要把有限的生命，投入到無限的為公民服務之中去。——雷鋒

生命是可感激的，因為活著可以做多少有意義的事啊！——艾青

每個生命都負有責任，我們的過失，不在於所為之惡，而在於未行之善。——易卜生

生命賜給我們，我們必須奉獻於生命，才能獲得生命。——泰戈爾

以生命做賭注的人，輸了，便沒有撈本的機會。——拉斐爾

我存在著，是一個永恆的奇蹟，那就是生命。——泰戈爾

我們稱離開這世界為死。當我活著時，我要做生命的主宰，而不做它的奴隸。——惠特曼

對於我來說，生命的意義在於設身處地替人著想，憂他人之憂，樂他人之樂。——愛因斯坦

生命是真實的，生命是誠摯的，墳墓並不是他的終點。——朗費羅

人只有獻身於社會，才能找出那實際上是短暫而有風險的生命的意義。——愛因斯坦

懶鬼起來吧！別再浪費生命，將來在墳墓內有足夠的時間讓你睡

的。——富蘭克林

我們不能坐令逸樂盜取我們的生命。——林肯

人要是懼怕痛苦，懼怕種種疾病，懼怕不測的事件，懼怕生命的危險死亡，他就會什麼也不能忍受。——盧梭

即使冒死亡的危險，也不為敵人歌唱。——貝朗瑞

即使擁有世界上所有的東西，也沒法換來人的生命。——蒙田

如果一個人只是度過一天算一天，什麼希望也沒有，他的生命實際上也停止了。——莫泊桑

生命是一個需要解決的疑團，一個需要回答的問題，或者是一個需要探測的奧祕；總之，它是一個值得追求的冒險。——拿破崙

生命的意義，對於我們中每一個人，只是助長人生的愛。——列夫·托爾斯泰

我敬愛生命，敬愛生命的真實和生命的偶然，以及瞬間即逝的美。——屠格涅夫

人的生命似洪水在奔流，不遇著島嶼和暗礁，難以激起美麗的浪花。——奧斯特洛夫斯基

不，我不會完全死亡——我的靈魂在聖潔的詩歌中，將比我的灰燼活得更久長。——普希金

生命有如鐵砧，愈被敲打，愈能發出火花。——伽利略

只要有生命，就會有希望。——賽凡提斯

我們的生命是天賦的，只有付出生命，才能獲得生命。——泰戈爾

我們為了歡樂而生，為了歡樂而戰鬥，我們將要為歡樂而死。讓悲哀永遠不同我們的名字聯在一起。——伏契克

生命，那是自然付給人類去雕琢的寶石。——諾貝爾

生命的多少用時間計算，生命的價值用貢獻計算。——裴多菲

死神踐踏平民的茅屋，照樣踐踏帝王的城堡。——賽凡提斯

為了將來的美好而犧牲了的人都是一尊石質的雕像。——伏契克

生命不可能有兩次，但是許多人連一次也不善於度過。——呂凱特

生命因了「世界」的要求，得到他的資產，因了愛的要求，得到他的價值。——泰戈爾

只有死亡是不死的。——約·佩恩

死者的生命長存在生者的記憶中。——西塞羅

死者不為生者所忘——雖死猶生。——湯瑪斯·坎貝爾

死者的美好德行倘能為每一個哀悼者深深地懷念，他就堪稱「永垂不朽」。——哈代

永生——只有永生——才能教會一個人如何去死。——克雷克

再不會受到誘惑，再不會受到罪惡的褻瀆，她還活著，即我們所說的已經死了。——朗費羅

死亡為功名打開了大門，而把嫉妒拒之門外。——斯特恩

壯士為事業而捐軀，不為空名而喪生。——拿破崙

高尚的死勝過苟且的生。——埃斯庫羅斯

苟且偷生何如為榮名捐軀。——塔西佗

壽終正寢要比被別人殺死體面得多。——塞內卡

內容充實的生命就是久長的生命。我們要以行為而不是以時間來衡量生命。——塞內卡

能將自己的生命寄託在他人記憶中，生命彷彿就加長了一些，光榮是我們獲得的新生命，其可珍可貴，實不下於天賦的生命。——孟德斯鳩

帶長劍兮挾秦弓，首身離兮心不怨。——屈原

身既死兮神以靈，魂魄毅兮為鬼雄。——屈原

誰言捐軀易，殺身誠獨難。——曹植

臨難不顧惜，身死魂飛揚。——阮籍

死去何所道，托體同山阿。——陶淵明

生者為過客，死者為歸人。——李白

存者且偷生，死者長已矣。——杜甫

死是等閒生也得，擬將何事奈吾何。——元稹

生前富貴草頭露，身後風流陌上花。——蘇軾

花落未須悲，紅蕊明年又滿枝。——晏幾道

埋骨豈須桑梓地，人生到處有青

山。——黃冶峰

一片玉瓣，是一滴生命，剝落了生命，你召來燕語和鶯啼。——杭約赫

過去，現在與未來，我們別怨生命的短促，這短促是永恆的一片。——羅念生

丁香枝上豆大的蓓蕾，包滿了包不住的生意。——聞一多

在我們看來，身亡並不是死，膽怯才是真正的死。——西摩尼鍀斯

死有何懼？它是人生最瑰麗的奇遇。——弗羅曼

我走向死亡，這是我命中註定的歸宿，縱使死神張著血口，我也照樣欣然而赴。——德萊頓

現在該我走了。使命已畢，壽數已盡，報應已償，催命的百靈正在我心頭歌唱。讓我回歸靜謐的西方，夕陽的餘輝，燦爛的光芒。啊，這就是死亡！——威·亨利

死只不過是生命進程中的一個事件。——伏爾泰

我們將邁著不無情願的步履，戴著玫瑰花冠跨入陰暗的冥府。——布魯克

我們在生命的末頁可以發現——

死亡不過是人生旅途上的小客店。——梅斯菲爾德

死亡並不是生命的毀滅，而是換個地方。——西塞羅

所有古老的歌曲一齊向冥後黑溪畔的幽殿飄去，只留下了這支歌：死神，我們最終將投進你的懷抱，投進你的懷抱啊——唱著最後的歌。——奧爾丁頓

如果你把死亡看作朋友，你就應張羅款待他；如果你把死亡當作仇敵，你就要準備去戰勝他；死亡並沒有高明的地方，只是你還沒有認識他。——弗朗西斯·誇爾斯

我們出生時哭，死時卻不！——奧爾德里奇

有始就有終，有終亦有始。——雪萊

死亡是人生長河中的浪峰，誕生亦複如此；兩者本是一回事。——西爾弗

每分鐘都有人死亡，每分鐘都有人降生。——丁尼生

誕生之日意味著生命的開始，也意味著死亡的開始。——蒙田

死是生命的重新開始。——貝利

抹去生前的一切污點，死神留給她的只有耀人的美點。——胡德

沒有雲翳的白日已經過去，直到臨終你還那麼鮮豔。——喬·拜倫

生與死是不足為奇的；對剛出世的嬰兒來說，兩者也許是完全一樣的，無所謂哪個痛苦哪個不痛苦。——培根

她躺在這裡，像花蕾含苞待放，這血肉之軀不久前才來到世上；她的雙眼剛能窺望，人就永遠進入了沉沉的夢鄉；為她插上一朵朵鮮花，但不要撥動輕覆在她身上的泥土。——赫里克

人世間稱得上最可愛的要數那些轉瞬即逝的東西；雖然玫瑰的花期不長，但雕花仍不能和它相比。——布賴恩特

啊，讓我兄弟回來吧，我不能獨自玩耍；夏天帶來了鮮花和蜜蜂，我的兄弟，你在哪裡？——赫門茲

為神靈所鍾愛的人必然早逝。——米南德

上帝將夭逝作為禮物賜給最親愛的人。——喬·拜倫

誰死的時候還年輕力壯，誰就死得最是時候。——荷馬

逃避了生活的磨難，也即失去了生活的樂趣。——朱利安

輕輕將年輕的死者葬入土內，在他的墳頭灑一掬傷心的眼淚；墓前的木碑上鐫刻著：「心上人在此靜臥長寐。」——拉科斯特

清心寡欲能長壽，恣情縱慾必短命。——巴爾札克

在一切可怕的事物中，死是最不值得害怕的。——威·亞歷山大

怕死的人雖生猶死。——喬·赫伯特

死神專逮怕死的人。——賀拉斯

在我看來，死人要比那些整天畏死優生的人幸福得多。——威廉·古柏

我們不是怕死，而是怕死得毫無價值，像大多數人那樣被人遺忘。——弗萊切

毫不畏懼地去死，就是死得其所。——塞內卡

死亡本身並不可怕；可怕的倒是人死了還不知道為何而死和喪身何處。——德萊頓

知識只能使我們死得比無知的動物更加痛苦。——梅特林克

比死亡本身更為殘忍的，是死的那一刻。——小普林尼

害怕死亡比死亡本身更糟糕。——普布里烏斯·西魯斯

憂生畏死地活著，就是虛擲光陰。——珀修斯

太陽和死神同樣令人望而生畏。——拉羅希福可

一息尚存，任何人未可稱幸；一日不畢，一日事豈能妄評。——白朗寧

你已與世長辭，但我們不會為你悲戚，雖然哀傷和黑暗籠罩著你的墓地。——希伯

不要齊聲高唱輓歌，也不要歇斯底里。——馬可·奧勒利烏斯

哀痛是沒有必要的。——柏拉圖

勇士從不與死者和被征服者格鬥。——維吉爾

我不與死人決鬥。——荷馬

世人都慣於讚美死者。——修昔底德

墳墓之不過是座幽冥的橋，它從光明通向光明，穿過短短的一程黑暗。——朗費羅

人們對「生」的褒譽太甚，對「死」的貶毀太過。——揚格

在世時人人都應從善如流，去世時則應一意孤行。——塞內卡

倘使世上的一切都不允許你高尚地活著，那麼世上就沒有一樣東西會阻攔你高尚地去死。——塞內卡

誰過著最聖潔的生活，死亡也就離他最遠。——普勒斯頓

人是怎樣活的就怎樣死去；樹是怎樣倒的就怎樣躺下。——約翰·雷

從未學過如何生與死的人，很難從思想感情上就生死問題去教導他人。——巴克斯特

人到臨終的時候方才悟得人生的意義，在世一生，末了還是死道出了生之真諦。——朗寧

讓我們都學會生活，因為我們都必須一個個單獨地去死。——喬治·克雷布

過你自己的日子，因為死是你自己的事。——拉丁諺語

誰要教人如何去死，誰就得同時教人如何去活。——蒙田

在某些情況下，死就是生。——蒂洛森

生命只借給我們一雙腳，而死亡卻贈給我們一雙翼。這可是兩樣最了不起的東西。——弗·諾爾斯

世界屬於活人，不屬於死人。——

傑弗遜

要多為活人想想，少為死人傷腦筋，因為死人有他們自己的天地。——泰爾斯

活得正直，死得才坦然。——奧維德

享盡了生活的福樂，人就該毅然決然地告別人生，像一個酒足飯飽的賓客辭宴離去一樣。——賀拉斯

年輕的時候，我曾設法把日子過得充實；現在老了，我要設法死得安然；安然而死也即欣然而死。——塞內卡

和日光一樣，生活並不能將什麼都展現在我面前；我知道，我只有等待死亡為我展示的一切。——惠特曼

人傑也無法與命運抗爭；好人薄命，惡人得壽。——笛福

死亡是不容抗拒的。——尤里比底斯

人人都遲早要踏上死亡之路。——荷馬

青年人可能會死，而老年人則必然會死。——朗費羅

死亡不受命運支配；大地自會收回它所給予的一切。——盧坎

對每個活在世上的人來說，死亡遲早會降臨他的頭上。——麥考萊

一切勝利均以死亡的失敗而告終，這是無疑的。但是失敗是否以死亡的勝利而告終呢？這正是我百思不得其解的。——

活著的人誰都要死去，從生活踏進永久的寧靜。——莎士比亞

正如傳說的那樣，死亡是個絕好的船首錨，它能把我們所有的人都定在那裡。——斯摩萊特

大地孕育萬物，萬物終歸大地。——尤里比底斯

人人都在變化之中，所以人難免一死。——西塞羅

死到臨頭時，我們是無法回避的。——布朗托姆

死期每個人都會有；生命是短暫的，而且無法挽留。——維吉爾

慟哭無法將死神的俘虜從墓穴中解救出來。——馬修·阿諾德（Matthew Arnold）

只有死人才一去不返。——巴雷爾

腳一旦跨進地獄就別想再抽回來了。——克羅利

死亡猶如打洞的鼴鼠，無時不在挖掘著我的墳墓。——喬·赫伯特

死亡在這裡，死亡在那裡，死亡忙

碌在所有的地方，在周圍，在裡面，在下面，在上面，到處是死亡——死亡就在我們中間。——雪萊

死亡和骰子對任何人都是公平的。——富特

死亡是不擇高低貴賤的。——約·海伍德

人活著時看不出貴賤，只有死才使人顯出英雄本色。——蕭伯納

死亡使奴隸與主子平起平坐，使王權與法律沒有差別，使相異的變成相同。——科爾曼

蒼白的死神邁著同樣的步伐去叩響茅屋的柴扉和王宮的殿門。——賀拉斯

在死亡面前，志士和浪子的待遇是一樣的。——荷馬

一視同仁的墓門，對貧民和王子是同樣敞開著的。——賀拉斯

懦夫和勇士都是要死的。——盧坎

死亡是不擇善惡的。它是路人均可歇腳的客棧。——埃·斯賓塞

義士的靈魂，死者的伴侶，哪裡是你家，你向何處去？——湯瑪斯·坎貝爾

當青春的朝氣枯萎衰竭，朋友們紛紛躋身上界，有誰還願意孤獨一人活在這陰森淒涼的下界？——湯瑪斯·摩爾

當我去時，請把我記住，我將到遙遠的靜僻之處。——克·羅塞蒂

猶如巒脊上的露珠，猶如江河裡的浪沫，猶如清泉中的逝波，你跨進了難返的天國。——司各特

不用再怕驕陽曬蒸，不用再怕寒風凜冽；世間工作你已完成，領了薪水回家安息。——莎士比亞

時間把我們所愛的人帶回了家中，不管他是如何的名高望重；送他們進入悠悠的長夢，依偎在死神寬闊的前胸。——斯溫伯恩

我們的生命因為心愛的人離去而殘缺，彷彿心被一條條切割撕裂。——詹·湯姆遜

露茜生前平淡無奇，她的去世也幾無人知，如今她長眠泉下，只有我才把她惦記。——華茲華斯

世上每天都傳來音訊：生命正在消逝，死亡正在誕生。——胡德

每一個搖籃都在問我們「來自何方」，每一口棺材都在問我們「去往何處」。——英格索

我們來到人間，赤身裸體，一絲不掛；我們浪跡天涯，艱辛做伴，憂愁隨駕；我們退出世界，何去何從，無人作答；但若今生今世無惆悵，換一個冥地又有何妨。——朗費羅

生命的酒液，一滴滴滲出；生命的樹葉，一片片飄落。——奧瑪·開儼

歲月賜予我們生命的同時，就開始把它索回。——塞內卡

死是一頭黑駱駝，跪候在每個人的門前。——阿卜杜卡迪爾（Abdelkader Algerian）

死亡是仁慈的造物主告退的訊號。——塞繆爾·詹森

死是一次極大的冒險。——巴里

死亡，如同降生一樣，是大自然的奧祕。——馬可·奧勒利烏斯

死亡只是一個名稱，一個時刻，只是風雨征途上的一塊里程碑。在它的跟前卸下你的重贅；垂下頭，歇息，等待，沒有膽怯，不怕惡運的淫威。——喬·米勒

誰想謁見上帝，死亡是一條必經之路。——帕內爾

死有時是一種懲罰，但更多的時候是一種饋贈；對許多人來說，死還是一種恩惠。——塞內卡

死是不吉利的，所以大自然不得不將其掩蓋，而且掩蓋得妙不可言。——史密斯

死亡是生命的同床眠伴。——霍·史密斯

死神是個生有兩副面孔的天使：對有些人，他擺出一副恐怖的冷顏，摧殘著一切美好事物；對有些人，他掬出一副可人的笑容，遮不住嫵媚之態楚楚。——威廉斯

死是生命的王冠：沒有它，窮人就一輩子出不了頭；沒有它，人活著就會失去意義；沒有它，甚至連傻瓜也會去把它求。——揚格

我不想死，但也不怕死。——西塞羅

死神悄然而至，把他們帶到永不見天日的世界。——白朗寧

即使天崩地裂，人至多也只死上一次。——卡萊爾

人只有一死；而死得高尚的機會並不天天都有，只有心靈高尚的人才能得到它。——蘭姆

當死神撲滅了生命之火，他就可以嗅出我們究竟是蠟油還是牛脂。——富蘭克林

死是不能預料的。——喬·赫伯特

死神自己也常常從人們的身邊逃遁。——盧坎

願隨死者同赴陰曹的人是不多的。——曼寧

死並不可怕，可怕的是死得可恥。——米南德

如果世界上一直不存在死亡，那麼今天就有必要來創造它。——米約

無可奈何的死並不是一枚值得驕傲的勳章。——亞·史密斯

我會像那棵樹一樣，從頭頂開始死起。——斯威夫特

死人是不會出口傷人的。——普盧塔克

與其避開死亡不如避開邪惡。——湯瑪斯

死人不會搬弄是非。——約·威爾遜

死神在天上有自己的星宿，在地上有自己的領地，它看中我們的弱點，打擊我們不堪一擊的肉體。——布朗托姆

鳥之將死，其鳴也哀；人之將死，其言也善。——《論語》

誰在彌留之際多苟延一天，誰就等於每天都死上一回。——普勒

人痛恨死是不公正的，因為死亡是抵禦人間種種邪惡的最強大的工事。——埃斯庫羅斯

死亡能將一切怨恨勾銷。——惠蒂埃

死亡是解除一切苦惱的良藥，是暴風雨中破舟難以尋覓的平靜的避風港。——弗·雷諾茲

死亡是安息之母。她解除病痛和貧困，為什麼要怕她呢？人只有一死，誰都不可能死兩次。——阿加提阿斯

死亡是我們的朋友，不能取悅於他的人，永遠得不到安逸。——培根

生命敢於向死亡挑戰，當死亡來臨，生命會說：「歡迎你，朋友！」——克拉肖

死神——生命的侍從和朋友——是將我們平安渡向彼岸的領航人。——弗·科茨

如果一個人能以死來抵消他一生的罪過，這種死是值得的。——普布里烏斯·西魯斯

如果我死後能給一個比我更優秀、更有才華、更完美的人讓出位置，我會感到由衷的欣慰。——蕭伯納

為聲張正義、奉行美德而死，即使暴死也是一種極大的快樂。——羅傑·泰勒

丟了廉恥心，死也就成了一種解脫；死是逃脫出醜的名副其實的上策。——加思

對大多數人來說，死亡是地獄之門。但我們是由這扇門走向外面，而不是從外面跨入這扇門的。——蕭伯納

在歲月中變得聰明的人，剛找到生命的鑰匙，便打開了死亡的大門。——揚格

永恆的法則的最大功績，在於允許我們從一扇門裡步入生命，從許多扇門裡走進墳墓。——塞內卡

無論哪個疲乏的水手都不會埋怨自己的航行終點到得那麼早。——富勒

睡眠是你所渴慕的最好的休息，可是死是永恆的寧靜，你卻對它心驚膽裂。——莎士比亞

所謂死是一件使人流淚的事，可是生命的三分之一在睡眠中消逝。——喬·拜倫

死，既還清了欠大自然的債務，又對大自然作出了貢獻。——斯特恩

生活的磨難終於成為過去，我們將再度和意中人歡聚；他們早已登程踏上升天之路，「不是死亡，只是先走一步。」——凱·伊·諾頓

他們沒有死，生命之旗沒有卷起，他們只是從這個世界到了另一個世界。——埃德溫·馬卡姆

不要寫我「在痛苦中死去」，而要寫我「移居到另一個星球」。——傑克遜

星辰並未從夜空中隕落，只是在天光裡將自己隱沒。——蒙哥馬利

先一步到達那陌生而寂寥的彼岸。——蘭姆

整個生命就是通向死亡的旅行，既然如此，人死了又有什麼稀奇？——塞內卡

開始了生命，也即開始了死亡。——弗朗西斯·誇爾斯

生命的每一分鐘都是走向墳墓的一步。——克雷比永

我們不是一下子就死成的：實際上我們早就開始一點點地衰亡起來，死，只不過是我們最終跌進墳墓的一蹴而已。——赫茲利特

人生是真實的！人生是誠摯的！墓地並不是它的終點。——朗費羅

我們的生命只是一根用無數次死亡串起來的鏈條。——塞內卡

自衛是大自然的第一法則。——塞·巴特勒

自衛是法律中的第一條。——約·德萊頓

自衛是大自然賦予每個生靈的本能。——西塞羅

自衛是最古老的自然法則。——約·德萊頓

大自然中正義的總和就是採用一切手段進行自衛。——霍布斯

自衛是一種美德，是一切正義的唯一堡壘。——拜倫

要自殺的人，也會怕大海的汪洋，怕夏天死屍的易爛，但遇到澄靜的清池，涼爽的秋夜，他往往也自殺了。——魯迅

責別人自殺者，一面責人，一面也正應該向驅人於自殺之途的環境挑戰，進攻。——魯迅

自殺是卑怯的行為，鬼魂報仇更不合於科學。——魯迅

對生活現狀不滿是那些自己毀滅自己的人的癥結所在。——布朗托姆

我的軟弱的手沒有自殺的勇氣，因為那是為神聖的教條所禁止的。——莎士比亞

如果你不喜歡上吊，不妨可以溺水而死；但你應該顧忌一下死後的名聲。——馬辛格

自殺是喪生中最蠢的辦法，因為這樣也就絕了悔悟的希望。——柯林斯

誰不僅下決心去死，而且還知道怎麼死，那他真是了不起。——塞內卡

仁慈的神明啊，賜給我懺悔的利劍，讓我劈開這黑暗的牢門，得到永久的自由吧！——莎士比亞

一個人倘若可以任意離席拂袖而去，那他何苦還要待著活受罪？——愛比克泰德

生命在厭倦於這些塵世的束縛以後，不會缺少解脫它自身的力量。——莎士比亞

純良貞潔的意念，俱已沉寂、安定，淫欲和殺機卻蘇醒，要玷辱、屠戮生靈。——莎士比亞

自殺是一種極端懦弱的表現。——笛福

蜷縮在公墓的洞穴裡，逃避命運的打擊，這不是勇敢的行為，而是怯懦的表現。——蒙田

人類犧牲的價值，有比生命還要貴重的，就是真理和名譽。—— 孫中山

為著追求光和熱，人寧願捨棄自己的生命，生命是可愛的。但寒冷的、寂寞的生，卻不如轟轟烈烈的死。—— 巴金

在生活的路上，將血一滴一滴地滴過去，以飼別人，雖自覺漸漸瘦弱，也以為快活。—— 魯迅

一個人的中心並不一定在自己，有時別人倒是他的中心，所以雖說為人，其實也是為己，因此而不能「自己定奪」的事，也就往往有之。—— 魯迅

第十九章　命運・處境・抗爭

命運是一條無盡的因果鏈條，萬事萬物皆因此而賴以生存；世界本身的發展也遵循著這一準則與因果關係。——芝諾

命運不是別的，而是果實。——愛默生

命運是有某種巧合的。——切斯特菲爾德

在奢侈居住的殿宇上，寫著這樣的話：命運彷彿是賜予，實際上卻是出售。——拉封丹

命運是玻璃，敲碎了才閃閃發光。普布里烏斯·西魯斯

命運常譏笑可能性。——鮑沃爾-利頓

誰詛咒命運，誰就是軟弱而墮落的人。——愛默生

命運絕不會引人去犯罪。——塞內卡

命運女神總會有辦法的。——維吉爾

我們常認為，命運無私地奉獻出了一切，但實際上，卻把一切昂貴地賣給了我們。——瓦圖爾

命運賜予你的，實際上並不屬於你。——普布里烏斯·西魯斯

命運可以奪去財富，卻奪不去勇氣。——塞內卡

命運女神一出世，臉上就帶著欺詐的微笑。——湯姆遜

我確信，與人作對的命運女神要比殷勤的命運女神有益得多。——喬叟

最不幸的命運是安全的。因為，人們不必再為發生更壞的事情而擔驚受怕了。——奧維德

朋友，我希望你的命運每況愈下；因為，據說命運險惡之日便是時來運轉之時。——歐文

當人們逃避命運的時候，就已經碰上了命運。——塞內卡

始終如一的人相信命運，反復無常的人相信運氣。——迪斯雷里

生活中最悲慘的悲劇因素就是相信可惡的命運。——愛默生

沒有信仰的人是命運的奴隸。——朱·黑爾與奧·黑爾

儘管我與命運之光相距遼遠，但我也許會登上命運最高的極頂。——威·亞歷山大

命運有兩種方法可以打垮我們——拒絕我們的願望或滿足我們的願望。——阿米爾

命運的強制是令人痛苦的。——維

蘭德

人人都是自己的命運的建築師。——克勞狄

無論是幸運還是厄運，每個人都是自己命運的奠基人。——博蒙特與弗萊切

勇敢的人開鑿自己命運之路，每個人都是自己命運的開拓者。——賽凡提斯

每個人的命運都是由自己的性格所決定的。——內波斯

命運女神不僅自己盲目，而且還使自己所偏愛的人也變得盲目。——西塞羅

人們常詛咒命運之神盲目，然而她並不像人類那樣盲目。——塞繆爾·斯邁爾斯

誰以為命運女神不會改變主意，誰就會被世人所恥笑。——波普

命運充滿著多變的機遇。——塔西倫

命運的饋贈好像是掠過牆上的日影。——喬叟

命運之網的千條萬線雜亂無章地交織在一起，一個人如果去探究它，他就會看到正確與錯誤成了一體。——易卜生

命運從不站在懦夫一邊。——索福克里斯

命運引導自願跟隨的人，驅逐頑固執拗的人。——富勒

命運引領跟隨的人，拖曳反抗的人。——普盧塔克

如果我們用意志去把握命運，那麼，我們自己就成了命運的主宰。——費里爾

無可否認，外因，如恩惠、機遇、他人之死、合乎美德的誘因等，皆有益於命運。然而，人的命運主要掌握在人自己手中。——培根

別以為命運能支配一切，美德的力量可以使她俯首貼耳。——伊莉莎白一世

性格是命運的主宰。——普布里烏斯·西魯斯

然而，請相信我，誰不期待機遇的饋贈，誰便征服了命運。——馬修·阿諾德

忍耐就是去征服命運。——湯瑪斯·坎貝爾

智者是自己命運的創造者。誰想改變命運，就得勤奮工作，否則將一事無成。——普勞圖斯

你們認為我是命運之子：實際上，我卻在創造著自己的命運。——愛默生

命運的神力只被那些不幸的人們所承認；因為，幸福的人們都把成功歸於自己的精明強幹。——斯威夫特

命運總是取決於個人所感覺的、所想要的和所做的是什麼。——愛因斯坦

山高自有客行路，水深自有渡船人。——吳承恩

任何困難都會向進取者低頭。——霍爾曼

要勇敢地面對困難，免得它在你準備好之前踢你一腳，讓你受不了。——斯坦尼斯瓦夫

大海越是布滿暗礁，越是以險惡出名，我覺得通過重重危險去尋求不朽是一件賞心樂事。——拉美特里

誰經歷的苦難多，誰懂得的東西也就多。鼓起勇氣吧！苦難一旦達到了頂點，就會馬上過去。——埃斯庫羅斯

個人的痛苦與歡樂，必須融合在時代的痛苦與歡樂裡。——艾青

我每天都在抗爭，而抗爭是有無窮樂趣的。只有無所事事、碌碌無為，那才是最痛苦的啊！——高士其

支配戰士的行動的是信仰，他能夠忍受一切艱難、痛苦，而達到他所選定的目標。——巴金

由於痛苦而將自己看得太低就是自卑。——斯賓諾沙

痛苦與歡欣，猶如光明與黑暗，是互相交替的。——朗費羅

願意受苦以求創造是一件事；了解一個人願創造則必須受苦，而受苦是上帝最大的賞賜之一，才能對邪惡的問題獲得解答。——蘇利文

痛苦與歡樂，像光明與黑暗，互相交替；只有知道怎樣使自己適應它們，並能聰明地逢凶化吉的人，才懂得怎樣生活。——斯特恩

今天的痛苦，與即將顯現於我們頭上的光榮，不足一比。——《新約聖經》

痛苦是我們本質中所具備最深切的東西，經過痛苦與忍受的結合，而顯得真切及神聖。——哈蘭

只要生死相共，即使痛苦也成歡樂了。——羅曼·羅蘭

承受痛苦，比死亡更需要勇氣。——拿破崙

最強的靈魂出於憂苦，最偉大的個性灼滿傷痕。——蕭賓

人類所能獲得的全部愉快，不是由於享樂，而是由於痛苦的停息。——德萊頓

人在幸福之中不可忘記躲在身後的災難或痛苦。——喬叟

我們這些具有無限精神的有限的人，就是為了痛苦和歡樂而生的，幾乎可以這樣說：最優秀的人物透過痛苦才得到歡樂。——達文西

在某種熱烈的行為中死了的人有如在血液正熱的時候受傷的人一樣，當時是不覺得痛楚的；所以一個堅定的，一心向善的心智是能免於死的痛苦的。——培根

足以帶給我們新樂趣的東西，也足以使我們遭受新的痛苦。——部爾衛

痛苦是戴了假面具的幸運。——英國諺語

既然痛苦是快樂的泉源，那又何必為痛苦而悲傷。——歌德

兩種文化衝突的時候便是痛苦真正存在的時候。——赫塞

就像惡事使我們認識善事，痛苦也讓我們認識了欣喜。——克萊斯托

對具有很大的自覺與深邃心靈的人來說，痛苦與煩惱，自必相隨不離。——杜斯妥也夫斯基

如果戰士被親近的人叛賣了，他也痛苦，但是他永遠還有另外的東西，比他所丟失的不知道要多和更美好多少倍。——奧斯特洛夫斯基

天下最痛苦者，莫過於內疚在心的人。——蒲魯塔克

痛苦的人只要了解痛苦的界限，而不在恐懼中添加想像，這樣非但可以承受痛苦，也不至於悲痛欲絕。——奧理略

痛苦之最，莫如追憶往昔的幸福時光。——但丁

痛苦是人類偉大的教師，靈魂在痛苦的氣息下，日益茁壯。——葉欣巴哈

請記住，痛苦有一種最好的特質：痛苦不會持久，持久的不會是痛苦。——塞內卡

所求甚少，所懼甚多是精神的一大痛苦。——培根

沒經受痛苦的人很難想到別人的痛苦。——塞繆爾·詹森

即使失去什麼，只要能擺脫痛苦，那就是一種獲得。——普布里烏斯·西

魯斯

決心做你應該做的人；要知道，誰找到了自我，誰就會擺脫痛苦。——馬修·阿諾德

新的火焰可以把舊的火焰撲滅，大的痛苦可以使小的痛苦減輕。——莎士比亞

倍遭痛苦則會倍受稱頌。——埃·斯賓塞

精神上的痛苦比肉體上的痛苦更難忍受。——普布里烏斯·西魯斯

琴弦能奏出最歡快的曲，也能彈出最悲哀的調。——羅·彭斯

苦中有樂，樂中有苦。——愛默生

痛苦消失之際就是歡樂結束之時。——伊壁鳩魯

我們在痛苦中學會了珍惜幸福。——約·德萊頓

人類的幸福並不都來源於歡樂，有些則來自擺脫痛苦後的安寧。——約·德萊頓

過去的痛苦給人帶來歡樂，而人們也從中獲得經驗。——查爾斯·司布真

以苦為樂，其樂無窮。——富勒

如果痛苦不伴隨歡樂，還有誰甘願去忍受痛苦？——塞繆爾·詹森

痛苦是人類偉大的導師，在痛苦的環境中，靈魂才發育。——葉欽巴哈

苦痛是總與人生連帶的，但也有離開的時候，就是當熟睡之際。——魯迅

沉默啊，沉默啊。不在沉默中爆發，就在沉默中滅亡。——魯迅

我們現在這一切悲哀痛苦，到將來便是握手談心的資料。——莎士比亞

如果災禍降臨，我們的恐懼便是一場虛驚，恐懼也只能增加痛苦的心情。——湯瑪斯·摩爾

屈從眼前的厄運，為的是避開更大的不幸。——菲洛勞斯

最早出現、最為人所熟悉的不幸比新的、尚未為人所經歷過的不幸要好忍受得多。——蒙田

在禍害尚未發展到不可避免的程度之前，很少有人下決心除掉它。——哈代

眼看希望幻滅，惡運臨頭，無可挽回，何必滿腹牢愁？為了既成的災禍而痛苦，徒然招惹出更多的災禍。——莎士比亞

險象總是應運而生的。——米爾頓

誰敢跟危險鬥，誰就會在危險殃及他之前將它征服。——普布利烏斯·緒儒斯

最香的花朵之下，往往隱藏著最致命的危險。——皮科克

常常暴露在危險面前的人，沒有一個是安全的。動輒掉頭逃跑的人，最終免不了被危險逮住。——塞內卡

常在危險中闖蕩的人，不會把危險放在眼裡。——塞內卡

危險使人畏懼，畏懼則帶來更大的危險。——巴克斯特

能及時懼怕危險的人，危險是很少殃及他的。——富勒

危險臨近時只知道害怕，人反而會陷入極端的危險之中。——盧坎

盲目的恐慌難保自身安全，因為它不是消除危險而是逃跑。當我們轉身逃跑時，就將更多地自己暴露在危險面前。——塞內卡

我們都認為別人的不幸是理所當然，對自己何以不幸則百思不得其解。——葉欣巴哈

你若克服得了不幸，必能承受得了幸福。——瑞典諺語

人之所以不幸，理由只是不知自己身在福中。——杜斯妥也夫斯基

最不幸的事絕不會發生的。一般情形，都是因為你想著不幸，所以才會遭到悲慘的境地。——巴爾札克

一般來說，各種不幸可以造成幸福。各種不幸相聚越多，全盤性的「善」就越能隨之而來。——伏爾泰

一大半不幸都是對人生解釋錯誤的結果。——蒙田

不幸，是天才的進身之階；信徒的洗禮之水；能人的無價之寶；弱者的無底之淵。——巴爾札克

患難及困苦，是磨練人格的最高學府。——蘇格拉底

用笑臉來迎接悲慘的厄運，偉大的心胸應該表現出這樣的氣概——用百倍的勇氣來應付一切不幸。——拉伯雷

所有的不幸，都是走向未來的墊腳石。——梭羅

一切悲苦的命運中最大的不幸，是往日曾為幸福之人，而今卻淪為不幸之人。——賀瑞斯

莫向不幸屈服，應該更大膽、更積極地向不幸挑戰。——威吉爾

不把自己擁有的幸福，認為是與自

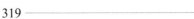

己相稱的財富，縱然成為世界之王，也是莫大的不幸者。——艾庇顧拉斯

不幸的人，從更不幸的人那裡獲是慰藉。——伊索

對模仿悲嘆的演員所說的臺詞，我們總是欣然傾聽，至於生活中真正悲嘆的話，我們卻不屑一聽。——亞里斯提波

人之不幸兩倍於幸福。——荷馬

當你陷入大不幸，友情真假立分明。——葡萄牙諺語

在所有的不幸中，已經過去的幸福是最不幸的。——波伊提烏

沒有誰比從未遇到過不幸的人更加不幸，因為他從未有機會檢驗自己的能力。——塞內卡

要學會從別人的不幸中看到自己應避免的災難。——普布里烏斯·西魯斯

人不能忍受不幸才是真正的不幸。——貝阿斯

在災難面前不屈服，而應更加勇敢地去正視它。——維吉爾

金錢和時間是生活中的兩大負擔。擁有很多錢財，或擁有很多時間，卻又不知如何使用的人，是最不幸的。——塞繆爾·詹森

幸福是生活美滿的最好標誌。——亞里斯多德

身體健壯就是幸福。——朗費羅

幸福的生活存在於心緒的寧靜之中。——西塞羅

幸福的生活在很大程度上是指恬靜的生活而言的，因為只有在恬靜的氣氛裡才有真正的幸福可言。——羅素

誰不知足，誰就不會幸福，即便他是世界的主宰也不例外。——伊壁鳩魯

如果一個人不覺得自己是最幸福的，縱然他統治了世界，也還是不幸福的。——塞內卡

只有認為自己是幸福的人才能享受到幸福。——塞繆爾·詹森

內向、寬厚和無私是幸福的三大要素。——馬修·阿諾德

幸福不是獎賞，而是結果；苦難不是懲罰，而是報應。——英格索

在獨自冥想中是感覺不到幸福的，只有當幸福從別人身上反映出來時才能被發現。——塞繆爾·詹森

幸福是生活的唯一鼓勵；一旦幸福

化成泡影，生存就只是一種惱人的煎熬了。——桑塔亞那

幸福是最珍貴的葡萄美酒，但對低級趣味的人來說，就味同嚼蠟。——洛·史密斯

只貪一時闊而不圖長久富的人，是不會幸福的。——湯瑪斯

幸福對有些人是樂事，對有些人則是晦氣。——洛厄爾

幸福是往事的影子；傻瓜才把它當成未來的歡樂。——湯普森

大自然賜給每個人的幸福的機會都是均等的，關鍵就看我們怎麼利用它了。——克勞德蘭納德

幸福存在於生活之中，而生活存在於勞動之中。——列夫·托爾斯泰

只要談得上我們失去幸福，那就證明我們至少還是有一點幸福的。——塔金頓

人從來就不是他自己想像的那樣不吉利，也不是他自己所希望的那樣福運亨通。——拉羅希福可

如果我命中註定該爬行，那我爬也高興，如果我命中註定該飛翔，那我飛也稱心；既然我不用爬也不用飛，那我永遠感到幸福。——史密斯

人們只有失去了幸福才懂得它的價值。——富勒

真正的幸福並不昂貴，可是我們為冒牌的幸福付出的代價卻十分昂貴。——巴盧

我們認為，那些在生活經歷中學會了忍受痛苦，而不為痛苦所折服的人才是幸福的。——尤維納利斯

要想明天得到幸福，最好的辦法就是今天盡情地享受幸福。——伊里亞德

很難說究竟什麼東西會帶來幸福——貧窮和富裕都不能。——哈伯德

調解糾紛，解救被壓迫者，其功德無量；為他人祝福，自己也因此得到幸福。——荷馬

不論在哪裡，自己的幸福要靠自己去創造，去尋覓。——高德史密斯

如何得到、保住或挽回幸福，實際上是大多數人祕而不宣的動機。在這種動機之下，人會一往無前，赴湯蹈火。——詹姆斯

你永遠不要相信，把自己的快樂建築在別人痛苦之上的人會得到幸福。——塞內卡

幸福來臨時，人們往往不去注意。

一旦我們有意去追求，幸福就會像高飛的大雁，永遠追不到。——霍桑

不相信幸福，幸福就絕不會到來。——馬洛奇

只有當我們意識到幸福時，幸福才在我們身邊。至於以後能否幸福就不得而知了。——喬治·桑

如果心裡沒有幸福的地位，即使再聰明，再富有，再高尚，也不會幸福。——彭斯

幸福生長在我們自己家裡，在別人花園裡是採不到幸福果的。——傑洛德

愚蠢的人到遠處去尋找幸福，聰明的人就在自己腳底下耕耘幸福。——奧本海姆

生在福中不知福的人是不幸福的。——塔弗納

有福知福的人是幸福的。——富勒

人類的幸福也即最大的幸福。這一真理一旦為世人所認識，那其他的一切便就不足為奇了。鮑沃爾-利頓

是普里斯特利第一個教會我說出這個神聖的真理：全人類的最大幸福是倫理和立法之本。——邊沁

創造至高無上的幸福是人類的真正理想。——赫·斯賓塞

能否為絕大多數人謀利益，是衡量是非曲直的尺度。——邊沁

為人類帶來無限幸福最高尚，為人類帶來無限災難最卑鄙。——哈奇森

人不會永遠幸福。——普勞圖斯

君子有三樂，而王天下不與存焉。父母俱存，兄弟無故，樂也仰不愧於天，俯不作於人，二樂也；得天下英才而教育之，三樂也。——《孟子·盡心篇》

最幸福的人才想得出最有趣的主意。——德懷特

遇到任何事情都不動搖的人是幸福的。他站在高處，卻不依賴別人，只靠自己，因為依賴別人是會摔下來的。——塞內卡

有些人幸福了還想更幸福，我真不明白這種人在圖什麼。——西塞羅

有些人錢多，有些人錢更多；有些人富，有些人窮；有些人錢少，有些人錢更少，有些人囊空如洗，不名一文，但他們卻有真正的財富，享受著真正的幸福。——奧克斯南

我是幸福的，因為我愛，因為我有愛。——白朗寧

努力在自己身後留下比過去更多的知識和幸福，改善和充實我們得到的遺產——這就是我們應該竭力做到的。——狄德羅

真正的幸運在等待著有資格享受的人。——斯塔提烏斯

幸運常存在於甜蜜的苦惱之中。——喬叟

一個人在走紅運的時候絕不會感到痛苦。——邁克·華萊士（Myron Leon "Mike" Wallace）

人走鴻運時，一定要謙恭。——奧索尼烏斯

能夠享受鴻運的人，同時也會提防鴻運。——塞內卡

走鴻運比遭厄運需要更偉大的特質。——拉羅希福可

幸運到來之時猶如收獲之日，莊稼成熟了就要趕緊收割。——歌德

好運氣常常在人們還未察覺它的時候就過去了。——賽凡提斯

靜默是表示快樂的最好的方法；要是我能夠說出我心裡多麼快樂，那麼我的快樂只是有限度的。——莎士比亞

順境中不無隱憂和煩惱；逆境中不無慰藉和希望。——培根

不能像在逆境中那樣在順境中持重，是一個人脆弱的表現。——西塞羅

忍禍容易忘福難。——富勒

順境是位偉大的老師，而逆境更偉大。——赫茲利特

不幸時滿懷希望，順利時小心謹慎；這是一個人在禍福問題上應取的態度。——賀拉斯

逆境造就人才，而順境卻埋沒人才。——賀拉斯

記住，凡事都不是絕對不變的，因此，順利時切莫過分得意，不幸時切莫過分壓抑。——伊索克拉底

人在順境中要比在逆境中更需要美德。——拉羅希福可

順境造就幸運兒，而逆境造就偉人。——小普林尼

順境招來朋友，逆境考驗朋友。——普布里烏斯·西魯斯

逆境使我們變得更加聰明，順境使是非變得含糊不清。——塞內卡

人在得意的時候，應該首先想想遇到不幸時該如何忍辱負重。——忒勒斯

找出一個能在順境中好而處之的人，要比找出一個能在逆境中忍辱負重的人更難；因為順境使大多數人飄飄然；而逆境使所有的人頭腦清醒。——色諾芬

逆境常或使人難堪；然而即使在人群中找出一百個能忍受逆境的人，也未必找得到一個能正確對待順境的人。——卡萊爾

事事順利是不可能的。——賀拉斯

順利的時候，生活的河川會隨我們的意願流淌，但此時我們切不可驕傲自滿，得意忘形。——西塞羅

順利時我們一定要格外謙虛謹慎，切不可妄自尊大。——李維

成功容易使人滋長驕傲情緒；在順利的時候保持清醒的頭腦是不容易的。——奧維德

好運氣能改變人的本性；一個人在順利的時候依然能謙虛謹慎，是難能可貴的。——昆圖斯

順從是打開一切門戶的鑰匙，滿足於溫順待人，我們就會變得神聖起來。——愛默生

人類所具有的一切美德都包含在溫順之中。——慕勒

一無所知的小人就知道聽人擺布。——丁尼生

以卵擊石是愚蠢的行為。——忒勒斯

用拳頭砸刺棒，結果最倒楣的還是手。——普勞圖斯

切勿為無可挽回的事情悲傷。——伊索

只有懂得服從的人才能掌握指揮權。——愛默生

不服從命令的人不能發號施令。——弗洛里奧

只有懂得如何服從命令的人才善於指揮。——馬韋爾

最能吃苦的人工作起來才最出色，最服從命令的人指揮起來才最得力。——米爾頓

最值得學習而且又最有用的科學，莫過於既知道如何服從，又精通如何指揮。——蒙田

和藹地指揮別人會隨時得到別人的服從。——塞內卡

士兵總是最樂於服從最尊重士兵的長官。——喬叟

只有服從別人的人才能領導別人。——塞內卡

最終成為上級的人，一開始都是別

人的下級。──史密斯

發號施令之前先應學會服從。──梭倫

在服從中學習指揮。──柏拉圖

不當學生就不會成為好教師；不當士兵就不能成為好軍官。──斯塔基

服從是比指揮更加難學的一門課程。──湯姆遜

學會了服從才有把握指揮好別人。──湯瑪斯

人之有德慧術知者，恒存乎疢病。──孟子

人不經憂思、窮困、頓挫、折屈，則心不平，氣不易，察理不盡，處事多率，故人須從這裡過。──輔廣

憂患者，成德之基，立名之階，受祉之府也。──薛福成

草木不經霜雪，則生意不固；吾人不經憂患，則德慧不成。──沈近思

世路無霜，人煉心之境也。世情冷暖，吾人忍性之地也。──石金成

遇横逆之來而不怒，遭變故之起而不驚，當非常之謗而不辯，可以任大事矣！──湯斌

安逸，順適，志不為喪；患難，憂戚，志不為懾；必求達吾之欲至而後已。──虞集

真的猛士，敢於直面慘澹的人生，敢於正視淋漓的鮮血。──魯迅

艱難的環境一般是會使人沉沒下去的，但是，在具有堅強意志、積極進取精神的人，卻可以發揮相反的作用。環境越是困難，精神越能發奮努力。困難被克服了，就會有出色的成就。這就是所謂「艱難玉成」。──郭沫若

憑寄語雪中蕙，春將不遠。人間留得嬌無恙，明珠未必終塵壤。──鄭板橋

愈艱難，就愈要做。改革，是向來沒有一帆風順的，冷笑家的贊成，是在見了成效之後。──魯迅

如果不落在肥土中而落在瓦礫中，有生命力的種子絕不會悲觀、嘆氣，它相信有了阻力才有磨練。──夏衍

逆則生，順則夭矣；逆則聖，順則狂矣。草木不霜雪，則生意不固；人生憂患，則智慧不成。──魏源

患難困苦，是磨練人格之最高學校。──梁啟超

風雨沉沉的夜裡，前面一片荒郊。走盡荒郊，便是人們的道。——朱自清

而對於戰士，每一個創作都是一個認識的階梯從無知到覺醒，從幼稚到成熟。——羅洛

歲寒老樹雖荒寂，會有臘殘春到時。——劉過

澗松寒轉直，山菊秋自香。——王績

虎虯變化天晦冥，只等新雷第一聲。——張維屏

勸君失意歸莫急，荊璞豈信世低昂！——孔尚任

不如意事古來多。——劉克莊

殘雪壓枝猶有桔，凍雷驚筍欲抽芽。——歐陽修

痴人妄認逆境，平地自生鐵圍。——范成大

不如意事常八九，可與語人無二三。——方岳

病鶴雖甘低羽翼，罪龍猶欲望風雷。——顏幾

人間萬事，毫髮常重泰山輕。——辛棄疾

逆境可以使人變得聰明，儘管不能使人變得富有。——富勒

泰然自若是應付逆境的最好辦法。——普勞圖斯

希望是人在逆境中的救星。——米南德

伊人在逆境中得到歡樂，如同英勇的士兵從戰鬥勝利中獲得喜悅一樣。——塞內卡

逆境是通往真理的第一條道路。——喬·拜倫

處慣了的逆境不足畏。——克勞德蘭納斯

歷經滄桑的人是不會輕易氣餒的。——塞繆爾·詹森

艱難時刻具有科學價值，一個善於學習的人是絕不會錯過這種機會的。——愛默生

對樂於苦鬥的人來說，苦鬥不是憾事，而是樂事。——湯瑪斯

勇士是在充滿荊棘的道路上前行的。——奧維德

藏紅花樂於被人踩躪和踐踏，而且越遭摧殘，就生長得越好。——老普林尼

足蹄經過崎嶇山路磨練的野獸能在

任何路面上行走。——塞內卡

佳運常隨惡運至。——富勒

對於懦夫和弱者，創傷是心靈的枷鎖。——羅洛

我們無時不在熔鐵爐中或鐵砧上，上帝借此磨練而實現我們更偉大的事業。——畢奇爾

思想懦弱的人，常被災難屈服；思想偉大的人，則往往趁機興起。——喬治·華盛頓

氣度狹小就被逆境馴服，寬宏大量則足以把逆境克服。——喬治·華盛頓

我始終不願放棄我的抗爭的生活。我極端重視由抗爭得來的經驗，尤其是戰勝困難後所得的愉快；一個人要先經過困難，然後踏進順境，才覺得受用、舒服。——愛迪生

命運對我們並無所謂利害：它只供給我們利用的材料和種子，任那比它強的靈魂隨意改變和利用，因為靈魂才是自己的幸與不幸的唯一主宰。——蒙田

（偉人）固然由於毅力而成為偉大，可是也會由於災難而成為偉大。所以，不幸的人啊！切勿過於怨嘆，人類中最優秀的和你們同在。——羅曼·羅蘭

逆境不就是命運的試金石嗎？——巴爾札克

苦難發展我們這種非凡的作用，不向暴風雨低頭，災難來了，也能處之泰然。——巴爾札克

順境最易見敗行，逆境最可見美德。——培根

順境之美德是節制，逆境之美德是堅忍。——培根

順境中的好運，為人們所希冀；逆境中的好運，則為人所驚奇。——培根

困難是嚴正無比的教師。——柏克

倒在地上的人就不再需要害怕跌倒了。——班揚

小事不忍耐，必招大災難。——莎士比亞

逆境中的夥伴，使苦難大大減輕。——傅勒

一定要在生命中較少的事情上遭挫折，然後才能了解大部分的全部價值。——部爾衛

被克服的困難就是勝利的契機。——邱吉爾

逆境是對人們原則的考驗，若無此考驗，人們很難判斷自己是否誠實。——費爾丁

環境支配了弱者，強者卻拿它當做前進的目的。——拉法

人們通常將自己的一切歸咎於環境，而我卻不迷信環境的作用。在這個世界上，有所作為的人總是奮力尋求他們所需要的環境；如果他們未能找到這種環境，他們也會自己創造環境。——蕭伯納

患難可以試驗一個人的品格，非常的境遇方可以顯出非常的氣節；波平浪靜的海面，所有的船隻都可以並驅競勝；命運的鐵拳擊中要害的時候，只有大智大勇的人方才能夠處之夷然。——莎士比亞

人生的磨難是很多的，我們不可對於每一件輕微的傷害都過於敏感。凡是我們的精神對它不屈服的事情，它就只能產生一個輕微的印象，對我們的害處很小。——洛克

沒有哪一個聰明人會否定痛苦與憂愁的鍛鍊價值。——赫胥黎

逆境是達到真理的一條通路。——拜倫

奇蹟多是在厄運中出現的。——培根

生活喜歡攀登上坡路，腳印只有在高峰才顯得明亮。生活就是抗爭，就是熱情地克服危險和障礙。——維爾哈倫

大自然既然在人間造成不同程度的強弱，也常用破釜沉舟的抗爭，使弱者不亞於強者。——孟德斯鳩

迎頭搏擊才能前進。勇氣減輕了命運的打擊。——德謨克利特

至上的成就必有困難跟隨。——奧維德

順境時助人者，逆境時必受人助。——西拉斯

一個人的成功，並不是一定首先要有良好的環境。當我們看到那麼多身處有利環境的人沒有獲得成功，而我卻成功時，我便相信這句話。——凱撒

養尊處優的環境產生不了新思想，甚至可以說，處在優越環境的人往往日趨墮落，險惡的環境，頑強抗爭的環境，對產生新思想有很大的作用。險惡的環境正是使人鍛鍊成長的最大動力。——絲川英夫

愚人透過不幸而得到智慧。——德謨克利特

阻力是不會壓垮我的，一切阻力都

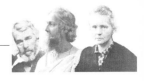

會被堅強的決心所征服。人，一旦確立了自己的目標，就不該再動搖為之奮鬥的決心。——達文西

卓越的人一大優點是：在不利與艱難的遭遇裡百折不撓。——貝多芬

人們對外界環境具有各種不同程度的抵抗力——一種人是環境的塑像，如蠟一般，他們屈服於環境；另一種人，不利的環境鍛鍊他們；增強他們的反抗生活的力量。——赫爾岑

科學的真理透過誹謗的不幸開闢了自己的道路。——巴夫洛夫

我不祈求痛苦困難有所止境，只希望有一顆征服它的心。——泰戈爾

偉人之所以偉大，關鍵在於：當他與別人共處逆境時，別人失去理智，他則下決心實現自己的目標。——韋恩·戴埃

人們最出色的工作往往在處於逆境的情況下做出。思想上的壓力，甚至肉體上的痛苦都可能成為精神上的興奮劑。——貝弗里奇

逆運也有它的好處，就像醜陋而有毒的蟾蜍，它的頭上卻頂著一顆珍貴的寶石。——莎士比亞

無私無畏者，從心所欲；從心所欲者，其樂無窮；其樂無窮者，躊躇滿志；躊躇滿志者，無所奢求；一旦到了無所奢求的時候，人也就超脫萬物了。——賽凡提斯

如果我們得不到我們所喜愛的，我們就必須喜愛我們所得到的。——比西·拉比旦

佳運不是人人都有的；我們應該適可而止，見好就收。——高德史密斯

抉擇和機運所帶來的，世人都嫌不足，這是什麼道理？——賀拉斯

假如我們把所有人的不幸堆在一起，讓每個人領走他自己的一份，那麼絕大部分人都會心滿意足地取走自己的那份，然後悄然離去。——蘇格拉底

請君不要像為已經得到的東西那樣，為還未得到的東西絞盡腦汁。——馬可·奧勒利烏斯

聰明人最懂適可而止。——埃·斯賓塞

欲寡心自清。——喬·西爾威斯特

時運不欺知足的人。——羅傑·泰勒

假如你想得到尚未得到的東西，那就應該對自己的處境表示不滿。因為你自己感到滿足的地方，你已經作了忍讓。——弗·詩爾斯

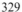

人人都該有自己的行止極限。——奧維德

清心寡欲，其樂無比。——愛·戴爾

還有什麼比知足更能給人快樂的？——圖瑟

莫盼陽光晝夜照耀，莫憂烏雲長久籠罩。幸福是虛名，只有知足才使你心清欲寡樂陶陶。——彭斯

我們不僅能擯棄生活中尋歡作樂的心向，興許還能知足地而不是充滿欲望地過日子——一種最清靜的日子。——米爾頓

知足不辱，知止不殆，可以長久。——《老子》

飯疏食飲水，曲肱而枕之，樂亦在其中矣。不義而富且貴，於我如浮雲。——《論語·述而第七》

我們知足是因為我們快樂；我們不快樂是因為我們不知足。——蘭多

自食其力的人很快能得到滿足。——杜·巴特斯

知足是財富，是思想的財富，誰能得到這筆財富，誰就得到了幸福。——約·德萊頓

讓別人去享受富貴榮華吧，知足能使我們超脫其上。——邱吉爾

適可而止是最大的財富。——豪厄爾

知足也即富有。——富蘭克林

知足勝過富有。——莫里埃

清心寡欲是一個人的巨大財富。——盧克萊修

不為金錢所動者最富有。——高德史密斯

禍莫大於不知足；咎莫大於欲得。故知足之足，常足矣。——《老子》

喜歡別人的命運，自然就不會喜歡自己的命運。——賀拉斯

肥壯的公牛希望得到馬的裝飾物；而馬卻希望像牛一樣去犁地。——賀拉斯

這也不滿意那也不滿意的人，不知道在哪裡才能坐安穩。——喬·赫伯特

喜歡挑剔的人找不到舒適的椅子。——富蘭克林

這山望著那山高就是缺乏自信心，是意志不堅定的表現。——愛默生

不滿現狀是一個人或一個國家進步的先聲。——王爾德

已經過去而無能為力的事，悲傷也是沒有用的。——莎士比亞

誰要是能把悲哀一笑置之，悲哀也會減弱它咬人的力量。—— 莎士比亞

樂觀主義者認為我們的世界盡善盡美，而悲觀主義者則對世界表示擔憂。—— 卡貝爾

兩個人同時從一個鐵柵向外看去，一個看到的是泥土，另一個看到的卻是繁星。—— 蘭布里奇

通過隆冬裡的冰川，我看到了夏日的驕陽；透過滿地的積雪，我看到了玫瑰的花蕾。—— 愛默生

看哪，我們什麼都不知道。我只相信每個人都會有好運氣，雖然現在還說不準，但最終總會有；相信冬天過後是春天。——丁尼生

現實是美好的，未來也一定是美好的。—— 沃·惠特曼

得開眉處且開眉，人世可能金石壽。—— 黃庭堅

出門一笑心莫哀，浩蕩襟懷到處開。—— 林則徐

思往事，嘆今我，從來不把雙眉鎖。—— 袁起

人的笑聲是上帝的慰藉。—— 約·韋斯

誰是勝利者，誰就面帶笑容。—— 約·海伍德

誰笑到最後，誰就笑得最好。—— 范布勒

寧可樂在最後，也不笑在開頭。—— 約翰·雷

當別人攻擊你時，履行職責是困難的；當別人嘲笑你時，履行職責同樣是困難的。—— 伍·威爾遜

自己荒謬卻還要嗤笑他人，這樣的人更加可笑。—— 沙夫茲伯里

嘲笑，常常可以制止荒唐的舉動，但同時也會扼殺高尚的言行。—— 司各特

嘲笑他人的人也被人嘲笑，何必去自尋煩惱？——丁尼生

對落難者不應譏笑，誰能保證自己永遠幸福呢？—— 拉封丹

歡樂的笑聲是家中的陽光。—— 薩克雷

笑甜必藏奸，禮多定有詐。—— 米爾頓

誘惑考驗一個正直的人，我們不能失去抵禦誘惑的信心。—— 克里索斯托

正直的人必須和正直的人為伍，因為誰是那樣剛強，能夠不受誘惑

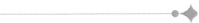

呢？——莎士比亞

切莫拒絕引誘，什麼事都不妨去親身體驗一下：好的就應堅持。——蕭伯納

烈火冶煉鋼鐵，而誘惑考驗一個正直的人。——湯瑪斯

抵制誘惑的好辦法有好幾種，但最保險的是膽怯。——馬克·吐溫

我們必須警惕誘惑，尤其是在它一開始的時候；因為如果誘惑還沒有跨入靈魂的大門，那還是比較容易抵制的。我們可以在它第一次敲門的時候就將它拒之門外。有人這麼說過：「抵制誘惑要趁早，事後再採取補救措施就為時太晚了。」——湯瑪斯

誠實的麵包安分守己——誘人的倒是麵包上的黃油。——傑洛德

不沾邊要比擺脫容易。——馬克·吐溫

機不可失，時不再來，機運和勇氣是一個不可分割的整體。——維吉爾

對那些不會利用時機的人來說，機會意味著什麼呢？它只不過是被時間的波濤復甦走的未受過精的蛋卵而已。——艾略特

機遇像一塊粗糙的石頭，只有在雕刻家手中才能獲得新生，除此比喻，機遇又能是什麼呢？上天給了我們機遇，而我們則必須按自己的設計塑造它。——喬·席勒

機運總是戰鬥在謹慎這一邊。——尤里比底斯

機運往往對謹慎垂青。——儒貝爾

無論機運給我們帶來什麼，從理論上來說我們都可以接受。——忒勒斯

征服命運的常常是那些不甘等待機運恩賜的人。——馬修·阿諾德

淺薄的人相信運氣，堅強的人相信因果。——愛默生

智者創造的機會比他得到的機會要多。——培根

小的機遇往往是偉業的開始。——狄摩西尼

偉人從不哀嘆生不逢辰。——愛默生

絲毫不求助於時運的人很少失誤，不過也很難有大的作為。——哈利法克斯

為能人提供機會，這是我的原則。——拿破崙

士兵的背囊裡都有一根元帥杖，是他的統一原則。是的，人世間總會有潮流，但它不會老朝著一個方

向。——詹·拉·洛厄爾

持恒的命運屈服於多變的機運。——米爾頓

如果沒有機會，沒有運氣，沒有人提攜，即使再有才幹的人也都無法出人頭地。——小普林尼

時運對於一個人的枯榮，其作用是多麼微不足道啊！——菲·則利

機會無所不在；要隨時撒下釣鉤，魚兒常在你最意料不到的地方遊動。——奧維德

只要有所事事，有所追求，人就把握住了機運的車輪。——愛默生

良機就在今日，就在眼前。——彭斯

機會總是最及時的。——普勞圖斯

好運氣的人像白牛一樣少有。——尤維納利斯

人的一生中總會出現一次好的轉機。——傑·勞頓

哦，一個人一生中至少會有一次佳運叩響他的家門；誰要想從此擺脫飢餓，誰就應該留住這位來去匆匆的客人。——貝茨

要想利用風馳電掣的機會，不僅要做好物資上的準備，更重要的是做好精神上的準備。——塞內卡

良機難得卻易失。——普布里烏斯·西魯斯

坐失良機是致命的錯誤。——盧坎

良機只有一次，一旦錯失，就再也得不到了。——羅·白朗寧

人應不失時機地創造機會。——培根

當良機出現在我們面前時，我們要及時抓住它們，利用它們，這是生活的一大藝術。——詹森

要及時抓住飛來的機運。——奧維德

讓我們迎頭抓住眼前的片刻吧。——莎士比亞

一切努力都取決於掌握時機。——索福克里斯

只要抓住時機，人生就會有時來運轉之日。——博蒙特與弗萊切

機會的前額長著頭髮，後面則是禿頂。幸遇良機，就要及時把它抓住。一旦錯過，就連朱庇特也無法將它追回。——菲洛勞斯

世界上有四樣東西無法挽回：說出口的話，離弦的箭，流逝的光陰，錯過的機會。——奧馬·伊班·阿爾·卡塔蔔

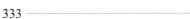

只要你把機會抓牢，就不用擦拭悔恨的淚水；然而，一旦你坐失良機，就永遠也擦不完那傷心的眼淚。——威·布萊克

取果半青黃，不如待自落。——顧炎武

火落身上當頭撥，莫待臨時叫菩薩。——一缽和尚

豪華盡出成功後，逸樂安知與禍雙。——王安石

君記取，封侯事在，功名不信由天。——陸游

看來無論怎樣經久耐用的東西，也總有一天失去效用的。——莎士比亞

只要靜待時機，總有命運轉移的一天。——莎士比亞

多少事情因為逢到有利的環境，才能夠達到盡善的境界，博得一聲恰當的讚賞！——莎士比亞

世上如果還有真要活下去的人們，就應該敢說，敢笑，敢哭，敢怒，敢罵，敢打，在這可詛咒的地方擊退了可詛咒的時代！——魯迅

霜雪知柳脆，雪冒覺松貞。——韓思彥

達人識元氣，變愁為高歌。——孟郊

何事不看霜裡雪，堅貞唯有古松枝。——施肩吾

一個人如果被什麼惡劣勢力或者錯誤觀念束縛住手腳，珍貴的潛力，絲毫沒有發揮，他只能是一個普通人罷了，但是，一旦掙脫枷鎖，發揮潛力，他又一變而為一個卓越的人物了。——秦牧

悲觀主義是對現實不滿的結果。——高爾基

你雖在困苦中也不要惴惴不安，往往總是從暗處流出生命之泉。不要因為時運不濟而鬱鬱寡歡，忍耐雖然痛苦，果實卻最香甜。——薩迪

要意志堅強，要勤奮，要探索，要發現，並且永不屈服，珍惜在我們前進道路上降臨的善，忍受我們之中和周圍的惡，並下決心消除它。——赫胥黎

不管一切如何，你仍然要平靜和愉快。生活就是這樣，我們也就必須這樣對待生活，要勇敢、無畏、含著笑容地——不管一切如何。——羅莎·盧森堡

第二十章　戀愛·擇偶·熱戀

仰視百鳥飛，大小必雙翔；人事多錯過，與君永相望。——杜甫

誰要是想阻擋人類的天性，那可得好好拿點本領出來呢。如果你非要跟它作對不可，那只怕不但枉費心機，到頭來還要弄得頭破血流。——薄伽丘

初戀是畢生難忘的。——高爾基

人出生兩次嗎？是的。頭一次是在人開始生活的那一天；第二次，則是在萌發愛情的那一天。雨果

誰要是第一次鍾情，儘管不幸，也是個神；可是如果再陷情網，依然很不幸，那就是蠢。——海涅

少年人愛於口上，中年人愛於行動；老年人愛於心中。——培根

初戀的芬芳在於它是熱烈的友情。——赫爾岑

愛情不能用常識衡量。——日本諺語

綠葉戀愛時便成了花，花崇拜時便成了果實。——泰戈爾

戀愛是我們第二次的脫胎換骨。——巴爾札克

友誼在別的事情上都是可靠的，在戀愛的事情上卻不能信託；所以戀人們都是用他自己的唇舌。誰生著眼睛，讓他自己去傳達情愫吧，總不要請別人代勞；因為美貌是女巫，在他的魔力之下，忠誠是會在熱情裡溶解的。——克勞狄奥

蒙著眼的愛神，卻能準確地走進戀人的心靈。——英國諺語

一到了青春期，人們都抱著愛與被愛的急切欲望。——海涅

戀愛是一個偶然的機遇。有的人被愛神射中，有的人自己跌進愛神所設的羅網。——莎士比亞

血液中的火焰一燃燒起來，最堅強的誓言就等於草稈。——莎士比亞

個人問題，戀愛、女人，在我的幻想裡占的地位很少。一切個人問題都不如社會事業長久，也不在偉大的計畫之內。在為人類美好的生活而進行抗爭中不做最末的戰士，這才是最高尚的任務和目標。——奥斯特洛夫斯基

為戀愛所征服的人總是無羞恥的。——伊索

如果你真的愛上對方，那就要堅定，就要勇敢，可是需了解對方的友誼——真實的革命情感。那麼才能開著美麗的鮮花，結成好果實——主要還是政治、思想、革命感情的基礎。——魯迅

詩人常說愛情是盲目的，但不盲目的愛畢竟更健全更可靠。——傅雷

我從戀愛中歸納出一句箴言：既得之後是命令，未得之前是請求。——莎士比亞

戀愛給人智慧，而它常常借智慧而支持。——派斯格爾

戀愛是艱苦的，不能期待它像美夢一樣出來。——拜倫

我們不斷追求，盼望得到某種東西的時候，對這件東西就產生熱情；當我們覺得沒有這件東西就活不下去的時候，我們對這件東西就產生強烈的熱情。偉大的熱情能戰勝一切。——司湯達

要是在希臘的濟濟英才中，有誰重視榮譽甚於安樂；有誰為了博取世人的讚美，不惜冒著重大的危險；有誰信任著自己的勇氣，不知道世間有可怕的事，有誰愛戀自己的情人，不僅會在他所愛的人面前發空言，並且也敢在別人面前用武力證明她的美貌和才德；要是有這樣的人，那麼請他接受赫克托的挑戰。——埃涅阿斯

求愛情的幸福，又怎能計較代價昂貴，最珍異的寶物，莫過戀愛中領略的情味；如果得來容易，看做等閒是自然之理。為愛情百折不撓，最佳的事也完全成功，我要達到目標，就顧不得當前險阻重重；即使難若登天，我也決心努力，勇往直前。——賽凡提斯

經常的小吵小鬧，反而充實愛情，總是溫文爾雅的，遲早會叫人煩膩。——塞·巴特勒

戀人的爭吵是愛情的更新。——忒勒斯

如果在時機成熟前強趁時機，你無疑將灑下悔恨的淚滴；但如你一旦把成熟的時機錯過，無盡的痛苦將使你終生哭泣。——布萊克

一個人輕易地過早地獲得幸福，那人一定不是唯一被愛的人。——司湯達

早結果的樹木一定早凋謝。——莎士比亞

男女不宜幼小時便議婚姻。若論目前，悔恨在後。——袁采

易求無價寶，難得有情郎。——魚玄機

人家子女之賢，得於母教者為多，故擇婚為齊家之最要。——舒化

擇婿須觀頭角，擇婦須觀庭訓。——陸世儀

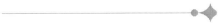

黃金無足色，白璧有微瑕。求人不求備，妾願老君家。—— 戴復古

志同道合是純潔愛情的基礎。—— 雨果

愛情並不如它本身所想像的那麼苛求，十分之九的愛情是由愛人自己造成的，十分之千才靠那被愛的對象。—— 桑塔亞那

假使有千萬個人，就有千萬條心，自然有千萬副心腸，就有千萬種戀愛。—— 列夫．托爾斯泰

戀愛不是慈善事業，所以不能隨便施捨。—— 蕭伯納

選擇太太時，與其用你的眼睛，不如用你的耳朵。—— 傅勒

年輕男女的戀愛，事先應要求嚴謹；事後應互相寬忍。—— 福樓拜

輕佻的愛，只是一種感情的遊戲，就像春天裡的一朵紫羅蘭，開得早、謝得快。—— 日本諺語

一切直接引向快樂家庭的步驟中之第一步，便是慎擇你的終身伴侶，並且聰明地使兩個生命合而為一。—— 愛迪生

重新而忘故，君子所尤譏。—— 徐幹

人人都有缺點，談戀愛的男女雙方都是如此。問題不在於找一個全無缺點的對象，而是要找一個雙方缺點都能各自認識，各自承認，願意逐漸改，同時能彼此容忍的伴侶。—— 傅雷

為著品德去眷戀一個人，學會愛人，學會懂得愛情，學會做一個幸福的人 —— 這就是要學會尊重自己，就是要學會人類的美德。—— 馬卡連柯

年輕男女應該保持真誠的關係，也就是說，要有這樣的一種關係：無論對任何事物，不誇大，也不低估。如果彼此不欺騙，如果尊重他人，這時候，不管保持什麼樣的關係 —— 友誼的、愛慕的等等關係 —— 那都是健全的關係。—— 馬卡連柯

只有驅遣人用高尚的方式相愛的那種愛神才美，才值得頌揚。—— 柏拉圖

愛的對象應該是品格端正的人，以及小有缺陷而肯努力上進的人，這才是應該保持的愛情。柏拉圖

把身心交給一個你甚至並不尊重的人，這是可怕的。—— 杜斯妥也夫斯基

愛情是感情點燃的火焰，燃燒著戀人純潔的心。只有充滿著愛情

的心，才是永不熄滅的火焰。——席勒

愛自己是個人一生羅曼史的開端。——王爾德

愛，信任一切，絕不受欺騙。愛，盼望一切，絕不淪亡。愛，無求於一己之利，奮勇直前。齊克果

只有愛的女神能平息戀人的負氣。——德謨克利特

沒有虛榮，愛情便是一個正在康復的病人。——巴爾札克

戀愛和疑忌是永不交談的。——紀伯倫

我該怎樣戀愛呢？信任。——萊頓

在兩棵樹上築巢的小鳥是得不到快樂的。——捷克諺語

從事戀愛的人，假如一味地運用所有的術策，那戀愛的幸福便要失去四分之三。專事外表不顧裡面的戀愛，是沒有滋味的。——司湯達

無所需求之愛為靈魂至高之境界。——赫塞

觀察一個人，最好觀察他怎樣戀愛。——高斯華綏

最好的就是最好，永不需什麼粉飾。——莎士比亞

婚取而討財，夷虜之道也。——《小學》

婚嫁而論財，夷虜之道也，君子不入其鄉。古者男女之族，各擇德焉，不以財為禮。——王通

嫁女擇佳婿，毋索重聘；娶媳求淑女，勿計厚奩。——朱柏廬

嫁娶，不可慕眼前勢利。擇婿須觀其品行，娶婦須觀其父母德器。——蔣伊

婚姻論財，究也夫婦之道喪。——石成金

娶婦人只要勤謹，能躬執婦道，若以姿色妝奩為計者，非吾子孫。——莫太夫人

選偶愛德莫愛財，結親愛勤莫愛銀。——中國諺語

把金錢和愛情混在一起，不是醜惡極了嗎？——巴爾札克

愛情不僅不能買賣，而且金錢是必然會槍殺愛情的。——盧梭

沒有愛情的婚姻是不會幸福的，而愛情又無法以金錢財物所能換取。以金錢財物建築起來的愛情，只能像河邊的沙灘，越挖越淺。以革命孕育起來的愛情，才能像岩石一樣永遠牢不可破。——燕妮

只為財富而結婚的人就是出賣自由。——富勒

我應該先把下面的事實告訴您，讓您好決定允許或拒絕。我們家境小康，沒有太多的財富，可以算是一個窮漢。我所有的只是健康、勇氣和對生活的熱愛。——巴斯德

如果一個女孩想嫁富翁，那就不是愛情，財產是最無足輕重的東西，只有經得起別離的痛苦才是真正的愛情。——列夫·托爾斯泰

愛情是自然而來的，不是買得到的。——朗費羅

如果錢財是新娘，愛情很難持久。——德國諺語

人並不是因為美麗才可愛，而是因為可愛才美麗。——列夫·托爾斯泰

戀愛是對異性美所產生出來的一種心理上的燃燒的感情。——蕭伯納

美容像水蒸氣那樣消逝。——英國諺語

應該把心靈的美看得比形體的美更可珍貴。如果遇見一個美的心靈，縱然他在形體上不甚美觀，也應該對他愛慕，憑他來孕育使青年人得益的道理。——柏拉圖

追求美而不褻瀆美，這種愛是正當的。——德謨克利特

有些花朵雖美麗卻不芬芳；有些女人雖美麗卻並不可愛。——烏埃雷

紅豆生南國，春來發幾枝。願君多採擷，此物最相思。——王維

寄言痴小人家女，慎勿將身輕許人。——白居易

在女子，是從有了丈夫，有了情人，有了兒女，而後真的愛情才覺醒了的；否則，便潛藏著，或者竟會萎落，甚且至於變態。——魯迅

男子戀愛的第一個特徵是柔順，而女子卻是勇敢。——雨果

女人的愛都是全心全意的，不會半心半意的，按照大自然的安排，愛之於她們要比抱負之於男人更重要；愛是她們的光明，她們的生命，她們的呼吸；沒有愛，她們就只好一死。——朗費羅

愛神的寶座本來最妙是在真摯女人的心裡，太熱或太冷就損毀了愛的魅力。——拜倫

許多男人愛上女人都是在極昏暗的光線下，可是這種光線要他們選擇一套西服他們都嫌不夠。——雪佛萊

一旦某位女士向你奉上了她的心，你絕不能擺脫她其餘的一切。——

范布勒

愛，是女性的勇氣：是女性矚目的星星；是女性航海時的羅盤儀。——汀克拉格

女人只要愛上誰，那她就死心塌地。對於愛情應該有這麼一顆心。——阿卜杜拉·侯賽因

規規矩矩的姑娘家，指望著美滿的婚姻，她有兩件好嫁妝：口碑好；品行端正。——賽凡提斯

愛情代數上的三角或多邊形，都是危險的訊號；女孩子自身可以造成他們其中一個獲得幸福，同時也會使另一個受到創傷。——赫伯特

許多女子借到了男子的心；很少女子能占有它。——紀伯倫

年輕男子誰個不善鍾情？妙齡女人誰個不善懷春？這是我們人性中的至善至神。——歌德

戀愛是陷阱，尤其缺乏處世經驗與對戀愛生活體驗不夠的少女們，很容易跌落進去而不能自拔。——巴爾札克

在戀愛中的男人，他會相信他所愛的那個女人的身上有他所嚮往的一切美。大仲馬

眼淚是女子們常用以補充她們對於一個男子的意見的。——小仲馬

好沉默的人呀！用她的眼睛向情人談心。多麼靈活的秋波！多麼美麗的容顏！——《天方夜譚》

一個男人的情書，要照他所喜愛流露出來的熱情寫成；寫得愈熱情，對方也就愈喜愛閱讀。——蕭伯納

一個女人的情書，卻要永遠充滿美妙的暗示——暗示其愛人之可愛；不要只顧傾訴自己的愛意，要巧妙地期望更多的愛情來臨。——蕭伯納

如果這種本性表現為每兩年就要求新的愛情，那麼他自己應該承認，在目前情況下，這種本性或者應該加以抑制，或者就使他和別人都陷在無止境的悲劇衝突之中。——恩格斯

愛和炭相同，燒起來得想辦法叫她冷卻，不然會把一顆心燒焦。——莎士比亞

愛情啊，把你的狂喜節制一下，不要讓你的歡樂溢出界外，讓你的情緒越過分寸。——莎士比亞

我們在處理戀愛時應該是自覺的和思想健康的，對自己負責的人，這樣就不會演出愛情的悲劇了。——馬卡連柯

真正的愛就要把瘋狂的或是近於淫蕩的東西趕得遠遠的。—— 柏拉圖

夫妻的愛，使人類繁衍。朋友的愛，給人幫助。但那荒淫縱慾的愛，卻只會使人墮落毀滅啊！—— 培根

談戀愛是好的，但必須是真正的愛情，因為真正的愛情可以使一個人崇高，最不可容忍的是無聊的打情罵俏，它會使你墮落，陷入庸俗的氛圍。—— 史坦尼斯拉夫斯基

貞操是從豐富的愛情中生出來的資產。—— 泰戈爾

過分輕浮和過分莊嚴，都是不適當的。—— 赫斯利特

談戀愛時確實須要一本正經，但要恰到好處，否則愛情就變成重荷，快樂將如煙而逝。—— 羅曼·羅蘭

對男人來說，失戀可能會帶來某些痛苦；它傷害脆弱者的性靈——毀掉幸運者的前途；但是倘若他是個有活力的男子，他的苦惱就可在各種事物的忙碌中得到解脫，而女人則比較喜歡固定、隱蔽和幽靜的生活，她的命運就是接受求愛，為人占有；一旦失戀，她的心就會像一座遭人踐踏、劫掠，然後又被拋棄的要塞，遺下的只是淒涼一片。—— 華盛頓·歐文

短暫戀愛的成功比短暫的失敗要可怕得多。—— 賽凡提斯

既然失戀，就必須死心；斷線而去的紙鳶是不可能再追回來的。—— 巴爾札克

戀人和殉道者是一對同病相憐的兄弟！兩者痛苦相似，知己如同知彼，可說是世上絕無僅有。巴爾札克

曾經愛過而失戀，勝於從沒有愛過。—— 雨果

第二十一章　愛情·性愛·情感

只要有愛，就值得去戰鬥和歌唱，就值得活在世上。——聶魯達（Pablo Neruda）

別為了單純的愛而把人生的一切都忘卻了。——魯迅

如果沒有光彩奪目的愛情，生活簡直就是不值一顧的破衣爛衫了。——雨果

愛情！你的話是我的食糧，你的氣息是我的醇酒。——歌德

愛使生命燃燒，使生活充實。——歌德

持久的、真正的愛情，滲透所有的思想，變成了生命的本體，或者像我們父輩所說的，變成了生命的素材。——巴爾札克

真正的愛情像美麗的花朵，它開放的地面越是貧瘠，看來越格外耀眼。——巴爾札克

愛情和我們的生活永遠打成一片，並最後給它染上火紅的顏色之前，曾經過無數的變形。——巴爾札克

人類一切美好的東西都來自太陽之光。沒有太陽，花就不能開放；沒有愛情，就沒有幸福；沒有女性，就沒有愛情；沒有母親，就沒有詩人和英雄。——高爾基

愛情只是諸多情愫中的一種，對整個人生不會產生巨大的影響。——詹森

愛情不是語言所能表達的，只有用生活的全部來表達它。——列夫·托爾斯泰

道德中最大祕密是愛，亦即暫時捨棄我們自己的本性，而把別人在思想行為，或人格上的美視作自己的美。——雪萊

愛情的歡樂無窮無盡；它是友誼，又勝過友誼，人們互相祝福；不懂愛情就不懂生活。——蓋伊

沒有愛情的人生是什麼？是沒有黎明的長夜！愛情是晴空裡的夏日，萬物沐浴著它的光輝。——彭斯

生命從世界得到資產，愛情使它得到價值。——泰戈爾

最高度地實現本質與存在的融合，只能是透過愛。——布魯頓

你可曾想過，失去了愛，你的生活就離開了軌道。——拿破崙

我相信愛情是生活的積極面。——但丁

只要有一個人把至高的愛當做一種成就，這就足以澆滅數百萬人的憤怒。——甘地

如果缺少了愛，一切美妙景象都將黯然無光。——岡察洛夫

不被任何人愛，是天大無比的痛苦；無法愛任何人，則生命如死。——格林灣爾

愛是奇蹟，愛是恩寵，就像自天而降的朝露，充滿了天啟。——蓋貝爾

愛是生命的精華。——波丁沙托

兩顆動了愛情的心，對人生，對幸福，對自己，都抱著無窮的信心，都抱著無盡的希望。——席勒

沒有愛的光輝，人生便無價值。——席勒

愛無恐懼，因為它是至上的道德。愛無疑慮，因為它是至大的真理。愛無束縛，因為它是至真的自由。——內村鑑三

愛情賜予萬事萬物的魅力，其實不應該是人生中短暫現象，這一道絢爛的生命的光芒，不應該僅僅照耀著探求和渴慕時期，這個時期其實只應該相當於一天的黎明，黎明雖然可愛、美麗，但在接踵而至的白天，那光和熱卻比黎明時分更大得多。——車爾尼雪夫斯基

如果她也要講到愛情，那就要使愛情成為一種召喚，鼓舞人去追求新的生活方式，崇高合理的生活方式。——契訶夫

愛情在法國是一幕喜劇，在英國是一幕悲劇，在義大利是一幕歌劇，在德國是一幕鬧劇。——布萊聖頓

愛是以無窮的光照亮他人。——賴爾克

愛情應該使人的力量的感覺更豐富起來，並且愛情的確在使人豐富起來。——馬卡連柯

愛情是作為偉大的因素滲入他們的生活的，但是它並不把其它因素都吞噬吮吸掉。他們並不因為愛情而割棄公民精神、藝術及普遍利益；相反，他們還要把愛情的一切鼓舞，愛情的一切火焰帶到這些方面去，而反過來，這些世界的廣闊與宏偉也滲透到了愛情裡。——赫爾岑

愛情是任何階層的人不期而遇的月臺。——吉柏特

愛是生命的火焰，沒有它，一切變成黑夜。——羅曼·羅蘭

在我們的生命中，再沒有比第一次愛的警覺更聖潔的了，那是它的紗翅的初次顫動——行將吹透靈魂的風底最初聲音與氣息。——朗費羅

沒有愛情的人生，不是真正的人

生。——莫里埃

愛情是一位偉大的導師，教會我們重新做人。——莫里埃

愛情無孔不入；它不僅能鑽進敞開著的心扉，而且還能鑽進戒備森嚴卻偶有疏忽的方寸。——培根

我的愛情增進了我的智力和精神力量。——車爾尼雪夫斯基

愛情激蕩著活躍的情緒，它可以使死亡的心復活，它可以使沙漠裡有人居住，它可以使愛人的幻影重新顯現。——大仲馬

愛不能強制和命令，外力不能產生愛，愛的實質是精神的自由流露，主觀的自我表現。——賽凡提斯

愛能在平凡的事物裡發現不平凡。——泰戈爾

愛和被愛，唯其如此，這就是宇宙的法則。我們是為此而存在，被愛撫慰的人才不畏懼一切人和事物。——彭沙爾

當愛神拍你的肩膀時，就連平日不知詩歌為何物的人，也會在突然之間變成一位詩人。——柏拉圖

莫以為你能領導愛，愛如果看得上你，便會領導你。——吉普林

就像火是光芒之源，愛，永遠是知識之源。——卡萊爾

愛絕對不是感情上的消遣，而是一種精神上的鼓動。——傑弗遜

每逢兩人真正相愛時，世界便開始重新創造。我們心中的愛，會使一切可愛的東西變成真的。——大衛斯

愛情應該是崇高而美麗的，它鼓舞人們去建立功勳，它能激發人們的創造力和崇高的感情。——柯切托夫

成千顆心都為愛情而跳動，像籠中的鳥兒渴盼飛往太空。——拜倫

愛，既非環境所能改變；愛，亦非時間所能磨滅。——白朗寧

愛能使偉大的靈魂變得更偉大。——席勒

真誠的愛情比金石堅，似朝霞升現在山之巔！你籠罩著遼闊的大地，使花的芬芳香遍人間。——歌德

你問我愛是什麼？愛就是籠罩在晨霧中的一顆星。——海涅

對於愛著的人來說，高山也會變成平地。——高爾基

真正的愛情始終使人向上，不管激發起這種愛情的女人是誰。——小仲馬

愛情的腳步是任何人阻擋不住的。——奧列西·岡察爾（Oles Terentievich Gonchar）

世界上沒有什麼東西能像愛情那樣鼓起年輕人的勇氣。——左拉

愛情是一個光明的字，被一隻光明的手寫在一張光明的冊頁上的。——紀伯倫

真正的愛情能夠鼓舞人，喚醒他內心沉睡著的力量和潛藏著的才能。——薄伽丘

一個熱情的愛人只需要一點兒鼓勵就變得勇猛無比。——伏爾泰

我們何苦要扼殺愛情，這性靈中的上品？它輔佐英雄成事，使抱負昇華，鼓舞不朽的業績，甚至還能軟化殘忍的人，給美德增光添輝。——湯姆遜

愛情中蘊藏著一股力量，它能比其他東西更能占卜意中人的成功，並用神奇的功力催其奮進。——愛默生

一切思想，一切情愫，一切歡悅，一切激起愛情的東西，都只不過是在愛情手下供事的大臣。——柯勒律治

沒有什麼繩索能比愛情擰成的雙股線更經堅固。——羅伯·雷頓

不要只為了愛——盲目的愛——而將別的人生的意義全盤疏忽了。人生的第一意義便是生活，人必須生活著，愛才有所附麗。——魯迅

我一生從來不曾有過「戀愛至上」的看法。「真理至上」、「道德至上」、「正義至上」這種種都應該作為立身的原則。戀愛不論在如何狂熱的高潮階段也不能侵犯這些原則。——傅雷

愛情如果不是生根於對社會共同的信心與事業的志趣上，那是浮萍的愛，極易隨風飄去。而單純靠感情衝動所造成的愛，則僅是建築於泥沙上面的塔一樣，總是要倒塌下來的。——歌德

過度的愛情追求，必然會降低人本身的價值。——培根

如果一個人把生活興趣全部建立在愛情那樣暴風雨般的感情衝動上，那是會令人失望的。——瑪里·居禮

不要因為峭壁是高的，便讓你的愛情坐在峭壁上。——泰戈爾

我必將勇敢地追隨我的命運，舉眼眺望比一個女人的愛情還要高超的地方。——巴爾札克

人不是僅僅為了愛而生存的；難道男人的全部目標就是為了控制某一

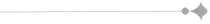

個女子，而女子的全部目標就是為了左右某一個男子嗎？從來不是！——赫爾岑

生命誠可貴，愛情價更高。若為自由故，兩者皆可拋。——裴多菲

一切真正偉大的人物，沒有一個是因愛情而發狂的人。因為偉大的事業抑制了這種軟弱的感情。——培根

精神生活與肉體生活一樣，有呼也有吸：靈魂要吸收另一顆靈魂的感情來充實自己，然後以更豐富的感情送還給人家。——巴爾札克

情念，只要我們一對它形成了一種明確的觀念，剎那間它就不成其為情念了。——斯賓諾莎

所有的情慾令我們犯錯誤，而愛則使我們犯上最可笑的錯誤。——拉羅希福可

在愛中，最寶貴的不是占有，而是彼此尊重和愛慕。——歌德

風流韻事很少能保守祕密。——拉布呂耶爾

寡婦的愛是獨守空帷的痛苦，夫妻的愛只是一種習慣。——易卜生

在一時「情慾」驅使下「一見鍾情」的愛情，最終往往會毀滅了愛情本身，導致無窮的痛苦。——莫泊桑

肉體的愛可以容許一切不誠實。精神的愛則截然不同，它絕不容納些許虛假。——魏尼

性衝動——年輕人初戀時第一道耀眼的火光——正好應了賢人的口頭禪：別用死板的哲學折磨你的靈魂；我們不也有可親吻的嘴唇，充滿愛憐的心和看東西的眼睛嗎？——王爾德

如果我的生命中沒有智慧，它僅僅會黯然失色；如果我的生命中沒有愛情，它就會毀滅。——亨利·德·蒙泰朗

我們不想愛上一個人，但往往無法如意。同理，很想永遠愛一個人，往往也無法遂心。——布律耶爾

要想使產生後代動力的愛情健康，愛情就必須是肉體的愛。既然是肉體的愛，那麼就一定要喜歡對方的肉體。——史特林堡

如果和女人的關係只限於肉體上的結合，也還是我知道的那種極端粗野的像野獸一樣簡單的形式，那一定會使我感到極度的厭惡。——高爾基

男女間的愛情創造了人類；友好的

愛情使人類完美；淫蕩的愛情只能敗壞和糟蹋人類。——培根

愛情，上帝的真髓，並不是為了輕薄歡娛，而是為了揭示人類的全部價值。——愛默生

戀愛是人之常情，放縱也是人之常情。——普勞圖斯

愛情的真諦在於精神，而不在於肉欲。——列夫·托爾斯泰

愛情不能單純地從動物的性的吸引力培養出來。愛情的「愛」的力量只能在人類的非性欲的愛情素養中存在。，他非性欲的愛情範圍愈廣，他的性愛也就愈為高尚。——馬卡連柯

如果我們沒有愛過頭，說明我們愛得還不夠。——比西·拉布丹

愛不是欲，愛是純潔的。——莫泊桑

初吻並不能當做永久相愛的保障，但它卻是蓋在生命史的一個永久記憶的印章。——拜倫

如果愛情是純粹肉體占有的情慾，在很多情況下，它就很容易得到滿足。——薩特

愛情跟講道理是兩回事。——亨利·詹姆斯

野蠻的獸性的愛情是忘形的，而理智的愛情是應該持重的。——岡察洛夫

熱烈的愛情是可怕的，而且是危險的。——喬萬尼奧里（Raffaello Giovagnoli）

愛情是各種熱情的混合物，包括對肉體的崇拜和精神的崇拜。——雨果

愛情是和意志毫不相干的東西，它猶如一場熱病，來也匆匆，去也匆匆。——司湯達

就是我們之中最智慧的，也在愛情的重壓下低下頭來，但是事實上愛情卻輕盈得像愉快的輕風一樣。——歌德

愛神的寶座本來最妙是在真摯女人的心裡，太熱或太冷就損毀了愛的魅力。——拜倫

我的愛情是咆哮的海。——裴多菲

愛情常會對錯誤視而不見，永遠只以幸福和歡樂為念，它任意飛翔，無法無天，打破一切思想上的鎖鏈。——布萊克

萬物的生存均取決於自然力的競爭，而感情本身就是生命的自然力。——波普

任何感情都不過是不同溫度的血

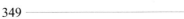

液。——拉羅希福可

感情雖然難以控制，但卻是一種強大的動力。——愛默生

感情不過是多種形式的自愛。——拉羅希福可

傷感是理性化的感情，這感情是一種被幻想溶解後凝成的玲瓏剔透的結晶體。——洛厄爾

豐富的感情財富－深沉－純潔：它有力量迎擊悲傷，有信心忍受苦痛。——奧斯古德

如果人能擺脫感情，那只能說明感情的脆弱而不能證明人的堅強。——拉羅希福可

我們航行在生活的海洋上，理智是羅盤，感情是大風。——波普

感情壓倒理智，這是人間產生罪惡的原因。——尤里比底斯

抵制感情的衝動，而不是屈從於它，人才有可能得到心靈上的安寧。——湯瑪斯

唯有恰如其分的感情才最容易為人們所接受，所珍惜。——蒙田

做自己感情的奴隸比作暴君的奴僕更為不幸。——畢達哥拉斯

愛情是這樣充滿了意象，在一切事物中是富於幻想的。——莎士比亞

愛情是嘆息吹起的一陣煙；戀人的眼中有它淨化了的火星；戀人的眼淚是激起的波濤。它又是智慧的瘋狂，哽喉的苦味，沁舌的蜜糖。——莎士比亞

愛情越熱烈越真誠，越應該含蓄隱蔽，不露痕跡。——巴爾札克

不知節制的愛不能持久，它像溢出杯盞的酒漿的泡沫，轉瞬便化為烏有。我不要這樣的愛。——泰戈爾

愛是年輕人性的興奮、中年人彼此習慣的適應、老年人相互的依賴。——錫亞迪

痴心地愛著一個您認為不值得愛的人，而又無法擺脫出來，是最容易把人毀掉的。——毛姆

愛本身就是一塊領地。它有自己的綠蔭、小道和房屋，甚至有自己的太陽、月亮和星辰。——歐文·斯通(Irving Stone)

從典雅之處和輕視之處，才會有愛的謬誤生活發生。——有島武郎

一種真心的愛慕發出的時候，常常激起別人的愛慕。——但丁

假如你不讓樹木長葉，開花，結果，它便會枯死。假如你不能讓愛

表現自己，愛便會嗆死於自己的血液中。——費爾巴哈

人不能絕滅愛情，亦不可迷戀愛情。——培根

心心複心心，結愛務在深。——孟郊

不得語，暗相思，兩心之外無人知。——白居易

一種相思，兩處閒愁。此情無計可消除，才下眉頭，卻上心頭。——李清照

身無彩鳳雙飛翼，心有靈犀一點通。——李商隱

換我心，為你心，始知相憶深。——顧復

心心相印的人，在悲哀之中必然會發出同情的共鳴。——莎士比亞

愛人至少要在心靈方面沒有欠缺；如果只是身體的欠缺；那還不失其為可愛。——柏拉圖

在這個只有兩個人有份的特殊恩賜之中，相互間有一種特別甜蜜的愛，是不能用筆墨用言語來表現的。——赫爾岑

愛並不在於兩人互相凝視，而是一齊向外朝同一方向望去。——修伯里

過去的經歷告訴了我，我最愛的是比什麼都值得愛的東西。——拜倫

愛住於深處，口頭的愛不是愛情。——丁尼生

愛是自足而仍有餘的，它從來不表現出好像愛的樣子，因為她對好像是很愛的樣子的表情很慎重。——有島武郎

愛的本質是精神的光明。——斯維東堡

如果純粹的愛是存在的、游離於我們其餘的熱情，那它一定隱藏在我們心靈深處，連我們自己也渾然不覺。——拉羅希福可

愛的本質在於精神如火。——斯維東堡

愛絕對不是感情上的消遣，而是一種精神上的鼓勵。——傑弗遜

如果你愛我，有如我愛你，世上豈有割斷我們愛情的利刀？——吉普林

愛情是兩顆靈魂的結合。——詹森

愛情是情人之間的面幕。——紀伯倫

愛情的發展完全靠希望推動；抱的希望越狂妄，越相信會成功；自己和情人距離越遠，欲望越強烈。——巴爾札克

「你最可愛」，我說時來不及思索。而思索後還是這樣說。——普希金

在鍾愛的人面前，顯示心靈的優點，比顯示外形的美更好，更有價值。——列夫·托爾斯泰

有限度的期待，在情人的心理上是甜蜜的。——歌德

靜靜地聽，我的心呀，聽那世界的低語，這是對你求愛的表示呀。——泰戈爾

思想感情的一切產生友誼。——德謨克利特

不是血肉的關聯，而是情感和精神的相通，使一個人有權力援助另一個人。——柴可夫斯基

意見和感情的相同，比之接觸更能把兩個人結合在一起；這樣子，兩個人儘管隔得很遠，卻也很接近。——柴可夫斯基

在情人眼中，他所愛的人總是獨一無二的。——華特·班雅明（Walter Bendix Schönflies Benjamin）

能把自己的愛說得天花亂墜的人，實際上愛得並不深。——彼特拉克

愛情埋在心靈深處，並不居住在雙唇之間。——丁尼生

沉默是最好的蔑視，無言是真正的愛情。——康格里夫

「我愛你」，這是古老而又永遠年輕的一句話，它剛剛才誕生出來，但它往往是唯一的，可以決定一個人幸福的一句話，它可以改變一個人數十年的生活。——孟德斯鳩

愛一開始是得到心的應允，但要擺脫它就由不得心了。——普布里烏斯·西魯斯

何為愛情？一個身子兩顆心；何為友誼？兩個身子一顆心。——喬瑟夫·魯賓

靈魂附於另一個人的身上，這就是戀人的模樣。——老加圖

如果你真的愛上對方，那就要堅定，就要勇敢。——魯迅

愛情包含著某種程度的靦腆怯懦。——毛姆

對於我來說，如果沒有求愛的資格的話，那麼贏得你的愛情的資格也理所當然地沒有了。——朗費羅

懼怕愛情就是懼怕生活，而懼怕生活的人就等於半具僵屍。——羅素

有恐懼的地方就沒有愛情。——車爾尼雪夫斯基

草率的愛情很少美滿，愛情是一種決鬥，如果你左顧右盼，心不在焉，那就會敗落無疑。切記：全神貫注則無往不利。——羅曼·羅蘭

愛情方面的第一眼，就等於千里眼。——巴爾札克

有人講愛，好比任意栽植草木，第一天下了種，第二天就拔出來，如此園圃當然不能繁茂。——喬叟

有的男女清早見面，到黃昏就已經上手，那只是逢場作戲，分開就撇在腦後。——賽凡提斯

愛的對象應該是品格端正的人，以及小有缺陷而肯努力上進的人，這才是應該保持的愛情。——柏拉圖

在凡人看來是瑕疵的東西，愛神卻能從中窺出美點。——蓋伊

看中了就不應太挑剔，因為愛情不是在放大鏡下做成的。——布朗托姆

如果一個人沒有能力幫助他所愛的人，最好不要談什麼愛不愛。當然，幫助不等於愛情，但愛情不能不包括幫助。——魯迅

赤誠的愛情，是雙方無私的給予！——雁翼

愛出於至情，它是毫無條件的。——列夫·托爾斯泰

真正的愛，在放棄個人福利之後才能產生。——列夫·托爾斯泰

愛有三種：(1) 高尚的愛。(2) 獻身的愛。(3) 積極的愛。——列夫·托爾斯泰

愛應建築於實際的行為上，而非建築於抽象的言語中，只有以行為表現的愛才是有生命的真愛。——富曼

愛是嚴肅的，具有真正愛的關係的人是痛癢攸關的。——蕭伯納

只要心中有所愛，事事皆能寬恕為懷。——拉羅希福可

愛，有如花冠上的露珠，只會逗留在清純的靈魂裡。——拉姆奈

愛得愈多，則對於每個的感情便愈少。愛的是唯一的一個，則一切感情都集中於此了。——狄德羅

我寧可為我所愛的人的幸福而千百次地犧牲自己的幸福。——盧梭

一個人只要愛上了，就會愛他的一切。——巴爾札克

想行善的人是敲別人的門，但愛別人的人會發現門是敞開著的。——泰戈爾

愛如果為利己而愛，這個愛就不是

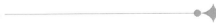

真愛，而是一種欲。——愛德蒙（Edmund Spenser）

要記住，愛情首先意味著對你的愛侶的命運、前途承擔責任。——蘇霍姆林斯基

愛情是純潔的，愛吧，但要愛得不越軌。——拜倫

愛情到什麼時候也是無條件的。——伯爾

愛情的可貴就因為它能使沒有價值的人享受到它的慷慨。——泰戈爾

保護愛你的人，把必要的東西供給像星辰一樣為你放射光芒的人，再也沒有比這更甜蜜的事了。——雨果

真正的愛情是雙方互相「無條件投降」。——福樓拜

順應真情獻出自己，則愛情愈宏大，也愈恒久。——但丁

要獲得愛情的幸福，請先學習如何使對方快樂如神仙。——布里魯

無所需求之愛為靈魂至高之境界。——赫塞

我們只從所愛的人那裡索到東西。——歌德

誰的愛情宮殿是用美德奠基，用財富築牆，用美麗發光，用榮譽鋪頂，誰就是最幸福的人。——弗朗西斯·誇爾斯

愛情不僅敏捷而且忠貞，不僅虔誠而且愉快，不僅溫柔而且牢固，不僅堅忍而且審慎，不僅多磨而且果斷，更重要的是無私；因為不論在哪裡，一個人如果自私，他定會失去別人的愛。——湯瑪斯

愛情存在於奉獻的欲望之中，並把情人的快樂視作自己的快樂。——斯韋登伯格

一個高尚心靈為愛情而痛苦萬分，永遠是一場好戲。——巴爾札克

愛情不只是一種感情，它同樣是一種藝術。——巴爾札克

深沉的愛情會在心靈和軀體內刻下創傷，終身都要保留下來。——巴爾札克

最早熟的花蕾，在未開放前就被蛀蟲吃去，稚嫩幼弱的聰明，也會被愛情化為愚蠢，使他正值盛年的時候，就喪失了欣欣向榮的生機，未來一切美麗的希望都成為泡影。——莎士比亞

愛的本質在於精神如火。——斯維東堡

從友誼到相愛，只要跨出一步就到了。—— 契訶夫

追得太凶，愛情就跑得快，甚至把對方僅剩的一點好感也趕得無影無蹤。—— 盧梭

青年對於愛情要提得起，要放得下，才是一個智者。—— 西塞羅

為愛而賭氣，就喪心病狂了。—— 賽凡提斯

在愛情裡一旦有了爭風吃醋的成分，一個人就會變得非常毒辣兇狠。—— 哈代

一個惡徒的愛情，比他的憎恨還要危險。—— 哈代

凡對愛情過於重視的人，就要喪失他的財富和智慧。—— 培根

誰能在愛情中最有耐心，誰就有最大的成功。—— 喬叟

你應該愛得強烈些，那麼你的愛就變成信仰了。凡是沒有信仰的人，就不能夠愛。—— 列夫．托爾斯泰

使人從愛情中逃脫，與其說是理性，不如說是繁忙。要愛情順遂，首要之務是：「時間充足」。—— 芥川龍之介

當人心最軟弱的時候，愛情最容易入侵，那就是當人春風得意、忘乎所以和處境窘困孤獨淒零的時候，雖然後者未必能得到愛情。人在這樣的時候最急於跳入愛情的火焰中。—— 培根

我們應該學會怎樣愛。我們必須成為在愛情上是自覺的公民，因此我們便應該拋棄舊的習慣和對愛情的觀點，說什麼愛情是至上的靈感，愛情是一種不可抗拒的力量的襲擊，而人只是靈感的「載體」，如此而已。—— 馬卡連柯

青年人無法無天，玩弄愛情；壯年人食髓知味，追求愛情；老年人寂寞無聊，回憶愛情。—— 秋田雨雀

所以古人說得好：「就是神在愛情中也難保持聰明。」情人的這種弱點不僅在外人眼中是明顯的，就是在被追求者的眼中也會很明顯 —— 除非他（她）也在追求她（他）。所以，愛情的代價就是如此，不能得到真愛，就會得到一種深藏於心的輕蔑。這是一條永真的定律。—— 培根

年輕的時候，愛情的價值是智慧、精力和時間；老年以後，愛情的代價是金錢。—— 莎岡（Françoise Sagan）

愛情是一種麻痺狀態，陷在愛情裡的人，將平凡無奇的青年想成希臘

之神，把庸庸碌碌、比比皆是的女孩當成女神。——孟肯

人總是要老的，要不虛度歲月，就要讓恩愛的時刻使我們錦繡生活閃閃發光。——雨果

世上還沒有治癒愛情的良藥，除了愛得更深。——梭羅

學習愛人的技巧並不難，學習被人愛的技巧，那才難。——都德

不要強扭甜蜜的愛情之果，直到它在生長緩慢的因果之樹上成熟欲落。——愛默生

愛情始終處於這麼一種心境：相信奇蹟。——約瑟夫·博伊斯 (Joseph Beuys)

適當地用理智控制住愛情，有利無弊，發瘋似地濫施愛情，有弊無利。——普勞圖斯

審慎和愛情從來就是勢不兩立的，愛情得勢，審慎就一定失勢。——拉羅希福可

因為墮入情網而完全失去理智的人，就好比扛著一根沒有旗幟的旗竿。——博狐

海枯石爛兩鴛鴦，只合雙飛便雙死。——元遺山

死生契闊，與子成說。執子之手，與子偕老。——《詩經·邶風·擊鼓》

芳槿無終日，貞松耐歲寒。——關漢卿

恩情須學水長流。——魚玄機

兩情若是久長時，又豈在朝朝暮暮！——秦觀

得成比目何辭死，願作鴛鴦不羡仙。——盧照鄰

容華一朝盡，惟余心不變。——鮑令暉

願得化為松上鶴，一雙飛去入行雲。——《唐宋傳奇集·飛煙傳》

願為雙飛鳥，比翼共翱翔。丹青著明誓，永世不相忘。——阮籍

在天願作比翼鳥，在地願為連理枝。——白居易

相思之甚，寸陰若歲。——《北史·韓禽傳》

天涯地角有窮時，只有相思無盡處。——晏殊

我欲與君相知，長命無絕衰。——《上邪》

愛情雖說是天賦的東西，但倘沒有相當的刺戟和運用，就不發達。——魯迅

長相知，才能不相疑；不相疑，才能長相知。——曹禺

推誠相見，和衷共濟，不要把憤怒埋在心裡，使它發霉、發酵。——林語堂

愛情呀，當你手裡拿著點亮了的痛苦之燈走來時，我能夠看見你的臉，而且以你為幸福。——泰戈爾

意見和感情的相同，比之接觸更能把兩個人結合在一起；這樣子，兩個人儘管隔得很遠，卻也很接近。——柴可夫斯基

我不喜愛讓最親的人在我附近：讓他離開我高飛遠行！否則他怎能成為我的明星？——尼采

永遠不能複合的，往往不是那些在盛怒之下分開的情人，而是那些在友誼的基礎上分開的情人。——哈代

誰不能控制邪慾，誰就把自己擺在畜牲行列。——達文西

只有驅遣人以高尚的方式相愛的那種愛神才是美，才值得頌揚。——柏拉圖

愛的種子雖然十分甜蜜，但是假若播散太廣了，那所結出的果實就會苦口。——喬叟

在愛情裡，人們可以原諒嚴重的不謹慎，但不饒恕些許的不忠實。——福樓拜

真誠的愛情的結合是一切結合中最純潔的。——盧梭

有兩種情愛就等於在自己的胸中出現了叛徒。——司湯達

愛情的快樂不能在激情的擁抱中告終。愛，必須有恆久不變的物質，要愛自己，也要愛對方。——波普

滿足一切願望是愛情的最危險的試探。——卡拉姆津

情慾的歡樂哦，你算什麼？怎能比真正的愛情和幸福，那種內在美的歡樂？——普希金

正如煤火上加蓋反而增加了火力，情慾愈是遏制，那顆火熱的心更將十倍地燃燒起來。——喬叟

所謂愛神的利箭，實在不妨把它叫做一種不可抗拒的力量，它能讓欲望戰勝理智。——賽凡提斯

一個美麗的姑娘只能悅目，帶來的只能是一時的歡樂；一個高尚的姑娘可以賞心，帶給你一輩子幸福。——盧梭

沒有愛情的肉體結合，這是連動物也會做的。——貝多芬

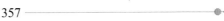

性愛按其本性來說就是排他的。——恩格斯

你寧可死，也不要吻你所不愛的人！——車爾尼雪夫斯基

人們絕不能像拔牙一樣從心中拔去愛情。——巴爾札克

誓言是約束不了情人的。——索·福克勒斯

世上是再沒有比愛人之虛偽那樣足以冷卻感情纖細的女子之心的。——司湯達

愛情是連接高尚思想的鎖，忠誠是禁錮春情的鑰匙。——羅·格林

不愛則已，要愛就得有始終。——丁尼生

由羞怯哺育出來的愛情，與天地共存。——奧維德

真正的愛情經久不衰，就像名酒越放越醇一樣。——梅塞納斯

真心實意的愛情是人生成熟的果實。——拉馬丁 (Alphonse de Lamartine)

真正的愛情，世人能理解的甚為稀少。它能把愛的對象神化，它用忠誠和熱情維持自己的生命；在它看來，最巨大的犧牲便是最甜蜜的幸福。——雨果

男女之間的真正的愛情總有達到頂點的時刻，在那樣的時刻既沒有自覺的理性成分，也沒有肉欲的成分。——列夫·托爾斯泰

愛情就是從眾多的人當中，選出一個男人或一個女人，然後絕不再理會其他異性的行為。——托爾斯泰

真正的愛情是專一的，愛情的領域是非常狹小的，它狹到只能容下二個人生存；如果同時愛上幾個人，那便不能稱作愛情，它只是感情上的遊戲。——席勒

庸俗的欺騙和無聊的輕浮貶低了愛情的價值，是對於這個字眼的褻瀆。——狄更斯

愛情好比火焰，沒有養料就會熄滅。——萊蒙托夫

自私是一種容易激發愛情的品格。——霍桑

凡是可憐的、遭難的女子，她的心等於一塊極需要愛情的海綿，只消一滴感情，立刻膨脹。——巴爾札克

其實假裝的愛情比真實的愛情還要完美。這就是為什麼很多人都受騙了。——巴爾札克

愛情的甜美與苦澀愛情之酒甜而苦。兩人喝，是甘露；三人喝，是

酸醋；隨便喝，要中毒。——陶行知

僅僅是愛的影子，已經給人這樣豐富的歡樂，要是能占有愛的本身，那該有多麼甜蜜！——莎士比亞

最無情的深淵是愛情，即使能在海灘上倖免的人，也逃不過她的引誘。——雨果

愛之愉悅就在於愛，我們感受到的熱情比我們喚起的熱情更令我們幸福。——拉羅希福可

舞臺上的愛情比生活中的愛情要美好得多。因為在舞臺上，愛情只是喜劇和悲劇的素材，而在人生中，愛情卻常常招來不幸。它有時像那位誘惑人的魔女，有時又像那位復仇的女神。——培根

對於各樣的年齡，愛情是會賦予各樣的苦惱的。——屠格涅夫

愛是神奇的，她使得數位法則失去了平衡：兩個人分擔一個痛苦只有半個痛苦，而兩個人共用一個幸福，卻有兩個幸福。——托爾斯泰

愛情本是風波險惡的海，這裡面總不免發生些猜忌，或無謂的傾軋。——喬叟

痛苦中最高尚的、最強烈的和最個人的——乃是愛情的痛苦。——恩格斯

不幸的愛情，往往像可靠的債務人的一張到期不付的借票，會加你的利錢。——巴爾札克

願望之火在血液中燃燒，我的靈魂已為你刺傷，吻我吧！你的親吻！比美酒和香脂更甜更香。——普希金

相信愛情！縱使它給你帶來悲哀，你也要相信愛情。——泰戈爾

愛的痛苦圍繞著我的一生，像洶湧的大海似的呼嘯著，而愛的快樂卻象鳥兒們在花林裡似的唱著。——泰戈爾

愛情如火，灼傷的磨難不好忍；而愛情的創傷更難挨。——博伊森

愛情是含苦的樂，含樂的苦；是活著的死，死不了的活；是對理智禁律的衝擊，一個偷偷摸摸的賊；是淚的海洋，無休止的紛爭；是傻瓜的誘餌，智人的災源；是致命的傷，擊不中目標的子彈。——沃森

愛是人的本性，就像太陽要放射光芒一樣；它是人類靈魂最愜意、最自然的受用；沒有它，人就蒙昧而可悲。沒有享受過愛之快樂的人，無異於白活一輩子，空受煎熬。——特拉赫恩

憐和愛實不能分開，因為有了憐才有愛。── 德萊頓

憐憫是愛情的忠實奴僕；一旦愛情準備舉步，憐憫必定會給其主子讓路。── 丹尼爾

對女人來說，憐憫導致愛情；對男人來說，愛情導致憐憫。── 柯林斯

一旦女人對男人的悲傷產生了憐憫，隨之而來的便是愛情。── 喬叟

憐憫敲開了殿門，而入主神殿的卻是愛情。── 鮑沃爾 - 利頓

愛是把別人的命運當做自己的興趣，又生怕傷害了別人的命運的感情。── 倉田百三

愛不能施捨，也不能當做禮物，它裡面不容許存有一點姑息或客氣。── 富爾敦

情雙好，情雙好，縱百歲，猶嫌少。── 洪升

正像火和火藥的親吻，就在最得意的一剎那煙消雲散。最甜的蜜糖可以使味覺麻木；不太熱烈的愛情才會維持久遠，太快和太慢，結果都不會圓滿。── 莎士比亞

恒久才是愛情的靈魂，才是元氣充沛的徵象。── 巴爾札克

真正的友誼和愛情，既非時間所能磨滅，也非環境所能改變。時間在飛逝，賓士在永恆。你若是長存，它與你同在。── 席勒

愛情的火不會被水熄滅，愛情的生命也不被洪流淹死。──〈所羅門之歌〉

愛情的快樂不能在激情的擁抱中告終。愛，必須有恆久不變的特質，要愛自己，也要愛對方。── 波普

初萌的愛情看到的只是生命，持續的愛情看到的是永恆。── 雨果

人與人之間的，尤其是兩性之間的感情關係，是自古以來就存在的。── 恩格斯

愛情是永恆的象徵：它混淆一切時間概念，使人忘記開始，害怕結束。── 斯塔爾

所謂永恆的愛，是從紅顏愛到白髮，從花開愛到花殘。── 愛德蒙

愛，衝破了時間的限制，使未來和過去相連。── 繆勒

讓一切渺小的事物，像虛假的東西一樣消失，只讓永恆的愛常在，讓它和天上的星辰明亮照耀。── 歌德

愛假使過於熱烈，就不能地久天

長。——狄更斯

弦斷猶可續，心去最難留。——王僧孺

當愛情的浪濤被推翻以後，我們應該友好地分手，說一聲「再見」。——莎士比亞

愛的悲劇是不存在的，只有在沒有愛的時候才發生悲劇。——德絲嘉

企圖挽回已經完全發生了變化的愛情，是一種非常愚蠢的想法，正像一顆腐爛的蘋果，即使你能吃到口裡，也不會甜蜜。——羅斯維克

失去愛情的日子，猶如陰天般沉悶。——阿富汗諺語

與其永遠得不到愛情，寧可有了愛情後再失掉它。——喬治·桑

愛情有如命運，隨著車輪的旋轉而旋轉，起伏是不足為奇的。——范布勒

為愛而備受無情打擊的人，總比從未愛過的人幸運一千倍。——米爾恩斯

即使被人拋棄也比從未被人愛過好。——威·康格里夫

憎恨不可能換來愛情。——阿爾菲耶里

親密的情愛一旦受到激動，是會變成最深切的怨恨的。——莎士比亞

不會恨的人，也不會愛。——斯溫伯恩

愛所點燃的火總要比恨所撲滅的火多；隨著世界的發展，人類將變得友善。——威爾科克斯

我不憎恨人而是憎恨他的缺點。——馬提雅爾

不能恨就不能真摯的愛，必須把靈魂分成兩半，一定要透過恨才能愛。——高爾基

愛與憎在本質上是同一種感情。只不過前者是積極的而後者是消極的而已。——格勞斯

問世間情是何物？直教人生死相許。——元好問

願郎摘花連葉摘，到死心頭不肯離。——梁啟超

與死相比，與死的恐怖相比，愛的感受更強烈。正是由於愛，人生才有意義，才能不斷進取。——屠格涅夫

只有愛給你解開不死之謎。——費爾巴哈

人們靠愛生存。若愛自己就意味著

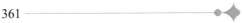

死，對神和萬人的愛才是生的始
端。——托爾斯泰

在你找到人生座右銘之前：

哲學家犀利勸世 × 詩人真誠獨白，絕對受用的人生金句集錦！

主　　編：孔寧，宋杰
發 行 人：黃振庭
出 版 者：崧燁文化事業有限公司
發 行 者：崧燁文化事業有限公司
E-mail：sonbookservice@gmail.com
粉 絲 頁：https://www.facebook.com/sonbookss/
網　　址：https://sonbook.net/
地　　址：台北市中正區重慶南路一段六十一號八樓 815 室
Rm. 815, 8F., No.61, Sec. 1, Chongqing S. Rd., Zhongzheng Dist., Taipei City 100, Taiwan
電　　話：(02)2370-3310
傳　　真：(02)2388-1990
印　　刷：京峯彩色印刷有限公司（京峰數位）
律師顧問：廣華律師事務所 張珮琦律師

定　　價：480 元
發行日期：2023 年 02 月第一版
◎本書以 POD 印製

國家圖書館出版品預行編目資料

在你找到人生座右銘之前：哲學家犀利勸世 × 詩人真誠獨白，絕對受用的人生金句集錦！ / 孔寧，宋杰主編 . -- 第一版 . -- 臺北市：崧燁文化事業有限公司 , 2023.02
面；　公分
POD 版
ISBN 978-626-357-073-3(平裝)
1.CST: 格言 2.CST: 人生哲學
192.8　　111022079

電子書購買

臉書